本书的出版得到北京印刷学院
编辑出版学国家级特色专业建设经费资助

编辑出版学实训系列教程
朱宇 主编

图书编辑与制作实训教程

Training Course of Book Editing and Production

朱宇 王上嘉 姜曼 编著

中国书籍出版社
China Book Press

序 言

聂震宁

祝贺北京印刷学院新闻出版学院又取得了一项教学科研成果——朱宇教授主持编写的"编辑出版学实训系列教程"第一批7种（《图书编辑与制作实训教程》《图书策划编辑实训教程》《图书印务管理实训教程》《出版物发行实训教程》《技术编辑实训教程》等），克服了种种困难，终于面世。

"编辑出版学实训系列教程"的出版，称得上是我国编辑出版专业高等教育一件有意义的事情。其意义自然是多方面的。在我看来，最重要的意义是，丛书编写者们在这套教材编写过程中所坚持的宗旨，那就是：编辑出版学高等教育朝着实用型的目标又迈出了脚踏实地的一步。

编辑出版学专业是一门实用型学科，这是从事这一专业教学工作的人士的共识。然而，究竟怎样才能把教学落到编辑出版工作的实用上面，达到实用型人才培养的要求，培养出一批批编辑出版事业欢迎的有用之才，却是一个老大难题。有人为此几乎生出比较悲观的态度，以为出版无学、编辑无学、教学无用。这自然是虚无主义的态度，于事无补。这些年来，高等院校经过努力，陆续输出的专业人才以及人才陆续有所作为，就能切实地说明编辑出版学科存在的理由。当然，还有更多的有志之士，则在不断地讨论和实践改进专业教学方法，努力破解老大难题，近一个时期来，成果渐丰，让我们明显感受到这个专业发展的蓬勃之势。

朱宇教授自然属于此类有志之士。她一直在专业上做着各种探索和努力。她曾参与主编《编辑出版学研究进展》年度专题报告。那是一部重在跟进总结编辑出版学学科研究状况的学科报告，其重视实践的科学态度让我们为之一振。现在，她又主持"编辑出版学实训系列教程"的编写，直接从实用型教材的编写入手，改造编辑出版学专业的教学基础，努力达到提升实用型专业教学质量的目的，殊为难能可贵。

教材乃是学科教育之本。朱宇教授和她的合作者们，走的是一条务本之路。建设和发展编辑出版学科，头等大事尤其应当是教材建设。因为——恕我直言——编辑出版学的教材问题业已成为本学科严重不足的短板。现在不少学校的编辑出版学专业使用的还是1996年组织编写的教材。那是编辑出版学最早系统化的一套教材，发挥过重要的历史作用。但是，近20年过去，我国出版业、编辑出版研究与教学都有了长足的发展和改变，现在看来，这套教材不仅内容太过陈旧，与出版业发展现状差距亦大，而且距离实用性要求尤其大。近几年来，也有若干套新教材面世，一定程度上有新意、有创意，然而却有明显的个人专著的特点，有些内容尚属学术探讨阶段，并不利于学生明确的理解和接受，作为教学参考用书尚差强人意，作为课堂教材则有较明显的不足。尤其是，对于实用性要求，这些教材也都还有差距。如此情势下，长期处在教学实践中的朱宇教授，秉承培养实用型人才的宗旨，直接从实训教学入手，弥补现有教材教学的不足，在教材建设这一务本之路上迈出了坚实的一步。

编写实用型专业的高等学校教材，不能只是满足于告诉学习者专业的要求，更要告诉学习者怎样才能达到那些要求。所谓之"授人以鱼不如授人以渔"。这就是这套教材编写中所力图追求的目标。为实现这一目标，这套教材的编写者们做了以下若干努力。

一、坚持从提出和解决问题入手，立足于培养学习者解决问题的能力。哪里有问题，哪里就有求知。教材中设计的一系列问题，当然是来自于编辑出版工作的实际。对于学习中有可能产生的疑惑和困难，教材中均有针对性地提出。在每个单元中，还安排了有针对性的研究项目及模拟实训，这一切，均体现了既要掌握理论知识更要获得实际操作能力的教学目的。

二、重视案例教学，立足于增强学习者的专业实感。哈佛商学院首创案例教学，现已成为实用型学科教学的主要法宝。生动的案例写作和深入分析，能引导学习者从个别到一般，从实践到理论，理解所学专业的相关原理和知识，达到培养学习者发现问题、解决问题、总结经验的能力。这套教材突出案例教学的特点，每章节以案例开篇，以案例导出问题，以引发学生的兴趣和思考。当然，案例的选取至为重要的是具有时代性和典型性，案例教学最终要落在案例分析上，分析将显示专业水准和理论深度，编写者们是努力这样去做的，只是感到尚有需要改进和加强的地方。

三、重视教材编写形式，努力以形象生动为指要。这套教材十分注意避免以往一些教材编写形式单一，文字空洞苍白，难以引起年轻学习者的兴趣和注意。编写者们注意兼顾教材的科学性与受众的接受心理，在保证内容的科学性、逻辑性和系统性的前提下，使内容适当地碎片化，以说理性内容配合案例、图表，使学习者一目了然，理解到位。据说朱宇教授曾把一些初稿拿给一些学生试读，反映还不错。

四、写作队伍具有产学研结合的特点。所谓"产"，即指出版业从业人员；"学"即指编辑出版学专业教师；"研"则指编辑出版学专业研究者和在读的研究生。《图书策划编辑实训教程》一书的编写者林少波，就有出版业从业10年，服务过多种所有制单位的经历，写过畅销书也一直致力于编辑出版畅销书和长销书，且在新闻出版系统在职编辑培训中有过教学经验。《图书印务管理实训教程》《出版物发行实训教程》两书也都由人民邮电出版社、人民文学出版社等著名出版机构的编辑部、出版部、发行部专业人员参与编写。至于朱宇教授，她有在出版单位工作13年和高校从教13年的丰富经历，除主持全套丛书编写出版工作外，还直接带领学生编写《图书编辑与制作实训教程》，不仅融汇了她从业从教多年的经验和心得，还让学生们得到了实践的机会。有实践总会有体会。

而编辑出版学专业的学习最重要的是体验。这种体验可以说弥漫于这个行业的全体，贯穿于编辑出版的全过程。朱宇教授带领北京印刷学院新闻出版学院首届出版专业硕士，从市场调研做起，反复推敲实训教材的设计与写作方案，制订写作体例，写策划方案，写初稿，导师退改，往返至少三次，最后导师统稿。这期间还多次征求出版业界一线出版人的意见，使得书稿逐步臻于完善。尽管，最后只有少数几位学生写作的文稿基本符合要求，但是，对于全体参与者，无疑都得到了锻炼，能力均有不同程度的提高。叶圣陶先生曾有名言："教育就是习惯的养成。"学生们参与这套教材的编写工作，对他们的学习、研究乃至今后工作良好习惯的养成，无疑是大有好处的。

综观朱宇教授主持的这套实训教程编写出版的意义和若干特点，且对整个编写工作的种种困难有所了解——她不仅教学任务繁重，又不慎遭遇伤痛，被逼疗救了一些时日——我不能不发表一点专业以外的感想。我深感朱宇教授是一位真诚、深挚热爱编辑出版学教育和科研的专业人士。她做事认真，这在她工作过的单位都是有口碑的。她不仅做事认真，而且追求深入透彻，这在老师们中间也是有公认的。她不仅做事认真，追求深入透彻，而且文气十足，这在学生们中间更是广受拥戴的。看到她的努力和种种成果，让我想起了《论语》中"执事敬"的训诫。所谓"执事敬"，诚如宋代大儒朱熹所解读，即"凡人立身行己，应事接物，莫大乎诚敬。诚者何？不自欺，不妄之谓也。敬者何？不怠慢，不放荡之谓也。"朱宇教授正是秉持着"执事敬"的态度来从事自己所挚爱的事业，才可能在深得学生们拥戴的同时,又有若干项教学科研方面的成绩,像这套教材一样,为事业增添光彩。这些年,我忝列于北京印刷学院新闻出版学院客座教席,目光所及,像朱宇教授如此这般"执事敬"的教授,并非唯独仅有,而是不胜枚举,甚至可以说,几成学院风气。在这样的学院风气中,哪里还容得下任何虚无主义的态度!恰恰相反,这里有的是进取之心、创新之意、建功立业之志,这才有了这套教材生长的土壤和氛围。

2013年5月18日

(作者系中国韬奋基金会理事长、中国出版集团公司原总裁、北京印刷学院新闻出版学院院长)

目 录

上篇 做书之前要知道的几件事

003 第一章
图书构成有讲究

第一节 图书的物态构成 /006
第二节 图书的内容构成 /015

025 第二章
新手入行小词典

第一节 图书上不能不知道的专业小知识 /028
第二节 图书制作过程中不得不说的术语 /034

039 第三章
图书制作的基本流程要记牢

中篇　如何找到你想要的书稿

047　第四章
如何成为策划高手

第一节 选题策划并不神秘　/052
第二节 选题策划前的准备工作　/057
第三节 怎样做选题策划　/064
第四节 怎样写一份高质量的选题策划报告　/071
第五节 选题策划的实战技巧　/078

081　第五章
如何组来心仪的稿件

第一节 为了组稿，你要做的准备　/084
第二节 从哪里可以找到合适的稿件　/089
第三节 有好作者不一定有好稿件　/095
第四节 组稿的实战技巧　/102

109　第六章
如何得心应手地完成审稿

第一节 审稿需按流程走，依方法来　/112
第二节 稿件的评价和选择是有标准的　/122
第三节 退稿、退改是为了得到更好的稿件　/129
第四节 如何写一份规范的审稿报告　/135
第五节 审稿的实战技巧　/141

下篇　如何让你的书更加精彩

147　第七章
如何高质量做好编辑加工

第一节　编辑加工要遵循一定的原则和方法　/150
第二节　内容加工有诀窍　/158
第三节　文字与形式加工有奥妙　/169
第四节　辅文加工有门道　/176
第五节　技术性加工是个技术活儿　/183
第六节　编辑加工的实战技巧　/190

195　第八章
如何让整体设计"自己说话"

第一节　整体设计的"四项基本原则"　/199
第二节　如何打扮你的书　/204
第三节　版式设计是个精细活儿　/213
第四节　整体设计的实战技巧　/220

225　第九章
如何做好校对

第一节　话说校对　/229
第二节　校对圈里的通用符　/235
第三节　校对实操技巧盘点　/241

255 第十章
　　　制作一本心仪的图书

　　第一节 自己制作一本心仪的图书　/258
　　第二节 按需印刷与传统印刷的区别　/277

参考文献 /283

后　记 /287

| 上篇 |

做书之前要知道的几件事

第一章

图书构成有讲究

实训目标

1. 了解图书的物态构成,熟悉图书的不同部件
2. 熟悉图书的内容构成
3. 熟悉图书辅文的类别和功用

本章重点

图书的构成从内容上来讲，分为正文和辅文。正文和辅文两者的关系虽然是主从关系，但又是相互依存的。没有辅文，就无所谓正文，也就没有书。书籍的辅文指一本书中帮助读者理解和利用正文内容的材料，以及印在书上向读者（包括购买者、利用者、书店、图书馆、资料室、科研和情报单位等）提供的有关本书的各种信息。

图书的构成从形态上来讲，就是我们看得见、摸得着的物质部分，例如封面、腰封、书签等。

实训任务

认真逛一次书店，多翻几本书，看它们有什么不同，它们的内容有正文与辅文之分吗？感受一下不同开本大小图书阅读起来的不同感受；对比一下精装书与平装书的物态构成，看看有哪些区别；体验一下不同承印材料带来的触觉和视觉感受。

趣味导读

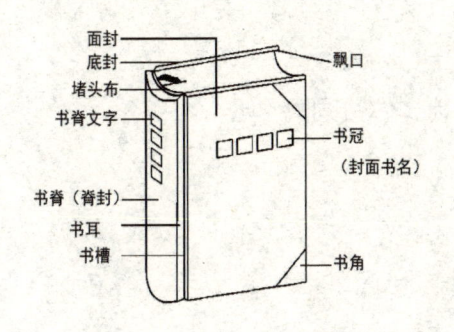

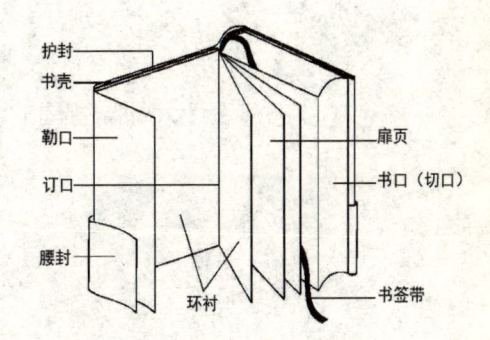

图 1–1 精装书物态构成简图

仔细观察图 1-1，我们可以看到，精装书的物态构成还是比较复杂的，除去图中我们能看到的面封、底封、护封、书脊、腰封、环衬、书签带外，精装书外观部分还有函套、堵头布等部分。护封由面封、底封、书脊和前后勒口构成。

除了外观部分，精装书的物态构成还包括内页部分，由扉页、版权页、目录页、篇章页、正文、插图页等部分组成。

发散思维

1. 为什么我们在书店看到的书一般都没有上图中这么全的要素？
2. 这么多部件，每本书都必须有吗？
3. 腰封、护封、封面有什么区别呢？
4. 图中给出了精装书的部件构成，它与平装书的构成有区别吗？

第一节 图书的物态构成

典型案例

设计大师陆智昌的设计，你赞同吗？

图1-2 陆智昌设计的《中国戏剧大师的命运》　　图1-3 陆智昌设计的《作文本》

你觉得图1-2的腰封有必要吗？图1-3的护封有必要吗？

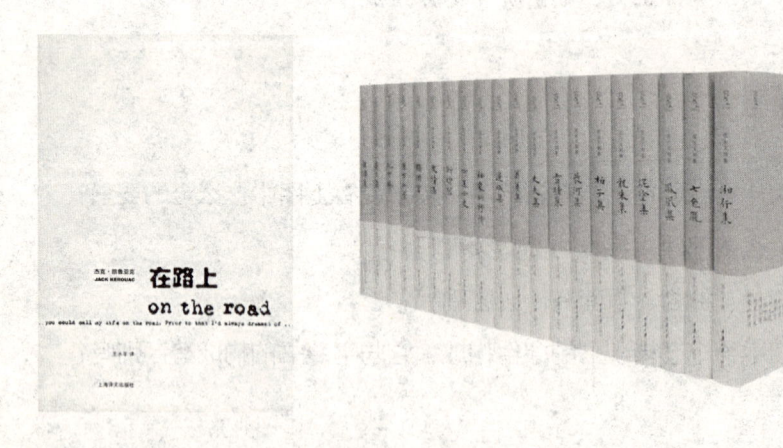

图1-4 陆智昌设计的《在路上》　　图1-5 陆智昌设计的《沈从文别集》

你觉得图1-4的设计缺结构部件吗？图1-5是不是要加一个大函套呢？

案例分析

《中国戏剧大师的命运》采用了大腰封，封面只留出了 30mm，腰封与封面同样用心设计，颜色形成巨大反差，让读者不免产生打开腰封一睹封面真容的冲动。这样的腰封设计，增加了整体设计的节奏感，同时也容纳了很多宣传信息，是一个为图书加分的设计。

《作文本》是一本关于建筑的图书，封面为纸张的本色白色，简单、素净。读者可以将折叠起来的护封完全打开，打开之后是一张完整的建筑设计图。这样的护封设计新颖别致，同时还能起到保护图书的作用，是一个为图书加分的设计。

《在路上》设计风格简约、大方。封面上只有作者、译者、书名、出版者名，除此之外什么也没有，但给人一种"好像又有什么"的感觉。如果将封面文字上移，再加一个宣传腰封，这本书的设计就毫无特色可言了，甚至破坏了整本书的意境。

《沈从文别集》没有加函套，秉承了陆智昌一贯的设计思路——简洁、美观、大方。这套书的设计中，陆智昌在每一卷都列出了整套书的书名，然后模仿古代文批方式，用红色毛笔勾画圆圈，强调本卷图书。这一设计既增加了整套丛书的整体性，又增添了文化气息，如果增加一个函套，很可能就挡住了这一妙思设计。

释疑解惑

1. 图书的结构部件中哪些是必备部件？

以平装书为例，图书的必备部件，依序应是：封面、主书名页和书心。

（1）封面

图书的封面一般可分为面封（封一或前封面）、封二（封里）、封三（底封里）、底封（封四或底封面）和书脊（脊封）五个部分。软质纸封面还可带有前、后勒口。前、后勒口除增加面封和底封沿口的牢度外，还有保持封面平整、挺括、不卷边的作用。

| 后勒口 | 底封 | 书脊 | 面封 | 前勒口 |

图1-6 平装书封面结构平面图

① 面封，印书名（有副书名的一般应印上）、作者名（及译者名）和出版者名，多卷书要印卷次。若书名是用汉字表达的，封面或版权页，至少一处应印上其汉语拼音。如果是丛书要印丛书名。外版图书应在原作者名前注明国籍。

② 底封，印上书号及其条码和定价。也可印上编辑、校对、装帧设计责任人员姓名。封底有时还设计有推荐人语等宣传文字。

③ 书脊，若宽度大于等于5mm就要印上主书名和出版者名，如空间允许应印上作者名，多卷书的书脊印该书的总名称、分卷号和出版者名，但不列分卷名称。

④ 封二和封三，一般保持空白，也可以根据整体设计需要设置一些文字（尤其是图书宣传文字）或装饰图案。

⑤ 前、后勒口既可以保持空白，也可以放置作者肖像、作者简介、内容提要、故事梗概、丛书目录、图书宣传文字与本书有关的图片以及封面说明文字等。勒口的尺寸一般不小于30mm，宽的可达面封宽度的2/3。

（2）主书名页

图书的书名页是图书正文之前载有完整书名信息的书页，包括主书名页（必备结构部件）和附书名页（可选用的结构部件）。

主书名页用纸可以比封面薄而比正文厚，也可以和正文用同样的纸，其内容种类和编排格式由国家标准《图书书名页》（GB/T 12450—2001）规定。主书名页应置于书心前或插页前，它包括正面的扉页和背面的版本记录页两个部分。

① 扉页位于主书名页的正面（即单码面）。它提供有关图书的书名（包括正书名、并列书名及其他书名信息）、作者和出版者的信息。作者名要用全称，外版书应包括原作者的译名及国籍；多作者的图书，在扉页列载主要作者，全部作者可在主书名页后加页列载。出版者要采用全称，并标出其所在地；若出版者的名称已表明其所在地，则可不标地名。丛书、多卷书、翻译书、多语种书等特有的一些书名、作者、出版者信息，一般列载于附书名页（如扉页没有空间的话）。

② 版本记录页（又称作"版权页"）位于主书名页的背面（即双码面），它提供图书的版权说明、图书在版编目数据、版本记录。

（3）书心

书心是图书的主体，是承载图书主体内容（包括正文及部分辅文）的部分。

书心一般不包括主书名页。但有些装帧较简单的图书的主书名页往往是随同正文一起印刷的，于是主书名页便成为书心的第一页。

2. 哪些是图书的可选部件？

我们现在看到的很多优秀图书，都远远不止拥有上述这些必备部件，编辑需将很大一部分巧思妙想用在可选部件上，这样才能制作出让读者爱不释手的图书。

（1）腰封

包在封面上的一条或横或竖的腰带状装饰物，被称为腰封。如图1-7所示。用纸牢度较强，高度一般相当于图书高度的1/3，宽度必须包括封面及勒口，印上与该图书相关的宣传、推介性图文。设计主要考虑封面的字和画面构图，以不破坏护封主体效果为主。

对出版社而言，更新腰封的成本要比更新封面的成本低，并且能够保持图书在读者印象中的连贯性。

例如《达·芬奇密码》，截至2011年，近50次的印刷，已经换过十多次腰封，通过更换腰封可使读者及时了解与图书相关的最新信息。

图 1-7 平装书的腰封

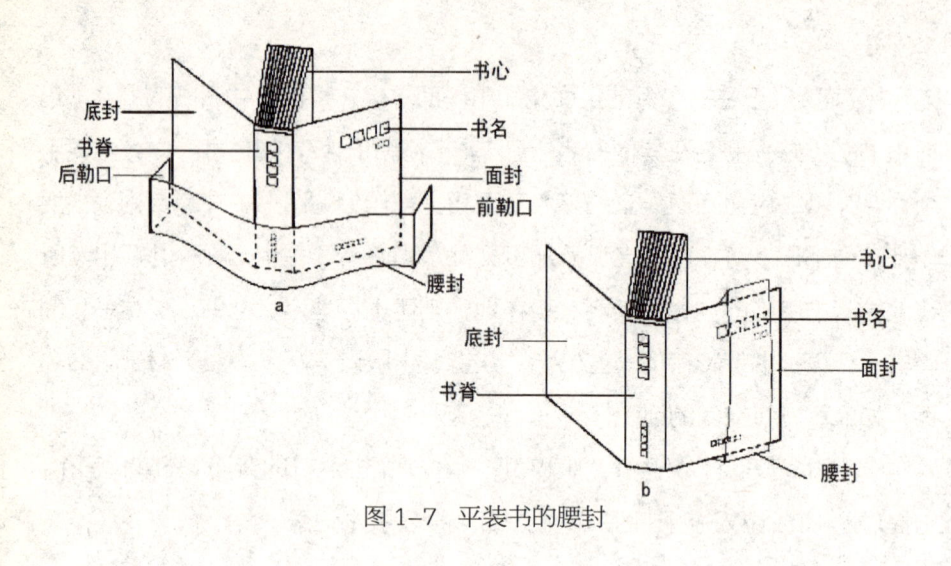

（2）护封

用纸牢度较强，与书高度相等，宽度与腰封要求相同，除装饰图案、宣传文字外，还必须印制各种标示图书属性的文字（一般与封面设计相同）。具体形态参见图 1-1。

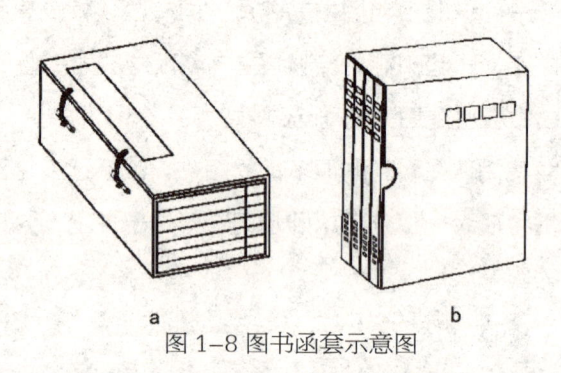

图 1-8 图书函套示意图

（3）函套

又称书套、书衣、书函等，是包装书册的盒子、壳子或书夹，图书的装饰性护装物。如图 1-8 所示（a 为书函，b 为书套）。

（4）衬页

封面与书名页及书心末页之间的装饰纸，有单衬页、环衬页和扉衬页（指扉页在双连衬页第二页的单页码面）之分，如图 1-9 所示（a 为单衬页，b 为环衬页，c 为扉衬页）。另外，可采用与书心不同的纸张印制。

（5）环衬

设置在封面和书心之间的过渡性单页型双连书页。环衬是把封面与书心、主书名页连结起来的图书结构部件，可增加图书的牢固性，也起装饰作用。一般有前后环衬（即双环衬，单环衬较少见）。一般用纸比封面稍薄、比书心稍厚。

（6）附书名页

位于主书名页之前，通常在与扉页相对的双数页码面印刷相应文字，与主书名页正面相对应；必要时也可以使用其

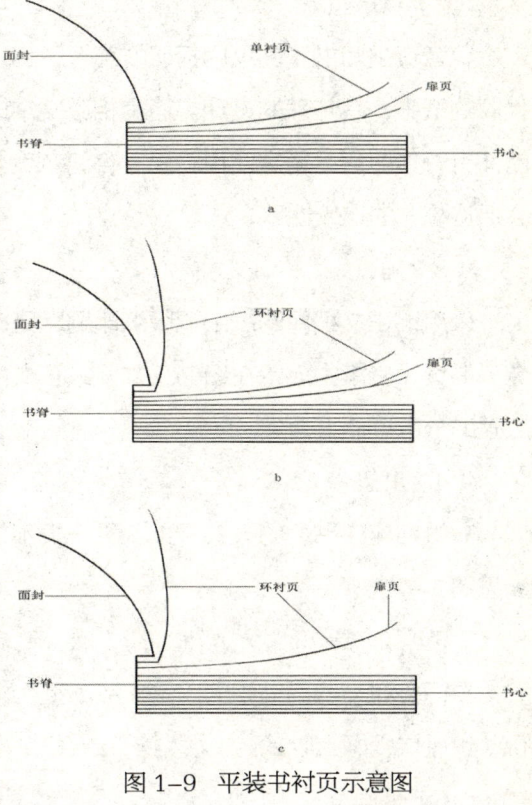

图 1-9　平装书衬页示意图

正面或增加其页数。附书名页一般列载：多卷书的总书名、主编或主要作者名；丛书名、丛书主编名；翻译书的原著书名、作者名、出版者名的原文、出版年份及原版次；多语种书的第二种语言之书名、作者名、出版者名；多作者图书的全部作者名。

3. 图书中还有哪些可以"跳出来"的特殊部件？

图书中还有一些可以使人眼前一亮的部件，例如，目录页、篇章页和插页等。

（1）目录页

多数图书都有设计得或简或繁的目录页，目录页一般在主书名页和序（或前言）之后，正文之前。从单码页面起排，与正文一起印刷。

插图多的专著一般设计插图目录。

（2）篇章页

篇章页是图书正文页内标明"篇""章"名称的书页。一般采用与正文相同的纸张，有特殊的设计。通常相应文字印在单码面上，双码面空白，或两面有背景图层，通常使用暗码。各篇章页名称不同，但字体、排列、色彩会保持统一的连续性。

（3）插页

采用比正文稍厚的纸或铜版纸印刷，是印有与图书内容相关的图片、图像的书页，有集中放置在图书正文前或正文中的集合型插页和通过套帖分散放置的分散型插页两类。

（4）书签带

一端粘连在书心的天头脊上，另一端不加固定，起书签作用。具体形态参见图1-1。

（5）藏书票

专门夹在某些图书中的美术作品小型张，其作用是纪念某一图书出版发行，也可供爱好者收藏。

（6）献词页

一般在主书名页前，或正文前醒目位置，作者表示把本书献给某人，以表示敬意或谢意。

实战演练

设计图书时，编辑需要注意很多细节，合理选择图书的结构部件是每一位新手编辑必须学习的功课。随手找几本书，看看图1-1中这些部件是不是每一本书都有呢？

好的编辑和设计师能根据书稿内容、字图容量、读者定位、发行数量、制作成本、定价范围等因素来合理选择衬页、护封、函套、插图、腰封、藏书票等结构部件。根据给定条件，设计图书需要哪些结构部件，看看你和名家吕敬人的选择会有哪些区别呢？

1. 朱熹不仅是理学大师，还是一位大书法家。传世墨迹颇多，而行楷榜书《千字文》则更是其人书俱老、炉火纯青之力作。设计一部《朱熹千字文》精装本，分三册，要具有一定的收藏价值，重视其艺术性。

2.《外交十记》的作者钱其琛是国际政治舞台上深孚众望的外交家和国务活动家。图书从几个侧面，把作者外交生涯中的亲身经历和所见所闻的十件外交大事珍集成册。对于图书设计，作者要求朴素、平实，不能上自己的头像。

3.《怀珠雅集》一共 5 本，介绍的都是过去收藏家和文人的藏书票。小 32 开平装彩印，要求做到装帧精美，能体现藏书票的历史感和收藏性。

演练点拨

作为必备部件，书心、主书名页、封面每本书都不能少，所以在下面的选择中，就不再重复提及。

1.《朱熹千字文》

一部带有收藏性的书籍，且分为三册，我们可以考虑为其设计一个函套。为了使图书更加丰富，我们可以考虑适当增加插页，放上各个版本《千字文》的拓印图。

名家高招：

吕敬人设计的《朱熹千字文》，将三分册纸制书籍统一装在由两块木板组成的夹板装中，同时设计师还在封面封底两块木板上用激光雕刻了反相的 1000 个汉字，这不仅是图书主题"千字文"最直观的体现，更是以现代设计工艺完成了对古代木板印刷形式的演绎和致敬。

吕敬人的《朱熹千字文》设计了一个别致的封函，封函将一千字反雕在桐木板上，仿宋代印刷的木雕版。全函以牛皮带串连，如意扣扣合，构成了造型别致的书籍形态。

2.《外交十记》

与文学小说一样，这类图书都可以采用特种纸制作一个衬页，既能提升图书气质，又能优化图书阅读节奏。

名家高招：

封面以国旗色——红黄二色为基本色调，《外交十记》书名顶天，象征着国家利益高于一切。

3.《怀珠雅集》

既然是与藏书票有关的套书，可以试着设计五张精美的藏书票，增强设计与主题的呼应。

名家高招：

书的形态采用宣纸和瓦楞纸麻绳组合套装，沿袭传统但不照搬，营造书籍艺术的古雅文化氛围。

第二节　图书的内容构成

典型案例

这么优秀的图书，为何还要加一个"它"呢？

《百年孤独》的人物对照表

《百年孤独》描写了布恩迪亚家族七代人的传奇经历，反映了拉丁美洲百年风云变幻的历史沧桑。南海出版社2011年出版的版本在最后加上了"人物对照表"。

《鲁迅大全集》的索引

2011年《鲁迅大全集》由长江文艺出版社出版，成为国内外收录鲁迅先生作品最完整、卷数最多的鲁迅作品集。作为全套书的有机组成部分，索引卷独立成卷，页码达到494页。

《我们仨》的附录

《我们仨》是钱钟书夫人杨绛撰写的家庭生活回忆录。全书最后的附录部分收录了42页之多的钱瑗"我们仨"的手稿，以及一些信札和画像等。

《孩子你慢慢来》的跋

《孩子你慢慢来》是龙应台作为一个母亲创作的一本生活散文集。2005年由文汇出版社出版的版本中，正文后放了两篇跋——龙应台的小儿子华飞写的《我这样长大》和大儿子华安写的《放手》。

案例分析

以上所列四种图书的正文后都有不同称谓的辅文，虽称谓不同，但它们的功能是相同的，那就是补充正文的信息，使读者更全面地理解图书的内容，增强阅读的便利，获得更充分的知识或情感体验。

《百年孤独》的人物对照表

《百年孤独》内容复杂，人物众多，情节离奇，人物之间的关系错综复杂，加上人名较长，且有些区别较小，如果没有人物对照表，读者很容易记混人物关系，造成阅读障碍。如果想更加方便读者阅读，编辑可以绘制人物关系图。

《鲁迅大全集》的索引

第33卷《索引卷》根据鲁迅先生的著作特点和全集的检索需求，分别提取了鲁迅作品名称，鲁迅作品中的人名、地名、篇名、机构名称等词语，分别编制索引，并按汉语拼音音序排列，满足了现代读者学习与检索的需求。图书索引具有检索功能，它能帮助读者从32卷丛书中，迅速而准确地检索出所要的资料与信息，节省读者的时间与精力。

《我们仨》的附录

《我们仨》的附录中有很多有趣且温馨的材料，能够让读者更直接地感受到这一家人生活中彼此的真挚情谊。附录中很多手稿都极具收藏价值。举一例，附录中钱瑗为爸爸画的七幅铅笔速写，线条简洁流畅，题句幽默诙谐，把钱钟书先生日常起居的神态勾勒得十分生动有趣，让人看了忍俊不禁，同时也让我们认识了生活中的钱钟书先生，讲述了一个平凡真实生活中的父亲与女儿的故事。

《孩子你慢慢来》的跋

《孩子你慢慢来》从母亲的角度记录了小孩成长的点滴，很多读者就特别想知道在两个儿子的眼中，龙应台是怎样的一个妈妈，这两篇跋就满足了很多读者的心愿，让整本图书的内容更加丰富。且这两篇跋文笔本身就很好，具备一定的可读性。

释疑解惑

1. 图书的内容是由什么构成的？

图书的内容是由正文和辅文构成的，二者缺一不可。

2. 什么是图书的正文和辅文？

图书的正文泛指图书的主体部分，与目录、序跋、附录等相对。辅文是图书中正文的辅助性文字，对正文进行补充，帮助读者阅读理解正文内容。

3. 图书的正文就只有文字吗？

不是。图书正文中可以有文字、图表。正文中文字多还是图表多，图表的表现形式是复杂严谨还是诙谐幽默，取决于图书的定位和读者的需要。

4. 辅文是可有可无的吗？

如图 1–10 所示，在文稿部分，辅文占据了一定的地位，虽然没有办法代替正文，成为图书的主体内容，但辅文的重要性是每个编辑不能忽视的。

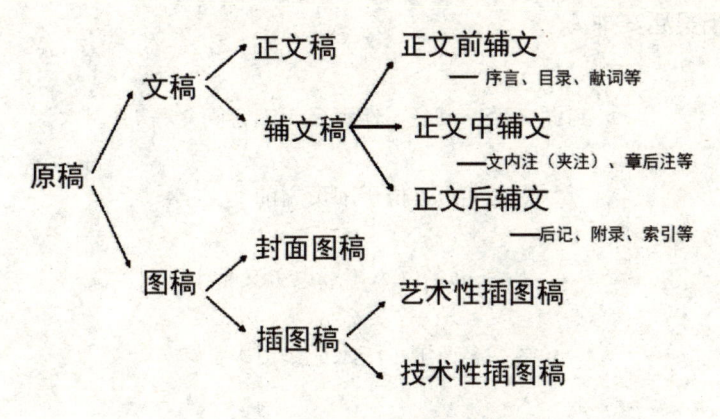

```
                  ┌─ 正文稿
          ┌─ 文稿 ┤           ┌─ 正文前辅文
          │      └─ 辅文稿 ──┤    ── 序言、目录、献词等
          │                  ├─ 正文中辅文
原稿 ─────┤                  │    ── 文内注（夹注）、章后注等
          │                  └─ 正文后辅文
          │                       ── 后记、附录、索引等
          │      ┌─ 封面图稿
          └─ 图稿┤           ┌─ 艺术性插图稿
                 └─ 插图稿 ──┤
                             └─ 技术性插图稿
```

图 1–10　图书内容构成简图

5. 辅文有什么用？

正文与辅文功能虽有差异，但却是一个相互关联的整体。作为辅文，主要让读者了解与该书有关的编写意图、主题、作者、图书出版历史、版权以及阅读使用该书的方法等情况，同时也可向读者提供有用的学习和检索工具，作一些编写后的说明交代等。作为一名编辑，除了重视正文质量，辅文也必须下功夫仔细琢磨。

6. 辅文有哪些类别？

识别性辅文除了封面上的相关文字之外，主要是指书名页，内容包括：书名、作者、出版者、版权说明、图书在版编目数据、版本记录、出版责任人记录、出版发行者说明、载体形态记录、印刷发行记录，以及关于丛书、多卷书、翻译书、多语种书等的信息。

评介性辅文包括：内容提要、序、编辑说明、出版说明、凡例、注释、附录、参考文献、跋、后记、编后记等。

检索性辅文包括：目录、索引、书眉、符号表和检字表等。

7. 正文前有哪些辅文？

正文前辅文包括：书名页文字、题词页文字、献词页文字、内容提要、序、前言、出版说明、再版说明、凡例、符号表和目录页等。其排列顺序基本上已形成惯例，如图1-11所示。但为了使用方便，有利于吸引读者和指导阅读，可以适当灵活安排。

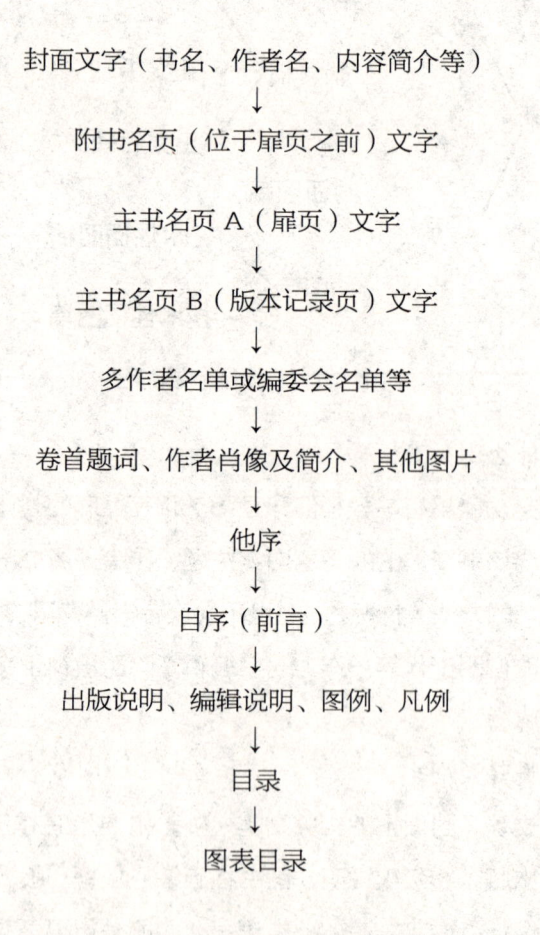

封面文字（书名、作者名、内容简介等）
↓
附书名页（位于扉页之前）文字
↓
主书名页A（扉页）文字
↓
主书名页B（版本记录页）文字
↓
多作者名单或编委会名单等
↓
卷首题词、作者肖像及简介、其他图片
↓
他序
↓
自序（前言）
↓
出版说明、编辑说明、图例、凡例
↓
目录
↓
图表目录

图1-11[1] 正文前辅文排序惯例

---

1. 蔡鸿程. 作者编辑实用手册[M]. 北京：中国标准出版社，2004.

（1）内容提要

又称内容简介、内容说明、内容摘要等，是介绍书籍主要内容及其特色的概括性文字。

内容提要一般置于版本记录页的上方，也可安排在封面的勒口或封底上。内容提要是出版者向读者或销售者介绍、推荐该书的文字材料，导购作用强。一般读者拿起图书观赏该书的封面、封底后首先阅读的文字就是该书的内容提要。

内容提要一般由编辑撰写，或者由作者写初稿，再经编辑修改定稿。

（2）序言

序在不同类型的书稿中可称为序言、前言、绪言、叙言、弁言、序文、引言、小引等，有时也写为"写在前面"或"致读者"等。常见的有作者序、非作者序言和译者序、代序四种。序还有多卷书的总序与本册书的分序、初版序与再版序、第×版序、原版序之分。

① 作者序是由作者撰写的序言，一般用以说明编写该书的意义，图书内容、重点及特点，有关编写过程及情况，编排及体例，适用范围，再版书的修订情况说明，介绍协助编写的人员及致谢等。

② 非作者序言是由作者邀请知名专家或组织编写本书的单位所写的序言，内容一般为推荐作品，对作品进行实事求是的评价，介绍作者或书中内容涉及的人物和事情。

③ 译者序一般着重说明翻译意图，有的也包括翻译过程中的某些事务性说明，一般以"译者序"为标题，内容比较简单的也可以"译者前言"或"译者的话"为标题。

④ 代序，即选择合适的文章代替序言。

各种序并存情况下的排序惯例为：译者序→丛书序→再版序→代序、他序→自序。

（3）凡例

又称体例、例言，是说明书籍编纂体例的文字，多用于地图册、科技专著和辞书、手册等工具书。凡例通常向读者说明选文标准或收词原则、归类方式与编排顺序、译义范围与释文要求、行文规范、检索方法以及辅文安排，目的是方便读者阅读和检索。

（4）编者按

编者对入选作品所作的说明或评论文字，也称编者按语。编者按主要对作品所涉及的人物、事件、观点、方法、数据等进行说明、分析和评论，目的在于引起读者对某些问题的重视，常置于文章标题之上方的醒目位置。编者按表明了编者、出版者的观点和立场，文字篇幅虽短，关系重大，必须经过三审，由终审者定稿。

（5）出版说明

出版说明又称出版者的话，以编辑部或出版社的名义对组织编辑、出版该书所作的说明。其内容侧重于介绍组稿与出版目的、与作者商讨编写方案的情况、编辑审读书稿与编辑加工的情况、对书中一些疑难问题的处理情况等出版者认为有必要让读者了解的事项。其目的也是为读者深入理解书中内容提供必要的信息。出版说明一般不对作者或作品作评价。

8. 正文中有哪些辅文？

正文中辅文包括：书眉、题解、注释、页码等。

（1）书眉

书籍横排本排印在版心上方的书名、篇章次序和标题。相当于古籍天头眉批的位置，因此称作"书眉"。排在版心下方的称作"下书眉"。

书眉所用字号比正文字号小，字体可以变化。书眉下方或书眉后居中可用一条线与正文隔开。该线称为"书眉线"，其长度可与版心宽度相同，也可小于版心宽度。

（2）题解

说明书籍或其某些篇章的作者、内容、版本等情况的文字。题解在书名或篇章名之后，少者几个字，多则数百字，主要用于解释标题中出现的词语，如读者比较生疏的人名、地名、词牌名等；说明作品的版本情况，如选自何书何处、出版时间、地点、单位；作品简介及背景资料；对作品的评价等。

题解常见于历史文化名著的近、现代版本或文集、选集。

（3）注释

对正文中的文字、读音、词汇、典故、史实、引文出处、说明文字写作背景或内容意义所作的说明文字。按作者的不同，可分为原注（原作者自注）、译者注、编者注、校者注等。按排印位置的不同，可分为夹注（夹印于正文中间）、脚注（排印于页末）、文后注（排印于文章之后）等。

（4）页码

页码是标明版面顺序的序号。页码一般排在版心的下面，靠近切口处，有排在版心上面或居中处，也可以排在翻口处。页码与书眉可排在同一行。

一般正文前的辅文单独排页码，书籍正文第一页开始到最后一页有文字的页面连续编页码，篇、章是另页排的，整面的超版口图或表，或章末的空白页不显示页码，而用暗码，即页码连续计数，但不印出，空白页所占的暗码也叫空码。

9. 正文后面有哪些辅文？

正文后辅文包括参考文献、附录、索引、后记、勘误表、译名对照表等。其排列顺序基本上已形成惯例，如图 1–12 所示。

参考文献
↓
附录
↓
索引
↓
后记及编后语
↓
校勘记
↓
勘误表
↓
译名对照表

图 1–12　图书正文后辅文的排序惯例

（1）参考文献

参考文献或参考书目，是图书常用辅文之一，指作者为创作、撰稿需要，所参考、查阅、适当引用过的他人著作、论文或其他有关文献资料。为尊重他人著作权，也为了说明作品有关内容、观点和有关事实的依据与来源，便于读者查考、研讨，作者有责任在文中或文后列出参考文献。

（2）附录

附于正文后面方便读者查阅与正文内容密切相关又不适合写入正文的各种文字或图表资料。

附录是为正文服务的，也是为读者学习、应用书中内容提供服务的。正确选取附录内容，往往可以提升书籍的使用价值。

（3）索引

为方便读者查阅书中某类事物、内容而依一定主题，按顺序排列、注明所在页码，附于正文后的检索工具。

索引的编排可按汉语拼音或外文字母音序，汉字笔画或部首的形序、主题类序、年代或朝代的时序或数字的顺序等方式排列。

索引的编制一般由作者承担、编辑核查确定。索引一般放在书末，与正文连续编页码，并编入全书目录之中。如需要，一本书中可以多种索引并存。

（4）后记

后记，又称跋、编后语、附记等，一般放在书的正文后，用以介绍、评析作品，与"前言"、"序"一样具有评介作品、指导阅读的作用，但侧重于介绍成书过程中有意义的事情和问题、感受，也可用来进一步介绍作者、作品的思想基础。

后记一般由作者本人撰写。编后语由主编者或编辑撰写。校订者可写校后记、译者可写译后记。

后记等不是作品的必有内容，由作者、编辑根据实际需要决定写或不写。

（5）勘误表

对图书中错误的更正表格。多数用另纸印刷，夹于书内。

（6）译名对照表

翻译图书中附于正文后面有关中外译名对照的参考资料。

实战演练

图书辅文的内容和形式多样，可以根据不同种类书籍的需要，灵活变通运用，并且一本图书不需要辅文种类齐全。每本书必不可少的有封面文字、主书名页上的文字等，至于是否设置其他附件可以视情况而定。不同种类的图书，对辅文的设置有不同要求。分别说说针对下列图书，你会安排哪些辅文呢？

1.《初中物理教材·八年级》

2.《新华字典》

3.《白鹿原》

4.《谁动了我的奶酪》

5.《淘气包马小跳》

演练点拨

1.《初中物理教材·八年级》是初中学生的教材。教材的辅文除了封面辅文、主书名页（背版权页）之外，一般包括附书名页（编著者名单）、前言、目录、书眉、注释、参考文献、后记。

2.《新华字典》属于工具书。工具书的辅文除了封面辅文、主书名页（背版权页）之外，一般包括凡例、序或前言、目录、书眉、注释、附录、索引、后记。一些工具书还有献词页。

3.《白鹿原》属于文学类图书。文学类图书的辅文除了封面辅文、主书名页（背版权页）之外，一般包括内容提要、书眉、跋或后记等。

4.《谁动了我的奶酪》属于引进版大众读物。引进版大众读物的辅文除了封面辅文、主书名页（背版权页）之外，一般包括译者序、原序、目录、书眉和后记等。

5.《淘气包马小跳》属于少儿图书。少儿图书的辅文除了封面辅文、主书名页（背版权页）之外，一般包括前言、目录、书眉、注释、后记等。

第二章

新手入行小词典

实训目标

1. 了解出版行业特有的交流用语
2. 熟悉图书制作过程中的一些行业术语
3. 掌握图书出版的一些专业小知识

本章重点

术语（terminology）是在特定学科领域用来表示概念的称谓的集合，在我国又称为"名词"或"科技名词"（不同于语法学中的"名词"）。每个专业都有独特的专业特点和专业术语，出版行业自然也不例外。

作为一名行业新人，对于行业术语的了解不仅有利于我们与同事沟通，更能有助于我们提高工作效率，加速我们从行业新人到行业达人的转变。

实训任务

约见一位行业从业者，听其讲述出版物的具体制作过程，包括出版合同的草拟、版式装帧设计、三审三校一通读、成本核算、印制装订等，记录下你不太清楚的行业术语，然后当面请教行业老师。

趣味导读

码洋背后的秘密

一次书市结束后,组委会是这样公布销售业绩的:销售码洋3000万元,按接待30万人数计算,人均消费100元。一次书市销售码洋3000万元,乍看上去,好像是一个可观的数字。可是仔细想一想,这其中的水分实在难以掂量,因为码洋背后还有一个大秘密。

与码洋相对还有一个实洋,二者都是出版专业术语,其他行业都不这么用。"码"就是指数量的多少,"洋"代表"钱","码洋"就是"多少钱"。每一本书刊上面都列有由阿拉伯数字(码)和钱的单位(洋)构成的定价,相乘得定价总额,一本书的定价或一批书的总定价,其货币额俗称码洋。

实洋是发行部门向出版社进货时,有一定比例的折扣,按码洋打折以后的金额。以零售书店来说,销售码洋(销售收入)减去销售折扣额,等于销售实洋(销售净收入),再减去销售成本、销售税金、销售费用,等于销售利润额。发行部门内部的业务活动和财务会计,均采用实洋核算和记账。

例如:某书店进一批书,总定价(码洋)为10万元,图书发行公司按7折批发,那么实洋即为10万元打7折等于7万元,发行公司纳税是实洋的11.5%即为8050元。

实洋就是打折后的价格,即按实际卖价统计的销售额。现在图书销售,折扣都给得很低,码洋与实洋之间差距可想而知。上文中书市组织者只公布一个按"明码标价"计算的数据,如果我们清楚码洋背后的秘密,那自然就知道这个数据的意义了。

发散思维

1. 你弄清楚码洋和实洋的区别了吗?
2. 如果你不知道码洋和实洋,和别人谈论相关概念时,你会如何表达呢?
3. 除了码洋、实洋,你还知道哪些出版专业术语呢?

第一节 图书上不能不知道的专业小知识

典型案例

你知道这是什么原因吗？

1. 翻翻你的书架，看一下那些 32 开的书大小是一样的吗？如果不是，为什么呢？

2. 新华书店将《钢铁是怎样炼成的》放在文学类的书架上，而不放在科技类书架上，这是为什么呢？书店销售人员是怎么分类的呢？

3. 为什么有的书要再版、重印呢？再版、重印又有什么区别呢？

4. 为什么图书上字数统计要以千字为单位，而不以万字为单位呢？

案例分析

1. 图书开本的秘密是因为全张纸大小有别。

由于所用纸的幅面大小规格不同，同是 16 开、32 开或其他开本，其幅面尺寸规格也不尽相同。如 32 开就有大 32 开、32 开、长 32 开等之分。

2. 在书店，图书如何分类上架，一般按照《中国图书分类法》进行。

出版社在策划图书时有自己的市场考虑，因此可以在图书封底写明"上架建议"，给书店工作人员以分类参考，使图书能够更好地为读者服务。

3. 再版还是重印得看市场的需要。

如果有市场需要，内容又有较大的修改，就不能仅做修改版本记录的重新印刷，需要做修订版，即再版了。

4. 以千字为单位是为了便于计算稿酬。

首先，以千字为单位，更能与国际接轨。3 位一记数符合国际通用的计数法。比如 1000000 写成 1 000 000。再有，英文中没有"万"这个计数单位。英文只有个、十、百、千、百万、十亿这样的计数。

最重要的一点，出版社支付给作者的稿酬通常是以千字来计算稿酬。所以图书的字数逐渐演变为以千字来计算。

释疑解惑

1. 版权页上，你有多少知识不知道?

图书版权页，是一种行业习惯称呼，是指图书中载有版权、版本说明文字及图书在版编目数据的书页。版权页是图书信息的集中地，包括了书名、作者、编者、译者的姓名；出版者、发行者和印刷者的名称及地点；开本、印张和字数；出版年月、版次、印次和印数；国际标准书号和定价等等。上面这些名词，你都清楚它们是什么意思了吗？

（1）开本

开本是指一本图书开切而成的不同大小的面积，一般以宽多少毫米乘高多少毫米来表明。根据全张用纸开切成幅面相等的小页，开成16小页的叫16开本，开切成32小页的叫32开本。

（2）版次与印次

版次是指出版的次数，是用以统计图书内容重要变更的专业词语。著作物第一次出版为第一版（也称"初版"），内容经过重大变更再出版则为第二版，依次类推。

印次是指印刷的次数。

比如，《图书编辑与制作实训教程》一书于2013年9月首次出版，那么该书版权页记录的版次和印次分别是：

版次：2013年9月第1版

印次：2013年9月第1次印刷

如果一段时间后该书基本售完，决定重印。比如是2014年8月重印（不作内容改动，但可能更正个别的编校差错），那么这次重印书的版次和印次分别是：

版次：2013年9月第1版

印次：2014年8月第2次印刷

如果图书在内容上有了较大改变，需要出版修订版，则要重新申领书号，比如上面提到的这本书初版重印后于2014年12月出版修订版，那么此时该书版权页记录的版次和印次分别是：

版次：2014 年 12 月第 2 版

印次：2014 年 12 月第 3 次印刷

特别要说明的是，印次是从第一版第一次印刷起计算，再次印刷时应将以前各版的印次累计计算，因此上例虽然是第二版的第一次印刷，但版权页上应注明是（本书的）第三次印刷。

（3）版本

相同或不同的图书，由于形式或内容的不同，以及出版单位和时间等的不同，可以有各种不同的本子，因此形成不同的版本。商务印书馆的《新华字典》就有诸如《新华字典（大字本）》《新华字典（插图本）》等不同版本。

（4）字数

版本记录页上的字数是出版字数，不等同于原稿字数。计算字数时，版面的图表、公式、空字、空行均作为满版计算字数。

全书字数＝每行字数 × 每面行数 × 全书面数

（5）印张

一个印张是指半张全张纸。图书正文的印刷用纸量用印张来计算。图书正文用纸量指除封面、插页之外的用纸。

印张＝面数÷开数（面数指正文用纸及其他和正文相同的用纸多少面）。

例如：

《畅销书的"蓄意"操作》一书印张为 264÷16 ＝ 16.5 个印张

2. 你知道图书在版编目数据（CIP 数据）的规范要求吗？

图书在版编目（CIP）数据的著录和印刷都有规范性要求。

图书在版编目数据的英文缩写为 CIP 数据。在国家标准中，对此术语所下的定义是："经图书在版编目产生的，并印刷在图书主书名页背面的书目数据。"

图书在版编目数据由 4 个部分组成，依次为：图书在版编目数据标题、著录数据、检索数据、其他注记。各部分之间空一行。

第一部分是图书在版编目标题，即标明"**图书在版编目（CIP）数据**"的标准黑体字样，其中"在版编目"一词的英文缩写"CIP"必须用大写拉丁字母，并加圆括号。

第二部分是著录数据。著录数据的书名与作者项、版本项、出版项等三项连续著录；丛书项、附注项、标准书号项均单独起行著录。

第三部分是检索数据。其排印次序为：书名检索点、作者检索点、主题词、分类号，各类检索点用罗马数字加下圆点排序。各类之间留一个汉字空。除分类号外，同类检索点用阿拉伯数字圈码排序。分类号不止一个时，各个分类号之间留有一个汉字空，但不用任何数字或符号排序。书名、作者检索点采用简略著录法，即仅著录书名、作者姓名的首字，其后用"…"表示。

第四部分是其他注记，内容依据在版编目工作需要而定。印刷格式为：

图书在版编目（CIP）数据

正书名＝并列书名：其他书名信息／第一作者；其他作者. 一版次及其他版本形式／与本版有关的第一作者. 一出版地：出版者, 出版时间

（正丛书名＝并列丛书名／丛书主编, ISSN：丛书编号, 附属丛书名）

附注 国际标准书号（ISBN）

Ⅰ.书名 Ⅱ.作者 Ⅲ.主题词 Ⅳ.分类号
其他注记

3.你知道封面上的出版小知识吗？

图书封面上应有书名、著译者名和出版社名，还应有中国标准书号、条形码和定价。

（1）中国标准书号

中国标准书号由标识符 ISBN 和 13 位数字组成。13 位数字又分为 5 部分：

——前缀号：国际物品编码协会提供给国际 ISBN 中心使用的编码。目前使用的前缀号为：978（预留 979 前缀）。

——组区号：标识国家、地理区域、语言及其他社会集团划分的组织。由国际 ISBN 中心设置和分配，我国的组号为数字"7"。

——出版者号：标识具体的出版者。长度 2 至 6 位数字，由中国 ISBN 中心设置和分配。

——出版序号：标识出版物的出版次序，由出版者管理和分配。用以区别不同内容及不同作品形式的专题出版物。

——校验码：采用模数 10 加权算法计算，其功能在于对中国标准书号的正确与否进行检验。

以本书为例，中国标准书号的书写或印刷格式为：

ISBN 978-7-5068-3760-6

（2）出版物条码

条码作为中国标准书号的机读形式，是供计算机识别读取的符号。条码印制优选位置为封底（或护封与之对应位置）的右下角，非纸封面的精装书的条码印刷在图书封二的左上角或图书的其他显著位置。条码符号条的方向与装订线平行，其具体位置是距离两个相邻书边不小于 15mm 的位置上。

因为条码是根据其条与空的反射来识别信息的，反差越大识别信息就越准确。白色作空，黑色作条是较理想的颜色搭配。一般来说，使用暗色调的颜色做条的颜色（如黑、蓝、绿、棕），亮色调的颜色做空的颜色（如白、黄、橙、红）。在条码印刷时还需要注意的问题是，条码不能印刷在其他图案上，也就是在条码的空中不能有其他的印迹，另外条码的左右两侧要留有足够的空白区，以保证扫描的准确。

（3）上架建议

为了保障图书分类科学以及上架的准确，很多出版社都在图书封底条形码的上方给出上架建议。

（4）定价

定价是出版社印制在图书上的销售图书的规定价格。

实战演练

某图书2011年12月第1版，首印5000册。2012年7月又印刷5000册。2013年1月做了较大修改，出版了第2版，首印8000册。想一想，该书第2版的版本记录应怎么表示呢？

演练点拨

根据给定的条件，第2版的印数应从第1版第1次印刷时累计，同时应有该书版本的历史记录。

正确的写法是：2011年12月第1版第1次印刷

印数：1～5000册

2012年7月第1版第2次印刷

印数：5001～10000册

2013年1月第2版第3次印刷

印数：10001～18000册

第二节 图书制作过程中不得不说的术语

典型案例

电影明星林青霞写的第一本散文集《窗里窗外》，出版时有一个特别要求，让电影美术大师张叔平承担这本书的版式设计。

当版权方提出这个条件以后，三联书店总编李昕答复说需要看一下张叔平的设计稿。李昕收到设计好的版面稿，一看设计相当失望，尤其是书中文字的排版。

首先字号用得很大，看上去稀稀拉拉，其次是页面的版心大小不一致，每个面上的文字行数也不一样多，有的多几行，有的少几行，行与行也存在长短不齐。这样导致天头、地脚、翻口、订口的大小都不一致。就是这样的设计，总的来说不像是在排书稿，倒像是在排海报。

李昕担心这个设计拿出去会让读者觉得很奇怪，文字为什么要排成这样？内行的读者都会认为，这是一个外行人排的版。读者的评论并不会因为设计师是名人、是电影美术大师就变得宽容。

案例分析

书籍装帧设计与电影艺术都属于艺术范畴，但它们各有自己的艺术规律。书籍装帧设计是平面艺术，设计者自然要运用平面艺术的语言，透过图书的物质形式，体现图书独特的主题和风格。设计者只有充分考虑读者的阅读习惯，才能给予读者美好的阅读和情感体验。

天头、地脚、翻口、订口等这些专业术语，如果你不懂，在做版式设计以及和同行交流中就会存在困难。

释疑解惑

1. 精装书与平装书的区别在哪里？

一本书是做成精装书还是平装书，是有多方面考虑的，比如它的读者对象、成本以及出版社的经营目标等等。就图书的物质形式制作而言，一本书的生产都会有印刷和装订两个部分，对于精装书和平装书来说，印刷方式和印刷过程都是一样的。只是精装书要求质量要高些，用的纸张一般也会好些。

精装书和平装书的主要区别在装订方面。平装书就是我们平常一般用的书，比如教材，一般采用胶订工艺，封面大多为铜版纸，比内页厚一些，整本书可以弯折。而精装书的内页一般是采用锁线工艺，就是用线将内页锁订在一起，书脊再粘上胶，这样比较结实，不易掉页。封皮一般为硬纸板材料，将印刷精美的薄纸糊在硬纸板上形成书皮，再将内页粘在书壳上。精装书不能弯折，一般因有硬制封皮而显得很厚重、精美。

精装书其实就是在封面和书背上用料和加工工艺不同，有些书是圆背（圆脊），有些书是平背（平脊），还有些在翻口制作梯形目录。封面的材料主要有纸板和PPC板，纸板上有些还有海绵。

2. 什么是版面、版心、版口、超版口？

版面：指图书的页面，是页面中图文和空白部分的总和。包括版心、书眉（中缝）、页码及版心四周的白边。

版心：图书版面上容纳图文（一般不包括书眉、中缝和页码）的部位。

版口：版心四周的边沿。

超版口：是指超过左右或上下版口极限的版面。当一个图或一个表的左右或上下超过了版口，则称为超版口图或超版口表。

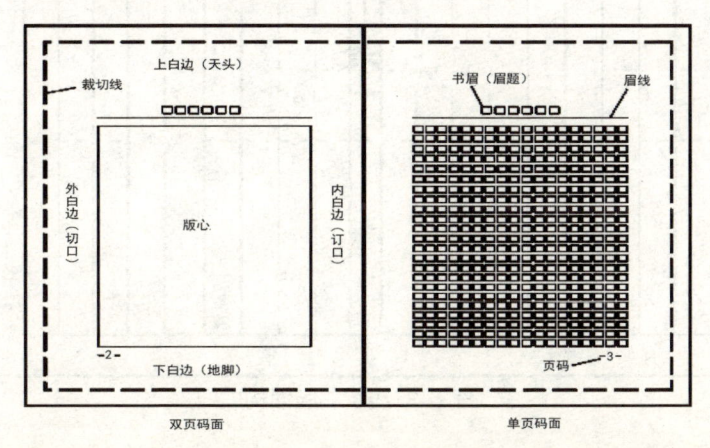

图 2-1 图书版面示意图

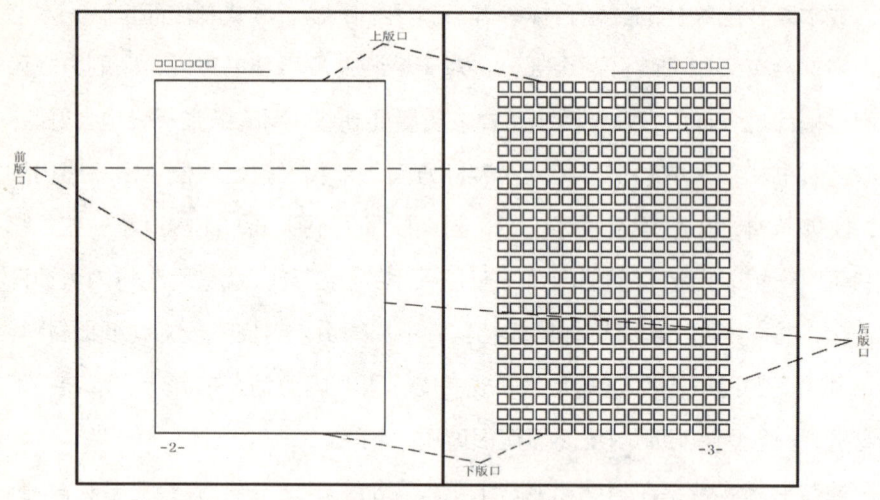

图 2-2 图书版口示意图

3. 什么是天头、地脚、订口、翻口？

天头：也称"上白边"，图书正文最上面一行字上边沿到书页上端切口处的空白。

地脚：也称"下白边"，图书正文最下面一行字下边沿到书页下端切口处的空白。

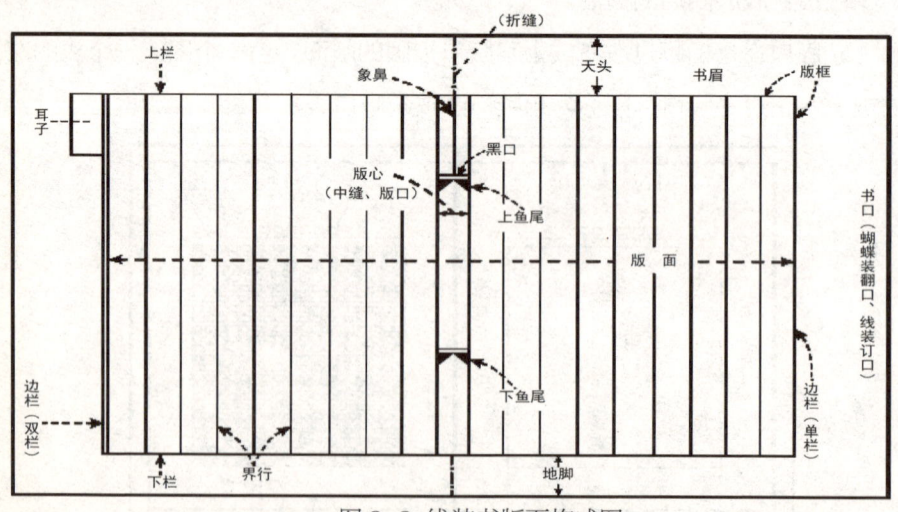

图 2-3 线装书版面构成图

订口：也称"内白边"，靠近图书装订处的空白。

翻口：也称外白边，与订口相对处的空白边。

4. 线装书的版面有哪些特定名称？

版框：也称"边栏""栏线""线"。版面上四周的黑线。

界行：也称"边准"。版框内用直线分成的行间称"界行"，不分界行的称"白纹"。

版心：也称"版口""书口""中折行""页心"，是一块雕版的中心，书页正中折缝的部分。

鱼尾：版面常有【】样记号，称"鱼尾"。

象鼻："鱼尾"上下至版框间的部分称"象鼻"。

天头：版心上端至书顶的空白。

地脚：版心下端至书根的空白。

书耳：也称"书耳"或"耳格"。版框左边栏上角凸出的正方形或长方形小框格，内刻篇名或小题。

5. 排版过程中有哪些基本术语？

（1）页、面

图书书页的一张为一页，一页有正反两个面，正面为单页码面，背面为双页码面。

（2）另页、另面

排版过程中说"另页""另面"，实际就是"另页排""另面排"。

另页排，从下一个单页码面开始排起。

另面排，即此面没排满再排时也不接排，而是从下一面开始排。

（3）竖排本、横排本

竖（直）排本，是指翻口在左，订口在右，文字从上至下，字行由右至左排印的版本，一般用于古籍。

横排本，就是翻口在右，订口在左，文字从左至右，字行由上至下排印的版本。

（4）背题

背题，是指标题排在一面的末尾，其后无正文相随。排印规范中禁止背题出现。

（5）暗码

又称暗页码，是指存在但不显示出来的页码。一般用于篇章页、超版心的插图、插表、空白页或隔页等。

（6）居中、左齐、右齐

标题的排版格式有居中、左齐、右齐。

居中：指标题在某个空间内的中间位置。有左右和上下居中。

左齐：指左面齐头排（顶格排）；前缩对齐排（每行均从距离前版口一定空间的地方起排，各行首部对齐）。

右齐：指右面齐尾排（图文右侧与后版口位置平齐）；后缩对齐排（每行均在距离后版口一定空间的地方结束，各行尾部对齐）。

（7）缩格、缩进

缩格：字行与前版口或后版口之间留出一定字宽的空白。一般情况下，正文段首要求前空两个字的字空。

缩进：下一字行比上一字行在首部或尾部多留若干字宽的空白。

（8）转行齐肩、接排

转行齐肩：标题转行时，下一行的第一个字要与第一行的标题序号之后的第一个字对齐。

接排：在上一部分文字的最后一行中延续排下一部分的文字；版心末尾不留空白而开始排稿件新内容，不延续原来字行。

实战演练

根据描述，手绘出版面大体样式。

标题居中、两字疏排，标题上空2行，占3行，下空3行。

第三章

图书制作的基本流程要记牢

实训目标

1. 掌握图书制作的基本流程
2. 了解一本图书的问世不能忽视的重要步骤

本章重点

　　每本图书的制作过程不尽相同，有些图书因为是作者投稿而省略了组稿环节，有些图书是重要的作品，可能又会重复部分制作环节，以确保出版物的内容质量。尽管如此，图书制作的基本流程不外乎图书产品的设计阶段、内容生产阶段和物态形式的生产阶段。

实训任务

　　搜集《狼图腾》出版的相关资料，整理出其出版的全流程信息，分析在各个节点上，这本书有何过人之处，最终使这本书取得如此的成功。

趣味导读

《狼图腾》的"腾飞"全过程

《狼图腾》的作者姜戎是安波舜的朋友，他用6年时间把他在内蒙古草原上观察狼，和狼一起生活战斗的经历写成小说，希望安波舜能帮他出版。

安波舜看完《狼图腾》以后，告诉姜戎说这书是一本好书，是一本奇书，是一本大书！然后，安波舜找到了他的搭档，时任长江文艺出版社北京图书中心副总编辑的金丽红和长江文艺出版社北京图书中心副社长黎波，并满怀希望地把《狼图腾》推荐给他们。历经曲折得到二人同意后，金丽红开始策划图书的宣传造势工作。

安波舜、金丽红和黎波组成的"金三角"紧急召集出版社全体人员召开了一次会议，商量之后，他们决定利用自己原来出版名人传记时所积累的资源，广泛联系各界名人，先打出一张名人牌，让名人来为《狼图腾》进行宣传造势。而后，出版社就请提倡"与狼共舞必先为狼"的海尔总裁张瑞敏、以末位淘汰管理著称的潘石屹和苍狼乐队的蒙古歌手腾格尔提意见，让《动物世界》的解说者赵忠祥等人阐发人与自然的关系，结果市场反响很好，遂决定以最快的速度出版该书，抓住机遇，抢占市场。

2004年4月25日，该书正式出版发行。该书在中国出版后，被译为30种语言，在全球110个国家和地区发行，成为成功进入西方主流文化市场的第一部中国小说，欧美各大主流媒体和电台电视台都给予连续报道和评论，成为国内外读者熟悉的一部奇书和大书。

发散思维

1. 闭上眼睛，你能回想起《狼图腾》出版的整个流程吗？
2. 《狼图腾》的"腾飞"过程中，你认为哪个环节最重要呢？
3. 每个流程环节中，你能完成的工作有哪些呢？

释疑解惑

1. 出版运作是一个怎样的过程？

图书出版运作是一个整体过程，是有一定规律可循的，任何一个环节都会对图书的命运产生影响。

一本书的出版过程是由编辑、复制、发行三个阶段联结而成的有序过程。

编辑阶段：信息采集、选题策划、组稿、审稿、加工整理、整体设计、发稿检查、读校样、看样品等环节。

复制阶段：制作母本（印版等）、成批复制、包装。

发行阶段：信息采集与宣传、商品交易、物流、货款结算。

2. 图书编辑有哪些主要环节？

信息采集→选题策划→组稿→审稿→加工整理→整体设计→发稿→校样处理→样品检查→出版物宣传→反馈信息收集。

如果是自投稿，图书编辑环节为：审稿→信息采集→选题策划→加工整理→整体设计→发稿→校样处理→样品检查→出版物宣传→反馈信息收集。

在实际工作中，"签订出版合同"在组稿环节或在审稿环节之后进行。

3. 现在是创意经济时代，只要产品设计与策划就行了，这个说法对吗？

不对，图书出版是一个系统工程，是一个做内容的产业，仅有一个创意是远远不够的，创意还需要规范的、恰当的表达。

4. 审稿和编辑加工是一回事吗？

不是一回事。审稿与编辑加工的工作对象和任务不同。从编辑工作规范角度讲，审稿所面对的书稿是还没有确定出版的作品，编辑加工面对的是经过三审决定出版的稿件。审稿的工作任务是筛选、判断，确定书稿能否出版，为可以出版的书稿提出修改建议。编辑加工则是修改完善稿件，使稿件符合出版规范和市场要求。

5. 整体设计指的是什么？

图书整体设计不同于期刊中的顶层设计，也不包含图书产品设计阶段的选题策划，它的工作重点是图书物态形式的设计，包括外部装帧设计、美术设计、内文版式设计以及制作工艺的设计。

6. 出版物宣传一定要在印刷之后进行吗？

出版物宣传工作一般集中在成品印刷及样品检查之后，部分图书的宣传工作可能提前到审稿工作后进行，这取决于市场需要及图书的重要性。

7."反馈信息收集"环节是可有可无的吗？

不是，这个环节也是不可缺少的，它往往决定着已出版作品的优化，影响新的图书产品的生产。

8. 一本书的问世不能忽视的重要步骤是什么？

（1）选题报批

出版社在进行充分的市场调研和选题设计论证之后要按照规定进行选题报批。

省一级新闻出版局依据国家《出版管理条例》等法律、法规、政策，对出版图书选题内容进行审批，确保有关选题符合国家有关规定，并报国家新闻出版广电总局备案。

根据《出版管理条例》和《图书、期刊、音像制品、电子出版物重大选题备案办法》（新闻出版署[1997]860号）等法律法规，对于涉及国家安全、社会安定等方面的内容，对国家的政治、经济、文化、军事等会产生较大影响的选题，实行重大选题备案制度，即出版单位须向国家新闻出版广电总局专题申报备案，同意后方可出版。

选题经批准后，出版业务进入编辑环节。

（2）申报书号

出版社总编室负责向出版业务部申请分配书号、条码并向国家新闻出版广电总局信息中心申请CIP数据。

每年12月，出版社将有关书号申请的各项材料，经由省新闻出版局报送国家新闻出版广电总局，国家新闻出版广电总局核定下一年度发给出版社的书号数量。国家新闻出版广电总局将书号按核定数量经由省新闻出版局发给出版社。出版社按照所得书号数量，填写 ISBN 条码制作申请单，报送国家图书条码中心制作相应条码。出版社也可根据需要，定期、不定期向省新闻出版局和国家新闻出版广电总局申请所需数量的书号。

在书号获批后，编辑人员填写《CIP 数据申请表》，再由出版社总编室将《CIP 数据申请表》报送国家新闻出版广电总局信息中心。信息中心将编制完毕的 CIP 数据返给出版社，以备印载在图书版权页上，作为版权保护的重要手段。

（3）确定印数和定价

图书定价和印数由各出版社领导及发行部连同责任编辑根据市场调研情况分析确定。定价主要参考因素为利润目标、成本、图书印数、同类书市场价格及该书目标读者群的消费能力。印刷数量的确定主要参考成本、定价及对该书销量的预测，一般每版图书的印刷数量划分为四种情况：3000 册至 4000 册；5000 册至 8000 册；8000 册至 10000 册；10000 册以上。一般来说，出版社主要采用较少印数、多次印刷策略，以便降低出版风险、减少资金占用，加快资金周转。

（4）排版和印刷

有关书稿经社长（或总编辑）终审签发后，由相关业务部门完成封面设计和版式设计。出版社将达到印制标准的书稿发送到排版部或排版公司，进行排版及制作清样，图书清样完成后，送出版社进行校对，出版社将校对完的清样退回，排版部或排版公司按出版社所做的改动进行改版，这样反复三次，行业内称为"三校"，最后经该书责任核对、责任编辑和出版部主任审定签字，交社长（或总编辑）签批，再交给印刷企业印制、装订。

| 中篇 |

如何找到你想要的书稿

第四章

如何成为策划高手

实训目标

1. 了解选题策划的概念及基本步骤
2. 熟悉信息采集的要求、方法及处理步骤
3. 掌握选题策划的要求
4. 掌握选题策划各要素的设计方法
5. 撰写高质量的选题策划报告

本章重点

编辑工作在进入审稿环节之前，一般要经历信息采集、选题策划、组稿三个环节，它们构成相对独立的出版物产品设计阶段，其中选题策划是中心环节。

选题策划指编辑人员依据一定的方针和主客观条件，开发出版资源，设计选题的创造性活动。

选题策划有助于把握出版工作方向，落实出版工作方针；保障出版生产秩序，保证和提高出版物的质量，塑造出版单位的品牌形象。

实训任务

昆曲，作为我国传统戏曲中最古老的剧种之一，距今已有六百多年的历史，被誉为"百戏之祖"。自从联合国教科文组织将其列为世界首批"人类口述和非物质遗产代表作"，全世界迅速掀起了"昆曲热"。为了宣传、保护我国传统文化艺术，某出版社编辑廖晓媛拟请昆曲研究专家贺珊主编一本关于昆曲的普及性读物。

请以廖晓媛的名义写一份选题策划报告。

趣味导读

"好妈妈"是怎样炼成的
——《好妈妈胜过好老师》畅销的背后[1]（节选）

作家出版社出版的《好妈妈胜过好老师》自 2009 年 1 月出版以来，一年多重印 30 次，销售 180 多万册，且势头不减，成为国内家庭教育图书的一个新里程碑。该书获得了"新浪网 2009 年度 10 大好书"、央视"子午书简"和《中国图书商报》（现改名为《中国出版传媒商报》）"2009 年度最值得一读的 30 本好书"、当当网读者"10 大热评图书"和当当网"2009 年度新书畅销榜第 1 名"等 7 项荣誉。为了进一步了解该书，本书的编辑郑建华讲述了畅销背后的故事。

我是如何发现"好妈妈"的？

我是 2008 年 8 月左右看到《好妈妈胜过好老师》这部书稿的。这部书稿对我来说，用"捡漏"一词来形容最合适不过了。此前，作者尹建莉曾经将书稿投给七八家出版社，但因种种原因均未获出版。也许是因为我以前当过教师，并有过参与中小学语文教材的编写经历，尹老师作品中的许多不同寻常的亮点，很快就吸引了我。

首先，尹老师拥有许多人不具备的条件。1. 成功的好妈妈：女儿品学兼优，是北京市市级三好学生，16 岁参加高考，获超过当年清华录取线 22 分的优异成绩，被内地和香港两所名校同时录取；2. 好老师：她当过十几年教师，有丰富的实际教学经验；3. 教育研究工作者：她是北京师范大学的教育学硕士，从事家庭教育研究及咨询工作；4. 作家：她本人是作家，文笔很好。正是由于"成功妈妈+好老师+教育研究工作者+作家"这四种身份，使这本书呈现出不同于以往家教书的一些特征：理念正确、方法实用、可读性强。

其次，我把这本书和以前流行的家庭教育书做了一个比较，发现以往的家教书有过两个出版高峰期，一个是《哈佛女孩刘亦婷》时代，这是一本成

---

1. 郑建华."好妈妈"是怎样炼成的——《好妈妈胜过好老师》畅销的背后[J]. 出版广角, 2010(8).

功妈妈写的家庭教育书，提供了一个成功妈妈的经验，由于缺乏这方面的指导书，再加上当时的出国热和新闻效应，该书成为风靡一时的超级畅销书；另一个是卢勤时代，教育专家写的系列家教书，销售情况也非常好。之后国内原创的家庭教育书基本保持了以上两种模式。渐渐的，类似的家教书多了，这一领域的图书销售开始呈现下滑趋势。家教书如果再沿袭以前的模式，肯定难以突破。而尹老师的这本书正好弥补了当下市场这两种家庭教育图书的不足。

第三，现在的家长基本可以分为两种类型：一类是六七十年代出生的家长，他们中绝大多数人都有着强烈的望子成龙期盼。因为他们婚育的年代，计划生育政策刚开始实行，很多家庭只有一个孩子，再加上一些家长自己受的教育不是很好，所以把希望都寄托在孩子身上了，很重视孩子的教育，以期让子女不输在起跑线上。他们比较重视早教，重视对孩子文化知识、考试能力的培养，但忽视了对孩子的性格、品质等其他方面的熏陶。结果是，有一小部分孩子成功了，但另一部分家长失望了。因为，他们不但没把孩子培养好，反而害了孩子，有的甚至造成悲剧。另一类是80后的父母，他们中大多数人虽然也望子成龙心切，但由于有许多前车之鉴，尤其受自己被家长逼迫学习的不愉快经历的影响，使得他们在孩子的教育问题上，远不同于上一代。他们一方面重视孩子的早教，注重学习能力和文化知识的培养和积累，但同时他们也开始关注孩子性格、品质、习惯等的养成，很重视孩子的幸福感，甚至很多家长明确提出不希望孩子做出多大成绩，只要能幸福，能自食其力就行了。现在这样开明的家长很多，他们需要的是全面教育孩子的家教书，但目前市场上，这样的书很少。

此外，很多家长本身就是学习型的，他们看过很多家教书，对家庭教育也颇有研究和见地，仅靠母亲的经验类型或专家理论类型的家教书，已经很难打动他们，只有创新且实用的书，才有吸引力。基于以上考虑，我觉得以尹建莉老师的资质，她所写的家教书更适合当下读者的需求。

最后，这本书很重视对孩子性格、品质、习惯的培养，是一个全方位培养孩子的家教书，应该能很好地适应当下的市场需求，它将给急需帮助的家长一个很好的指导。而且，尹建莉老师的教师经历和作家背景，也使得她的视野十分开阔，作品的可读性很强。因此，我对这本书十分看好，并坚信它有着非凡的市场潜力。

　　事实上，这本书上市后，许多读者的反馈和我当初的判断几乎是一致的。许多人自己读完以后，又购买了三本五本甚至十本八本，送给亲戚朋友；在很多单位，这本书甚至成了流行书；北京四中、人大附中等很多学校，要求家长阅读这本书。还有读者给尹老师写信，说现在一些地方教育局还将这本书作为培训老师和家长的教科书使用。

发散思维

1.《好妈妈胜过好老师》真的是可遇而不可求吗？

2.为什么不是每个编辑都能发现《好妈妈胜过好老师》呢？

3.我们能从《好妈妈胜过好老师》的畅销中得到什么启示？

第一节 选题策划并不神秘

典型案例

《解放军精神》整体宣传方案

从北京做起，宣传和销售工作联成一个整体，宣传配合销售，销售跟上宣传。本书宣传拟从2006年3月中旬开始，持续半年。

1. 报刊宣传

在全国选择重点报刊和媒体，进行立体包装宣传，采取"居高临下，强势出击，中心开花，辐射全国"的方针。向全国媒体集中"轰炸"：从传统平面媒体到网络，力求形成强有力的互动影响的宣传攻势。前期是做量，不论版面的大小。后期是做度，要确立主要对象，针对性地做深、做透和做足。

（1）首先选取北京这一"中心震源"，在北京造成足够的影响后，其他地方的宣传也开始带动起来。而后是上海、广州、南京等沿海发达地区，力争一炮打响，震动全国。接着选取西安、重庆这一西部重镇，力求在短时间内铺向全国，实现大中城市的跳跃性销售冲击。

（2）在各类报刊版面设计上我们要以读者为目标，市场为导向，其版面和时段按读者接受面先后排列，依次为企业管理版块、营销版块、文化副刊版块和书评版块等形式宣传本书。

（3）在宣传文章的撰写和形式上，要以综合稿件、专业评论、商业评述、书评及一些主题合作为重点。力争做到新闻效果强、主题力度深。

（4）杂志刊物要有选择性进行主题营销合作，力度大、效果好、针对性强。

①全国三十一个省、直辖市的财经报、晚报、日报、都市报在一定时间内进行集中刊登，形成集中优势；

②图书宣传评论（15篇）；章节选摘（10篇）；特稿（5篇）；

③与各地媒体的企业版、管理版、财智时代等版面进行主题合作；

2. 网络宣传

运用网络推广宣传展示图书，是开辟图书市场的一个行之有效的办法，能增强读者对图书的感性认识。除向读者提供图书的名称、作者、出版时间、内容提要等基本信息外，可附加相关评论等信息。还可以运用网络推出"畅销图书排行榜"、"热门图书推荐"等栏目，吸引读者的眼球。同时网络营销还能根据用户预先确定的阅读标准，有选择地将图书信息分发给目标读者。这样，既能节省读者检索的时间，还可让读者跟踪图书的信息，以获得最新的相关资讯。它的优势在于跨越时空界限，使图书的销售范围大大突破原来的地域，交易的时间也不再统一，取而代之的是一个无地域限制、全天候交易的网络。

（1）在新浪、搜狐、网易、TOM网、千龙网、中华网、新华网等网站的新闻、企业、管理、财经、专栏登载相关软性评论文章，其他网站为辅。

（2）授权腾讯读书频道、搜狐读书频道、新浪读书频道连载。

3. 卖场支持

（1）制作精美的海报，在发书时一起寄给下面的客户经销商，并根据图书的销售周期而不断更新。在北京甜水园图书批发市场几家重点的、关系较好的客户，建议用易拉宝为好，根据店内营销要素，其摆放位置应占据抢眼地理位置，即门口、收银台旁，扩大眼球效应。

（2）联系北京图书大厦、王府井书店在卖场团购类专区进行图书码堆，营造"重磅"气势。为重要卖场提供货架贴、贴上写明您购买此书的几条理由、阅读者对象。购书方向指引招贴，配合卖场促销宣传。

（3）请作者到北京图书大厦、王府井书店签名售书。

4. 给一些有行销业务的企业、公司寄宣传页或者样书。

案例分析

这是林少波2006年为《解放军精神》写的宣传策划案，是选题策划的一部分。时至今日，虽然出版市场已经发生了巨大的变化，但就该宣传案来看，从宣传战略到宣传战术的阐述，宣传媒体的选择，以及宣传与销售的衔接等方面，仍能捕捉到策划者的市场意识和对图书出版工作的总体把握。

释疑解惑

1.什么是选题？

选题是出版社对于准备出版的图书的一种设想和构思，一般由书名、选题特色、著译者、内容设想、写作要求、目标读者、同类书市场分析、成本、定价等部分构成。选题的种类有很多，按照规模可分为丛书选题、套书选题、单本选题；按照版权可分为引进版选题、本土原创选题；按工作特点可分为计划内选题、计划外选题等。选题只是一部新作品的设计蓝图，并不是实施方案。

2.什么是选题计划？

选题计划是按照一定的编辑思想而形成的选题的有机组合，是出版单位在一定原则指导下，结合自身特点，根据读者和市场需要，对所酝酿、提出的选题进行系统、科学的筛选和梳理后形成的。

选题计划一般分长期计划、近期计划和年度计划三种。其中，长期计划一般是3年至5年。近期计划一般是两三年的规划，是长期计划的分段实施计划，一般有具体方案，对拟出版图书中的重点书，提出比较具体的完成项目、时间和措施。年度计划又称年度选题编辑计划，是根据现有条件和资源确定年内完成的项目规划。

3.什么是选题策划？

选题策划，一是指编辑人员依据一定的方针和主客观条件，开发出版资源，设计选题的创造性活动，它是选题具体的实施方案，内容涉及该项目的整个出版流程；二是指规划这个创造性活动的方案，也称选题策划报告。

4.图书策划人要做什么？

图书策划人是近几年从编辑职业中细化出的一个新型职业，主要包括出版社内部的策划编辑和民营公司图书策划人。

图书策划人相当于项目经理，被誉为出版业的"金领"，其要负责具体设计项目的出版的全流程，要能熟练地驾驭从市场调查分析、市场判断、前期选题确定，到确定作者、约稿、编辑加工、三审三校，再到图书物态形式设计、图书制作、营销发行以及信息反馈等多达十几个环节的工作。

5. 出版社的选题工作流程是什么样的？

出版社的选题工作一般分为选题策划前的基础准备、选题设计、选题论证、选题优化四个步骤。

基础准备阶段，图书策划人要通过各种手段搜集、整理、筛选、利用有效信息。

选题设计阶段，图书策划人要能捕捉新的选题增长点，挖掘卖点，巧妙地构思图书的总体结构，包括图书的主题、主题的表现形式、相关产品或产品链的设计、产品物态形式的设计、产品的成本与效益以及产品在不同阶段的宣传手段等。

选题论证阶段，出版社要对选题策划的质量从精神文化价值、市场适应性、效益、可行性等方面进行评估，确定该选题是否可以组织实施。选题论证有系统论证和研讨论证两种方式。系统论证是通过出版社网络管理系统，由有权限的部门管理者参与论证，最后由出版社主管领导定夺。研讨论证指定期组织全社范围的选题论证会，或由下而上分级论证，最后由出版社主管领导决定是否出版。

选题优化阶段，图书策划人根据市场变化，针对选题论证阶段提出的问题，不断调整、完善已有思路，增强选题的清晰度和可行性。选题优化是动态的过程，一般延续到图书出版，部分图书延续到重印、再版，直到其退出市场。

实战演练

随着伦敦奥运会的成功落幕，中华人民共和国国歌仍在人们耳边回响。每一个中国人都会无比自豪，奥林匹克精神和理念也更加深入人心。那段日子里，大家怀着热切的心情观看了一场又一场扣人心弦的体育比赛，不禁为赛场上运动健儿们顽强拼搏的忘我精神所打动。为了让更多的人走进这些英雄，了解他们的生活经历和人生感悟，唤起更多人对体育运动的热爱，勇做生活中的强者，某出版社编辑李平欲策划一本关于奥运冠军的传记类图书。

如果你是编辑李平，打算如何设计书名呢？

演练点拨

书名既要突出主题，又要有艺术性。

书名简洁响亮，可以做成主副标题的形式。

书名画面感强，有感染力。

第二节 选题策划前的准备工作

典型案例

2007～2009年旅游指南类畅销书调查报告
——以当当网为主要调查对象（节选）

1～3. 省略

4. 典型案例分析

表4-1 经典案例分析表

项目＼书名	《2009中国自助游（第10版）》	《中国》	《美国》
丛书名		《藏羚羊自助游》	《Lonely Planet 旅行指南系列》
主题	自助游	自助游	自助游
适用区域	境内	境内	境外
出版社	中国旅游出版社	中国大百科全书出版社	生活·读书·新知三联书店
出版时间	2009年1月	2003年7月	2007年5月
定价（元）	39.80	55.00	97.00
开本	32	32	大32
装帧	平装	平装	平装
纸张	胶版纸	胶版纸	胶版纸
目标读者	工薪阶层旅游爱好者等	"驴友"、自助游爱好者等	旅游者、旅游爱好者、对异国风光感兴趣的读者等

续表

项目＼书名	《2009中国自助游（第10版）》	《中国》	《美国》
特点	1. 资历最老，修订时间最长：我国自助游类图书的开山鼻祖，这是国内图书市场唯一的连续10年升级的旅行手册。 2. 工具性较强，书后附有中国的世界遗产、中国国际青年旅舍名录、中国旅游实用网站一览表、景点索引等信息，为自助游提供更细致的服务。 3. 书中还有大量各省新开发的景点和具有探险价值的徒步线路。	1. 以第一手实用信息和朴素的旅游价值观著称。本书所有线路均为作者亲自经历、探索，体例标准化，完全针对自助旅行者的所需所欲。 2. 书中还有大量各省新开发的景点和具有探险价值的徒步线路。	1. 信息覆盖广。书中不仅介绍景点，还涉及住宿、用餐、娱乐、购物及交通等各方面。 2. 功能性较强。书中包含大量地图，为旅游者提供更加直观、便捷的服务。 3. 人性化指导。本书后附健康指南、语言指导、世界时区表等，为旅游者提供更加切实、温馨的指导。
不足	路线模式化	1. 受旅游指南类图书时效性强的影响，本书由于版本更新速度慢，致使收录了一些过时的信息。 2. 书中有些经验之谈较为主观。 3. 由于是"实战"，花销比较大，因此书的定价相对书的品质来说比较高。	内容过于宽泛，页数较多，定价较高，不方便旅游者随身携带。

通过对上述经典案例的分析，总结出市场销量好、读者认同度较高的旅游指南类图书一般具有以下几点共性：

一、功能性较强。旅游指南类图书的使命就是为旅游者出游提供服务和指导，因此这类书非常注重实用性。

二、版本更新较快。受旅游指南类图书时效性强的影响，这类书要及时地更新版本，以适应旅游环境的变化，满足读者的需求。

三、突出以人为本的理念。处处为读者着想，不仅简单介绍景区风光、旅游路线，而且提供如语言指导、健康指南等各种信息。

四、多丛书出版。由于旅游指南类图书所包含的内容越来越多，因此多按某种特定因素划分，将其设计成丛书分册出版。

案例分析

本案例节选自北京印刷学院编辑出版学专业姜曼同学的在校习作《2007～2009年旅游指南类畅销书调查报告——以当当网为主要调查对象》。本案例以表格的形式记录了《2009中国自助游（第10版）》、《中国》、《美国》三本书的书名（丛书名）、主题、适用区域、出版社、出版时间、定价、开本、装帧、纸张、目标读者等信息，并说明了各书的优点和不足，还总结了三本书的共性。但编者认为，案例只总结了三本书优点的共性，并没有总结不足之处的共性。表中还应增加篇幅、是否彩印及纸张克重的信息，否则很难做出性价比的判断。

释疑解惑

1. 选题策划开始前图书策划人要采集哪方面的信息？

信息是出版资源之本，把无序、分散的信息整合后就会形成新的资源，产生新的价值，例如，《湮没的辉煌》选题的成功就足以说明这点。上海东方出版中心一位编辑从余秋雨的散文集《文化苦旅》的走俏中，预感到哲理思辨类散文由于提高了读者的阅读满足系数，使读者在赏心悦目之余，能得到无尽的回味，因而有较大市场。他认定这是个"富矿"，有极大的开采价值。一次他在阅读江苏《雨花》杂志的一篇散文时，发现这篇散文内涵丰富，具有历史穿透力，之后又看到该作者的第二篇散文，认定该作者具有潜在的创作能力，便策划了选题《湮没的辉煌》，并列出了十几个篇名，与作者商榷。在编辑的鼓励下，这位名不见经传的作者居然成就了大事业，这部书后来荣获茅盾文学奖，并多次重印。[1]

由此可见，选题策划开始前信息采集及处理显得尤为重要，它是选题策划的直接基础和重要依据。在工作中，编辑主要采集以下几个方面的信息：

（1）社会发展信息：影响或制约社会发展的信息，包括国际形势、政治经济发展状况、方针政策、教育等。

（2）科学文化信息：与出版物直接相关的科学技术、文化思潮及各门类学科发展变化的信息等。

（3）出版市场信息：出版动态信息（各种学科类型出版物出版信息、市场需求、价格、出版业统计资料）和竞争对手信息（与本出版单位存在市场竞争关系的其他出版单位相关信息，包括对手出版规模、品种构成、出版特色、经济实力、出版策略、竞争战略）等。

（4）作者信息：反映作者基本情况的资料，含有关学科作者群分布状况及个人专长、学识等。

（5）读者信息：读者对未来出版物的需求状况、读者数量与构成、读者的消费能力、读者对某一出版物或出版单位的评价等。

2. 编辑如何捕捉有效信息？

编辑捕捉有效信息的途径一般包括：

（1）通过调研出版交易场所（如出版物零售店、全国书市、全国性图书订货会及国际性书展等），获取最直接的消费者信息和出版市场信息。

（2）通过检索图书馆、档案馆、情报所和一些专为出版业服务的信息

---

1. 案例节选自：人民网：http://www.people.com.cn/

中心提供的文献及文献借阅使用情况，了解出版动态、出版业发展趋势及消费者需求信息等。

（3）通过关注大众媒体（如报纸、期刊、广播、电视、网络等），了解国内外大事，党和国家的方针、政策，科学文化的发展状况，经济、社会新闻和出版业动态等。

（4）通过与作者的沟通，与出版业务相关人士的交流，参加各种学术会议及有关的社会活动等方式，了解市场需求，获得第一手信息资料。

（5）通过专业市场调查，了解出版动态、出版业发展趋势等。

3. 编辑如何逛书店？

俗话说：眼观六路，耳听八方。编辑去书店不仅仅是为了买书，还要肩负起更重要的使命——研究市场，获取信息。

编辑通过观察书店内的读者，可了解到不同年龄结构、消费潜力、职业状况、文化程度、阅读喜好的读者的购买趋向。

编辑通过与店员的沟通，可了解到图书销售情况、上架情况、读者情况等各种信息。

编辑通过观察图书，可了解到竞争对手的产品动向、同类图书的内容特点、开本、版式设计、制作工艺等信息。

这些直观的信息看似零散、无序，但日积月累必将成为编辑判断选题的重要依据。

4. 编辑可通过哪些销售数据获取信息？

分析图书销售数据，对编辑判断选题有重要的参考价值。编辑可先从数据中提炼出读者阅读的诉求点，再根据读者阅读诉求点，策划选题。这样策划的选题不易脱离市场。

编辑一般可通过以下销售数据获取信息：

（1）出版社内部提供的库存、销售报表、月均监控销量和销售排名等；

（2）北京开卷信息技术有限公司提供的数据（又称"开卷数据"）；

（3）全国各大实体书店定期发布的各类销量排行榜；

（4）当当网、亚马逊、京东网等提供的网络书店销售数据。

以上是编辑获取销售数据的主要途径。虽然有些销售数据里可能会隐含出版商的博弈成分，但编辑只要通过多种渠道，全方位地调研，就可以获得真实可靠的信息。

5. 编辑如何了解读者的阅读需求？

读者是精神产品的消费者，是编辑劳动价值的实现者，因此，编辑应将读者视为知己，想读者之所想，努力策划出版满足读者阅读诉求的图书。《朱镕基答记者问》一书的出版就源于人民出版社对读者需求的了解。近几年来，不少读者向出版社提出：希望能阅读到完整版的朱总理答记者问的书面文字。出版社与相关部门交流了出这本书的构想，并得到了同意。随后出版社向相关部门提供了一个整体方案，细致到书具体怎么制作、选哪些图片插入。[1]

编辑了解读者阅读需求的方法很多，如：

（1）走访目标读者，与他们直接交谈，了解他们的阅读需要；

（2）根据目标读者收入平均状况，可研究他们的心理目标价位；

（3）根据读者群偏好、年龄等因素，可了解目标读者喜好什么样的主题、开本、结构、封面及整体装帧风格，例如，春风文艺出版社推出青春文学选题《幻城》前做过一份小说读者调查报告："看小说的主体是哪些人？调查的结果是十六七岁到二十四五岁，女性读者占三分之二，这个年龄段恰好是初中生和大学刚毕业的，所以选择了青春文学"；

（4）根据读者的职业状况、文化程度等因素，可了解目标读者的购买趋向。

实战演练

名人出书，一直都是出版领域的热点，不论是名人自传，还是圈内隐私，大多都能引发议论。为预测名人书的发展趋势，某出版社的编辑王磊打算以开卷网和当当网提供的畅销书榜单为研究对象，调查近三年名人书的出版情

---

1. 杨春，姚欢.《朱镕基答记者问》出版内幕[J]. 新世纪周刊，2009.

况。如果你是王磊，如何写调查报告呢？

演练点拨

1.调查报告一般由引言、正文、结论三部分组成，其中引言交代调查的时间、地点、人员、对象、方法、原因、目的、内容、作用、意义并提出问题；正文通过文字、数据、图片、表格等分析问题；结论可说明解决问题的方法和措施，或预测事物发展趋势。

2.本调查正文可从近三年名人书的作者、出版社、出版时间、开本、定价等方面入手，说明名人书的出版情况。

3.撰写调查报告时要实事求是，观点和材料统一，不能主观臆断。

第三节 怎样做选题策划

典型案例

《两岸三地大学生国学读本》丛书选题策划[1]（节选）

一、（省略）

二、主要内容

1. 本套丛书内容

本套丛书共分6册：

《圣贤气象——儒家经典卷》，儒家经典选编；

《百家之言——诸子百家卷》，释家、道家等思想流派的经典著作选编；

《青史之鉴——历史典籍卷》，中国古代重要历史著作选读；

《文字之美——文学艺术卷》，中国古代有影响的文学作品选编；

《高山仰止——国学大师卷》，近现代国学大师的著述选编；

《国学之光——国学争鸣卷》，最新锐的国学思想的论战与争鸣。

2. 编选原则

强调思想性。要求所选内容能够体现中华民族自强不息、团结进取、民本人文、热爱自然、追求和谐等优秀传统和源远流长的历史文化。

强调普适性。要求所选内容能够得到两岸三地大学的普遍认同，要照顾到两岸三地对国学的共识，要求同存异。

注重所选内容的经典性、权威性。强调原始资料和第一手资料。

要求趣味性。所选内容尽可能有一定的趣味性，生动活泼，避免过于说教。

篇幅要适中。每本书初步选定100篇文章，每篇文章的字数控制在3000字左右，特别优秀的可以到4000字。

3. 选择范围

一般来说，国学是指以儒学为主体的中华传统文化与学术。国学以《四库全书》分，分为经、史、子、集四部，以经、子部为重。

---

1. 中国编辑学会秘书处. 图书选题策划报告[M]. 北京：科学出版社, 2008.

国学经典按照什么样的体例编排适合大学生的学习特点？这是我们不断思考的问题。经过详尽考虑后，我们采取了以下的编排方式。

《圣贤气象——儒家经典卷》：主要是节选儒家经典和注释研究儒家经典的名著。其中儒学十三经：《诗经》、《周易》、《尚书》、《周礼》、《礼记》、《仪礼》、《春秋左传》、《春秋公羊传》、《春秋敦梁传》、《论语》、《孝经》、《尔雅》、《孟子》。其他还包括董仲舒、程颖、朱熹、王阳明等儒学大师的著作选读。字数在350千字左右。按照人物分章。

《百家之言——诸子百家卷》：诸子百家中又以释家和道家最为重要。供选择的重要书目如：《老子》、《墨子》、《庄子》、《韩非子》、《管子》、《慎子》、《公孙龙子》、《淮南子》、《抱朴子》、《孙子》、《山海经》、《艺文类聚》、《六祖坛经》、《金刚经》、《四十二章经》等。字数在300千字左右。章节划分以不同流派为准，每个流派一章内容。

《青史之鉴——历史典籍卷》：供选择的重要书目如：《战国策》、《史记》、《汉书》、《后汉书》、《三国志》、《资治通鉴》、《宋元明史纪事本末》、《清史稿》等。字数在300千字左右。按照不同的历史典籍分章。

《文字之美——文学艺术卷》：供选择的重要书目如：《诗经》、《楚辞》、汉赋、《乐府诗集》、《文选》、《全唐诗》、《李太白集》、《杜工部集》、《韩昌黎集》、《柳河东集》、《白香山集》、《全宋词》、元杂剧、《红楼梦》、《古文观止》等。字数在300千字左右。章节划分以不同时期不同文体为准，每个如诗经、楚辞、汉赋、乐府诗、唐诗、宋词、明清小说、古代散文等各分一章。

《高山仰止——国学大师卷》：选编近现代国学大师，如俞樾、严复、康有为、王国维、辜鸿铭、梁启超、黄侃、章太炎、鲁迅、钱玄同、罗振玉、蔡元培、傅斯年、胡适、马一浮、熊十力、陈寅恪、顾颉刚、吴宓、金岳霖、梁漱溟、冯友兰、牟宗三、钱钟书等的著述，并且在导读部分做适当的评论。

《国学之光——国学争鸣卷》：编选国学研究领域一些热门话题的最前沿文章。比如红学研究、敦煌学研究、金学研究、儒学研究等的学术文章。

供选书目包括：南怀瑾的《论语别裁》和《孟子旁通》，杜维明的《今日儒家伦理》、《人性与自我修养》、《儒家思想：以创造转化为自我认同》、《新加坡的挑战》，刘心武的《刘心武解密红楼梦》，易中天的《易中天品三国》等。不要求必须是名家名篇，但一定要观点鲜明，对当代大学生有启发性。字数在300千字左右。按照不同的研究对象分章。

4. 注释

为了便于学习和阅读，对于节选古文的注释，采用旁注和文后注相结合的形式。对于有争议的注释，采取兼容并包的原则，列出两岸三地专家的不同观点。

5. 其他辅文

每课正文之前加一段导读性文字。内容是介绍与正文相关的作者的生平、主要思想，以及正文的主要内容、思想价值等。注意，将内地和台港澳学者对同一人物、同一选段的不同观点列举出来，但不下结论，不做判断。字数在500字左右。对相关的国学名著与典籍做相当细致的介绍与梳理，并对国学的基本论著、基本流派与学术观点做出点评，对于初涉国学的读者来说，可谓"曲径通幽"；对于国学研究者，本书也有纵深性的解读与提高，有很好的参考价值。

正文结束后，配相关的国学常识的延伸阅读，强调知识性与趣味性，比如国学词典、古语、古训、古诗、古联、古谜、古文和古题等。字数在200字左右。

针对大学生阅读节奏快的特点，本书每一课的篇幅控制在2500～3500字。另外，书中可以适量选配一些与正文相关的图片。

三～七、（省略）

案例分析

本案例节选自《图书选题策划报告》（《第五届"未来编辑杯"获奖文集》）中的《<两岸三地大学生国学读本>丛书选题策划》。作者李建科是北京印刷学院编辑出版学专业的学生,该选题被中国人民大学出版社采纳,2009年5月出版。选题报告详细地说明了丛书的主要内容、编选原则、选择范围、篇幅、编排方式等。本书编者认为,选题市场定位明确,有较强的可操作性。但策划报告中的内容选择应注意被选择作品的典型性;"注释"、"其他辅文"两个标题与"主要内容"、"编选原则"、"选择范围"等标题不存在逻辑关系,不应列为同级标题,如设计"编选原则"的同级标题"编排特色",以介绍注释、其他辅文、正文的编排特色,更符合逻辑与规范。

释疑解惑

1. 如何取个好书名?

书名如同书的眼睛。策划选题时,为了使眼睛"传神",编辑往往要花很长的时间对几个字或者十几个字反复推敲琢磨,力求书名既能起到揭示图书内容性质的作用,又能发挥吸引读者,激发需求,扩大销售的作用。

因此,编辑在设计书名时,要做到以下几点:

(1)书名能准确体现选题意图。例如,当人们看到《5年高考3年模拟:历史》时,就知道本书是借助最新五年全国高考历史试题和近三年的历史模拟试题,剖析高考命题规律和趋势的教辅图书。

(2)书名能满足读者的消费心理。例如,前几年发行百万,漫卷全国的《哈佛女孩刘亦婷》,原书名并非如此平实而具体,而是名为《花儿为什么这样红》,意在将刘亦婷比作盛开的鲜花。但责编经过集思广益的业务讨论与详尽缜密的市场调查,最终将目标读者定位于中国广大望子成龙的父母,而肩负太多重压的中国父母们对于比较抽象而花哨的书名是不感兴趣的,他们需要明确具体的典范,立竿见影的楷模。这样,责编放弃了富于浪漫气息的《花儿为什么这样红》,而选择了充满写实风格的《哈佛女孩刘亦婷》。现在想来,如果责编当时舍写实而取浪漫,那年畅销书领袖的归属就很难说了。[1]

(3)书名要有艺术性。例如,译林出版社1991年出版的法国著名作

1.案例节选自:《决战封面——关于书名、文案、构图的三孔之见》。

家马塞尔·普鲁斯特的被世界文坛称为"不朽之作"的七卷本巨著《追忆似水年华》经过了一场激烈的争论。当时的大多数法国文学专家及评论家主张用《寻找失去的时间》这一非常忠实于原文的书名，而以翻译家为代表的一派则力主用艺术性更强的《追忆似水年华》这一艺术感染力更强的书名。[1]

2. 编辑在选择目标市场时应该考虑哪些因素？

（1）细分市场的规模；

（2）细分市场的发展潜力；

（3）细分市场的吸引力，现实竞争者、潜在竞争者、消费者、发行商等因素都可以成为市场吸引力；

（4）市场占有率；

（5）出版单位自身的发展目标和资源。

3. 在选题策划阶段，编辑要对图书的哪些内容进行设计？

（1）主题设计：选择确定该选题需要为哪些读者提供什么样的信息。

（2）体裁设计：根据主题和读者接受程度，确定提供知识信息的具体方式。例如，同为表现爱情的主题，可根据读者的情况，采用散文或章回体小说等不同形式来表现。

（3）图书结构设计：根据图书主题，设计逻辑关系较为严谨的章节结构。

（4）篇幅设计：根据图书主题、题材以及成本预算，确定图书的字数。

4. 编辑如何估计印数？

策划选题时，预测印数是个难点，也是一个关键点。合理的印数，既可以保证市场供应，又可以控制库存和退货；印数确定不合理，可能会导致图书运作失败。

编辑估计印数一般会考虑同类书市场容量、经销商的销售能力、出版社发行营销部门的分销能力。

图书印数的预测一般要在市场调研、编辑经验、会议讨论等方式的共同作用下来完成。

---

1. 方卿. 图书管理营销 [M]. 上海：复旦大学出版社，2004.

市场调研是为了掌握市场容量，编辑可请一些经销商阅读样书，然后让经销商估报征订数，该项调查成为确定首印数的一个重要参数；还可对终端消费者进行调查，请一些读者对图书的部分内容和定价进行评估。

编辑的经验很大程度源自于其对潜在阅读人群的了解和对发行网络掌握的广度和深度。

另外，策划编辑、发行人员、财务人员等共同讨论畅销书印数，可使印数更加理性。

5. 如何设计定价？

出版物定价是读者购买图书时考虑的重要因素之一。定价是否合理直接影响出版物的销售情况。目前出版社主要采用成本定价法（本量利定价法）和印张定价法两种。

（1）成本定价法（本量利定价法）

计算公式为：

定价 =[（固定成本总额 + 目标利润）÷ 预计销售数量 + 单位销售税金 + 单位变动成本]÷ 发行折扣率 ×(1+ 增值税率）

例如，计划出版某图书，单位变动成本为 3.932 元，固定成本总额为 6000 元，单位销售税金 0.068 元，应缴增值税的适用税率为 13%，通过市场调查，预计销售数量为 3000 册，发行折扣率为 60%。当目标利润为 10000 元时，该书定价应为多少？

定价 =[（固定成本总额 + 目标利润）÷ 预计销售数量 + 单位销售税金 + 单位变动成本]÷ 发行折扣率 ×(1+ 增值税率）

=[(6000+10000)÷3000+3.932+0.068]÷60%×(1+13%)

=17.58（元）

故该书定价为 17.58 元。

（注：虽然通过测算本书定价应为 17.58 元，但实际上出版社设计定价时还会考虑到读者的消费心理，结合尾数定价策略或整数定价策略，选择一个与 17.58 元相近的价格，如定价为 18.00 元或 19.80 元。）

（2）印张定价法

计算公式为：

定价 = 正文印张价格标准 × 正文印张数 + 封面价格 + 插页 n 价格标准 × 插页 n 数量 +……+ 插页 n 价格标准 × 插页 n 数量

例如，某图书正文用纸为 18 个印张，每印张价格标准为 1.3 元；封面价格为 2 元；主书名页 1 页，价格标准为 0.2 元；环衬 4 页，价格标准为 0.3 元；彩页插图 4 页，价格标准为 0.5 元。请计算其价格。

定价 =1.3×18+2+0.2×1+0.3×4+0.5×4=28.8（元）

故该书定价为 28.8 元。

除成本定价法（本量利定价法）和印张定价法外，有时出版单位还采用理解价值定价法（根据消费者对出版物价值的感受和理解程度定价）、需求差别定价法（根据需求差异及需求的紧迫程度的不同，制定两种或多种价格）和随行就市定价法（按照行业的平均现行价格来定价的规律确定价格）等方法来设计图书的定价。

实战演练

随着生活水平的提高，人民群众对饮食的要求也越来越高，不仅要吃得饱，还要吃得好。为此，生活编辑室编辑何佳拟请著名烹饪专家曾洁教授主编一本家常菜菜谱，介绍日常生活中人们最常吃的、最想吃的，烹饪起来又简单快捷的家常菜的做法。

如果你是何佳，你打算如何设计本书的内容结构呢？

演练点拨

可按凉菜、热菜、主食、汤粥、甜品、饮品六大类划分章节，也可按鲁、川、苏等八大菜系划分章节。每一章讲述 5～8 道最经典的家常菜，每道菜不仅有详细、清晰的制作介绍，还有独到的烹饪技巧讲解等。

第四节 怎样写一份高质量的选题策划报告

典型案例

《我是 80 后大学生》选题报告（节选）

一～十、（省略）

十一、市场营销建议

（一）图书宣传

1. 图书未上市时宣传（出版前半年到三个月）

（1）在选题已确定下来，作者和编辑开始着手写作的时候，可通过刊登《大学生》杂志方式，利用栏目效果，重点介绍该图书选题的重要性和意义，也突出作者的优势和编辑的策划，主要介绍图书内容及特色，同时征集 80 后大学生的奋斗故事和历程经验，达到一箭双雕的效果；

（2）在《中国出版传媒商报》、《新京报》、《中华读书报》等具有权威性的报纸发布新书快讯，做到图书的预告宣传。

2. 图书刚上市时宣传（出版前后一个月）

（1）图书本身宣传。

①封面宣传语：全国各大高校校长推荐读物；《大学生》杂志隆重推荐为当代大学生励志宝典；

封底书评：邀请各大高校校长、媒体甚至各名人撰写书评。

图书封面的设计别出心裁，以浅绿色为封面主色调，以大学生形象为封面主体，表现出大学生充满希望、活泼、积极而又朝气蓬勃的精神风貌，符合了 16～30 岁这个年龄段年轻人的心理需求，通过封面预示美好的未来。同时，书名及各大标题本身也是对大学对人生的一个高度提炼，读起来朗朗上口，也具有宣传点。

②邀请相关名人写序或在报纸媒体上发表书评，借名人效应进一步扩大图书知名度、打响出版社和图书品牌。

（2）出版社本身也是一种宣传，本书选定的出版社对象为中信出版社，因为中信出版社的渠道比较成熟完善，图书品质也在读者中有很好的口碑，因而等带动图书销售。

（3）在各大书店如西单图书大厦、中关村书店等和各大报纸如《中国出版传媒商报》、《北京晚报》等发布新书推荐，宣传作者和图书内容，做到告知宣传。

（4）请各大实体书店将图书摆放显眼位置和新书展示区。

3. 图书成长期的宣传（出版后三个月）

（1）邀请书中被采访过的80后毕业生和一些在校大学生，举办一个畅谈大学生活和创业经历的座谈会，让那些取得一定成绩的毕业生现场与大学生进行心灵交汇，给予他们一定的引导和激励，利用现场气氛带动更多读者购买图书。

（2）通过天津电视台《大学生》栏目采访作者，深入分析图书的优势和特色，借势宣传。

（3）利用图新浪、腾讯图书频道连载、转载，豆瓣读书等读书频道，做到与读者互动，引起读者共鸣，营造"口耳相传"的效应。

（4）当图书已具有一定的社会影响力的时候，可让作者到各省高校去演讲，为大学生亲身传授经验和讲述经历，同时宣传图书，加大社会影响力。

4. 图书成熟期的宣传（出版后半个月到一年或再往后）

当图书具备一定销售额并登上排行榜时，可以适时增加腰封，充分利用后期宣传所取的效果，完善图书封面宣传；

利用排行榜优势，可举办大学生读书沙龙，进一步促进图书销售；

后期，可利用《大学生》杂志跟踪报道图书销售情况以及作者、编辑、读者、书中人物的心得。把长尾营销拉长，取得最大的效果。

（二）图书销售

1. 分销：出版社—出版物批发商—零售书店（实体书店和网上书店）—读者。

2. 促销：网上书店的折扣购书，绑定其他畅销书共同销售。

案例分析

本案例节选自北京印刷学院编辑出版学专业林少敏同学的在校习作《<我是80后大学生>选题报告》。案例中作者运用营销学的相关知识，根据图书各个生长期的特点采用不同的营销策略，通过新书预告、演讲、书评等形式宣传图书，运用分销、促销等方法销售图书，实现了全方位、多角度的营销理念。但是，编者认为，营销建议不能仅局限于图书销售的预热期、成长期、饱和期，在衰退期也可有一定的营销设计。另外，媒体的选择应有针对性。

释疑解惑

1. 什么是高质量的选题策划报告？

（1）前期准备工作充分。

（2）条理清晰。

（3）结构完整。

（4）表述清楚。

（5）可行性强。

2. 选题报告的形式有哪些？

选题报告的格式有文本式和表格式（如表4-2）两种。

文本式：可以增减项目（选题要素），自行安排写作的详略和顺序，但内容较为冗长，不能一目了然。

表格式：以表格形式列出选题的固定项目，编辑概括选题情况逐项填写特点，一目了然。

表4-2 机械工业出版社选题策划书（节选）

书　　号	ISBN 978-7-		光盘号	
出版中心收稿日		交稿人		出版中心收稿人	
策划编辑		责任编辑		出版社责任人	
本书生产等级	普通　急　特急		版　次	计划出书日	
书　　名					
丛书名					
著译者及著作形式					
图书开本	A4　B5　A5　B6　大16　16　大32　32　64　48　其他		具体尺寸		
装帧形式	胶订　平订　精装包封　纸面精装　假精装　软精装　塑料软精　裱糊　袋装　骑马订				
封面工艺	无膜　覆光膜　覆亚光膜　压纹　压鼓　局部UV　磨沙　亮油　烫金　其他				
封面标识	时代建筑　时代制造　时代电气　时代教育　时代经管　时代IT　时代汽车　其他				
封面设计要求		勒口有无作者简介	有　　无		
		封四内容	有　　无		
精品要求	有　无	版式设计	一般要求　特殊要求		
封面特殊字样（如基金）					
用纸要求	正文封面		彩插环衬		其他
环衬	有　无	环衬位置数量	文前　页，文后　页		
插　页	无　彩色　黑白	插页位置	文前　文后　其他		
图书相关产品	无，VCD　CD-R　张，录音带　录像带　盘，其他（　　）				
生产方式	大流程　作者自校　作者提供电子文件　作者提供软片，社印装　作者排印装　影印				
发稿物品清单	文稿　页	图稿　张	发稿字数	千字	
	电子文件	磁盘　张	光盘　张	文件格式	
	插　页	照片　张	绘图　页	其他	
	原书　册	书　名			
备注					
出版中心主任签字：		年　月　日			

3. 选题策划报告有哪些构成要素？

（1）选题名称

选题的名称应该符合规范、个性化强、高度概括主题、有时代感。如果有备选名称，应简单说明设计意图。

（2）提出选题的原因、依据及目的

可从主观意图和客观需要等方面说明为什么要提出该选题，从理论和实用角度说明选题的价值。

（3）选题的酝酿或提出其他情况

说明选题的构思来源（如有的选题是编辑阅读书面材料受到启发后提出的，有的是根据市场调查的数据提出的等）和判断依据。

如果是引进版选题，要说明选题内容是否有政治问题、原作者情况、出版后国外的反映、著作权交涉情况、译者情况等。

如果选题涉及国家安全、社会安定等方面的内容，要进行重大选题备案。

（4）选题的内容和形式设想

内容设想主要说明选题的主要内容、详细的章节安排、写作重点、写作方法、写作风格、写作体裁、篇幅、插图数量等。

形式设想主要说明开本大小、装订形式、正文及封面用纸的情况、是否彩印等。

（5）读者对象

明确具体说明选题的读者对象，不要简单地写成大众读者，最好从核心读者和边缘读者两个角度来说明。

（6）拟请作者

介绍作者的简历、教育背景、学术水平、写作能力以及已经出版的相关著作情况，表明拟请作者实为该选题的不二人选。

（7）时间安排

说明稿件创作的时间、作者交稿的时间、编辑加工的时间以及出版上市的时间等。这些时间应该具有明确详细的起讫点，如 2013 年 8 月到 2013

年 10 月。尽量不使用含糊的时间概念，如"一定时间""明年"之类。

（8）同类出版物比较

详细列举目前市场上同类出版物的情况，如书名、出版者名、初版时间、定价、累计印数、最后一次印刷时间、对该书做出简单的评价等。对现有出版物存在的不足和市场需求进行分析，说明该选题的新特点和出版价值。

（9）效益预测

可预测该选题将产生的社会效益和经济效益，预测印数，估算成本，提出定价建议等。

（10）市场营销建议

说明营销策略、渠道选择、宣传方式及宣传力度等情况。

（11）落款

说明选题报告人所在部门名称、选题报告人姓名以及日期。

实战演练

法律是保护公民最直接、最有效的武器。为了宣传法律知识，帮助广大读者解决生活中的实际问题，某出版社法律读物编辑室编辑翁静雨拟请袁浦筏教授为广大读者写一本普法读物。袁浦筏教授曾出版多部著作，曾到全国各地作法律知识普及报告上百场次，深受读者喜爱。

请以翁静雨的名义写一份选题报告。

演练点拨

选题策划报告使用给定的条件，并应包含以下要素：

1. 选题名称；
2. 提出选题的原因、依据及目的；
3. 选题形成的过程；
4. 内容和形式设想；

5. 读者对象；

6. 拟请的作者；

7. 与同类出版物的比较；

8. 时间安排；

9. 效益预测；

10. 市场营销建议；

11. 落款。

第五节 选题策划的实战技巧

1. 如何在策划中体现全球视野？

"全球视野"首先是意识，其次是行动力。所谓"全球视野"是指在考虑产品的内容及市场定位时，在利用出版资源或面向市场时不局限于国内而是立足于世界范围，根据市场的需要"引进来"或"走出去"。

（1）通过版权引进，充分利用国际出版资源。例如，中信出版社成功引进《史蒂夫·乔布斯传》。

（2）选题策划时，兼顾国际市场或为国际市场量身定制图书。例如，编辑在策划关于中医药、中国饮食等主题图书时，可以设计为以图为主，以文为辅的图说类图书，这样只要将文字设计为中英文对照的形式，就有助于进入国外市场。

（3）可通过外派人员和机构，利用国外出版社的人力资源和销售渠道。例如，在翻译图书时，编辑可以找在中国留学的外国学生担任译者。

2. 选题策划如何借势？

所谓"借势"，是指借市场机会，借别人之力，以获得更好的市场表现。

（1）借助典型事件。以上海世纪出版集团为例，该集团借助上海世界博览会这个典型事件，策划出版了一系列图书，如《上海迎世博市民读本》、《世博追梦》、《文明的辉煌：走进世界博览会历史》等。

（2）借助权威。例如，《中国2010年上海世博会官方导览手册》出版发行后，取得了非常不错的销售业绩，究其原因，可以说"官方"二字起了不小的作用。

（3）借助名人。以《史蒂夫·乔布斯传》的发行为例，2011年10月5日乔布斯逝世，10月24日中文版和英文版《史蒂夫·乔布斯传》全球同步首发。首发当日，当当网1万册图书全部售完。加上此前预售的，销售总量已经超过10万册。

（4）借助政策。例如，从2007年3月开始，国家在全国范围内实施"农家书屋"工程。"农家书屋"工程的实施催生了一大批农业图书的出版。

（5）借助媒体。例如，2006年"十一"期间于丹在中央电视台"百家讲坛"栏目讲《＜论语＞心得》，随后中华书局借助"百家讲坛"的社会影响将于丹的《＜论语＞心得》结集出版。在纪录片《舌尖上的中国》开播一个月后，光明日报社和凤凰出版传媒集团强强联手打造《舌尖上的中国》图书版，并取得非常好的销售业绩。

3. 如何突出选题的卖点？

前提是选题的卖点明确。

（1）通过书名突出卖点。例如，《别告诉我你懂PPT》这个书名的叙述方式和落点有效地吸引了读者的注意力，并突出了该书的卖点——实用性。

（2）通过内容和语言风格突出卖点。例如，《水煮三国》没有用苦涩、难懂的语言讲述管理经验、营销道理，而是把三国看作竞争市场中的三类公司，用一个个三国故事来讲述市场管理、营销的道理，以此来突出轻松学管理的卖点。

（3）通过作者突出卖点。例如，在宣传《大故宫》时，出版社重点宣传书的作者阎崇年，是中国满学会会长，研究明清历史多年，旨在突出卖点——《大故宫》的权威性。

（4）通过封面突出卖点。例如，设计者在《狼图腾》的封面上设计了一双犀利的狼眼，以此来突出书中狼性精神的卖点。

（5）通过广告语突出卖点。例如，在宣传《哈利·波特》时，出版社设计了三条广告语。一是"哈利·波特——跳出书包的小魔法师"，突出的卖点是书中故事将"跳出书包"，故事是魔法童话；二是"哈利·波特——我们身边的小骑士"，突出的卖点是本书关于勇敢和惊险的故事；三是"哈利·波特——世界儿童的好朋友"，突出的卖点是全世界儿童都在看《哈利·波特》。

（6）通过营销活动突出卖点。例如，《冷浪漫》的出版商以微博为主要活动平台，引导读者用一个140字以内，具有科技、知识含量的情话段子，来参加一档渴望"浪漫"的理科"阿宅"、期盼自己"脑中有才"的"剩世男女"的活动，以此突出全书"科学浪漫"的卖点。

4. 如何赋予图书更多的附加值？

读者的消费心理除了求新、求实、求奇，往往还会考虑图书的性价比，希望通过阅读获得更多的价值。策划者在产品设计阶段就可以根据目标读者的诉求开发多种相关产品，最大程度挖掘、展现产品的内在价值。

（1）积极开发图书的附属权，如重印权、图书俱乐部版权、翻译权、影视改编及拍摄权、播放权、商品化权等。例如，《哈利·波特》共有7部，而华纳公司对其5本书进行了图书内容的电影开发。目前《哈利·波特》系列图书已经被翻译成60多种文字，销往200多个国家与地区。当《哈利·波特与魔法石》电影版上映时，市场上就已经出现了哈利·波特万花筒、铅笔盒、飞天扫帚、魔法帽等500多种玩具与文具。

（2）利用名人效应增值。可请名人作者为读者签名售书，或销售限量签名版，增加图书的附加值，激发读者的购买欲望。对读者来说，有名人签名的图书更具有收藏价值。

（3）利用赠品增加图书的附加值。例如销售《哈利·波特》时，出版社也将有哈利·波特形象的"魔笔"、及时贴、"火焰杯"、贺年卡、笔筒、T恤衫等赠给读者。

（4）与新媒体联手，增加图书的附加值。例如，在考试类辅导书的封二、封三或封底印上出版社或考试辅导中心的网址，读者购买图书登录网址即可获得考试辅导中心的部分课程讲解资料。

第五章

如何组来心仪的稿件

实 训 目 标

1. 初步具备组稿的能力
2. 能做好组稿的准备,能根据不同稿件确定组稿方式和方法
3. 能够写作约稿信

本章重点

选题策划方案经论证批准后,编辑人员物色、落实著译者,使著译者按照选题策划基本要求进行创作,直到收到符合要求的作品(书稿等)的编辑劳动过程称为组稿。

组稿的一般程序是:研究选题→制定组稿方案→了解作者与联系作者→明确写稿、交稿的要求→样稿的试写与审读→确定正式的约稿关系。

组稿工作是编辑工作的重要环节,是编辑与著译者双向交流,落实选题意图,确定作品内容,强化作品特色,提高作品水平质量的过程。

实训任务

丛书《名家谈写作》,需要向著名作家王蒙等十人约稿,试拟一份可行性组稿方案。要求确定组稿方式、约稿步骤、交稿要求、稿费标准、出版时间等,并就如何做好组稿准备工作提出看法。

第五章 如何组来心仪的稿件

趣 味 导 读

从失业单亲妈妈到超级畅销书作家

在尼克尔森咖啡馆的角落里,坐着一位不甚修边幅的年轻女士,她时而深思,时而微笑,不停地在纸片上写写画画。在她旁边,放着一辆婴儿车,一个漂亮的女婴在酣睡。在这里,她最终完成了《哈利·波特与魔法石》的手稿,她就是 J.K. 罗琳。

从未出版过书的罗琳不知道要把书稿寄给谁,书稿打印出来后,她就试着寄给了几家出版社和经纪人,但不久她就收到了退稿(相信这些出版社现在都后悔不迭)。后来,她干脆跑到图书馆翻阅《作家和艺术家年鉴》,在众多的名字中,仅凭喜欢"里特"(Little)这个充满童趣又可爱的姓,她就决定将前三章稿子寄给经理人克里斯托弗·里特。

很快,可爱的里特先生回复了"一生中最棒的信",内容非常简单:"谢谢你,我们想看到手稿其余的部分,并保证绝不会泄露"。在黑黝黝的小屋里,她在餐桌前手舞足蹈,足足把这封信读了七八遍。

《哈利·波特与魔法石》在英国出版前,连遭 8 家出版社退稿。最后,里特先生花了一年时间才找到布鲁斯伯瑞出版社,出版社同意出版这本书。书在 1997 年付印,作者罗琳只得到 3000 英镑稿酬,以及一句"这辈子不要指望靠写书致富"的忠告。此书精装本初版首印只有 500 本,后来虽然持续慢热,但在最初两年,还没有显示出将成为世界畅销书的征兆。

最后,罗琳的确创造了出版史上的神话。迄今,其作品七部《哈利·波特》系列已被译成 60 多种文字,在 200 多个国家和地区。而她也凭借巨额版税收入成为大不列颠最富有的女人之一,资产超过英国女王,达到 10 亿美元。

发 散 思 维

1. 我们错过了多少个"罗琳"?
2. 为什么不是每个出版社都能组来《哈利·波特》?

第一节 为了组稿，你要做的准备

典型案例

彭本人与《海外藏中国历代名画》[1]

湖南美术出版社的《海外藏中国历代名画》八卷本收录了流散在国外的中国古代名画。这么多幅扛鼎之作，都是中国文化宝库的稀世之珍。组织来这么多精品，可是编辑花了大工夫的。策划和组织这个重大选题的，就是湖南美术出版社编辑彭本人。

彭本人到南京师范大学看望当代著名雕塑家吴为山先生，与他就《肖像雕塑理论与技法》书稿进行商榷。行前，他自修了有关雕塑的理论与技法书籍，加上平日对国内外美术出版动态、信息的了解，使他与吴为山先生谈得十分合拍。为了扩大作者队伍，寻觅新的选题线索，他又请吴先生找几位从事艺术研究的专家、教授、博士生对国内外的艺术动态进行座谈。无拘无束、内容丰富的谈话，在南师大专家楼上整整进行了三天。也许是彭本人的学识和诚恳务实的人格感染了与会者。第三天，南京艺术学院林树中教授主动打来电话，说想见见湖南美术出版社彭编辑。彭本人随即同樊波老师驱车前往了林教授的家。

彭本人和林教授有了美术这个相同的话题，谈起来自然融洽随和。在林教授的书斋里，彭本人偶然发现了林教授多次出国收集到的中国流失到海外的历代名人画135反转片。当天，就在书斋里，林教授在组稿合同上郑重地签了名。

案例分析

案例中提到的湖南美术出版社，是致力于美术学科各门类图书出版的专业出版社。彭本人的选题很明显切合了该出版社的专业分工，且这一选题是他们编辑部一直在努力开发的领域，所以选题得到了社里的大力支持。

---

1. 何新波. 机遇偏爱有准备的头脑——彭本人一次出色的组稿 [J]. 出版广角，1997（06）.

充分做好准备工作，是保证组稿工作顺利进行的重要前提，在拜访作家之前，彭本人自修了有关雕塑的理论与技法书籍，加上平日对国内外美术出版动态、信息的了解，使他与吴为山先生谈得十分合拍。

彭本人"偶然发现了林教授收集的资料"，这其中有偶然性，更有必然性。正是彭本人一直保持着与相关专家、学者的密切联系，做足了专业知识的储备，才能"偶然"发现重要出版资源。

释疑解惑

1. 在决定组稿前，应该考虑哪几个问题呢?

（1）充分考虑市场需求

一本有市场潜力的图书，应当来自详尽的市场分析，编辑要对图书市场进行细分，考虑图书的读者定位，知晓读者的现实需要和潜在需要；另外，还要站在读者的角度考虑这本书读者是否能够看得懂、用得上、买得起。

充分的市场调研是做出精品图书必不可少的环节。一方面，组稿编辑要通过各种渠道获取读者需要什么图书的信息，寻找市场上的"盲点"，并迅速抓住市场热点或社会聚焦点；另一方面，组稿编辑要研究出版的大环境，对市场上的热点进行追踪，既要适合读者的潜在心理需求和趣味，又要以适度超前的思维来引领读者阅读。例如，2001年，人民邮电出版社旗下的图书工作室推出了"广告学教程"，即是看到当时广告学在我国刚刚兴起，而广告学教材却还未出现，准确抓住这个市场"盲点"，出版社及时组织北京师范大学教授编写该教材。该丛书出版至今多次重印，反响良好，获得显著的经济效益和社会效益。

（2）出版社特色及发展

随着出版体制改革的推进，出版社专业分工进一步被打破，出版社可以涉足多个出版领域。但编辑在组稿时必须注意出版社多年来形成的特色以及强势领域，因为特色意味着资源和高品质。出版社要获得长远发展，发展自己的出版特色，须根据出版社自身特点和优势，确立明确的主攻方向，并在这些优势方向上多下功夫。

不少品牌出版社在多年的积累之后形成自己的特色和优势领域。如，人民邮电出版社的优势领域是计算机、通信、摄影类图书。机械工业出版社的优势领域是机械、汽车、电工电子、经管类图书。商务印书馆的优势领域是汉译世界学术名著、世界名人传记、辞书等。

（3）研究自己所在单位的情况

编辑去组稿，代表的是自己的单位。如果出版社在同类社中市场占有先机，编辑一定会感觉底气很足，腰杆很硬，反之，如果作者对出版社不了解，或出版社没有特色和优势，就很难取得作者的信任。因此，编辑应对自己的单位有充分的了解，并努力获得作者的信任。

（4）编辑力量与作者情况

许多出版社的岗位分工明确，组稿编辑未必是图书的责任编辑。因此，编辑在组稿时要充分考虑自己出版社的编辑构成与专长，在拟组稿件领域是否有竞争优势，是否有人能胜任这份稿件的编辑工作等问题。

此外，出版社一般都有自己固定的作者群，编辑在组稿时，需适当考虑自己的作者群能否高效、高质地完成任务。

（5）出版社是否已经确定选题

作为编辑，是代表出版社去组稿的，如果出版社选题尚未确定，说话一定要有分寸。同时出版社还有二审、三审，在三审中能否通过，也还存在变数，因此，编辑与作者沟通时要考虑这些可能的因素，对能否出版的表态要留有余地。

2. 拜访作者之前，应该做哪些准备？

（1）收集和掌握作者的资讯

注意收集和掌握的作者资讯应包括：作者的业务专长、功力及其在同行中的学术地位；作者的文字水平；作者的学术或创作成果；作者的工作单位、家庭地址及联系方式；作者近期的业务动态；有关作者的家庭和社会关系的情况。此外，还应积极收集和掌握与本选题相关的研究和成果。例如，著名学者季羡林曾经留德10年，主修过印度学。某编辑由于不够细心，误以为他在印度留学，就约他写游历印度的见闻和感受，这让季老先生哭笑不得。结果，编辑不但没有组到稿，还闹出个大笑话来。

（2）专业准备

有些选题的专业内容编辑可能还不十分熟悉，这就需要做些专业上的准备，例如阅读与选题有关的文献资料，与熟悉该专业的人交谈，了解该专业的发展概况等。这些对做好该选题的组稿工作是很有用的。

（3）搞清该选题的具体要求

同样主题内容的选题往往有不同的侧重面，不同的读者对象，不同的读者知识层次要求。对于这些要求，组稿编辑必须事先搞清楚，以便使将来的书稿更符合选题的要求，也可以防止不必要的返工。

（4）在有所准备的基础上，列出该选题的初步设想（也可称为写作提纲）

内容应包括该书稿的侧重点、预计篇幅大小、读者知识层次要求、体例的设想等。

此外，还要拟定好图书的编写要求、范文、交稿时间、稿酬、主编人选、编委等事项。如果是大型的工具书或者丛书，就如何编写，如何选择主编与作者，组稿前要拿出个初步意见与主编协商后再定。例如，《六十年文学作品大系》在组稿时，编辑们考虑仍然选择中国作家协会作为合作伙伴，选择王蒙作为该丛书的主编，选择中国作家协会创作研究室来负责挑选各种门类的稿件。一是因为他们的权威性，二是双方多年因为编选文学作品年度选本而建立了互相信任的关系。编辑在拟定的编选提纲中规定了篇幅，交稿的时间，编委会人选和主编人选，每篇稿件的稿费及编选费、主编费等。

（5）对于将要拜访的重点作者的重点书稿，要准备好详尽的营销方案

营销方案包括媒体宣传推广方案和渠道推广方案。媒体宣传包括平面媒体和新媒体。渠道推广包括实体书店、网店以及其他特殊渠道，方案可以具体到书店店堂的布置、标语招贴、与读者的互动演讲、签名售书等。要概括出书稿的主题和宣传口号，说出图书的特色。还要写出宣传的批次与规模，

时间与地点。要让作者感觉到你的重视程度与成功的把握。

当然，不是所有选题的组稿都要作这些准备工作。有时可能要简化些，有时还需要作些其他方面的准备。例如为防止选题的雷同，还应看些其他出版社近年来出版的这类图书，这还可以促进与作者的沟通，在写作中突出本选题的优势。

实战演练

中国藏书楼，就其规模、历史和功绩而言，在世界文明史上是独一无二的。我们在为数千年绵延辉煌的藏书事业自豪的同时，常又伴生出深深的遗憾，迄今为止，比较生动活泼地介绍中国历代各系统藏书楼、藏书家的图书比较少。

现在，你作为上海古籍出版社的编辑，要去拜访北京大学肖东发教授，探讨一本关于中国藏书楼大众读本图书的出版，你应该做哪些准备呢？

演练点拨

1. 总结自己所在的出版社在出版这方面图书的优势，为劝说肖东发教授担任这本书的主编做准备。

2. 研究选题，列出这一选题的特色，在和作者的沟通过程中自信地表达出来，使作者产生参与该选题的兴趣。

3. 收集肖东发教授的相关资料，对其爱好、研究方向、工作状况等有一定了解，可在临行前准备好贴心的礼物。

4. 熟悉藏书楼的相关知识，确保在与作者探讨相关话题时不会冷场。认真阅读辽宁人民出版社出版的肖东发执行主编的《中国藏书楼》。

5. 弄清选题的具体要求，由于是大众读物，可拟定选题的体例、篇章结构、语言风格等要求。

6. 准备好详尽的营销方案。

第二节 从哪里可以找到合适的稿件

典型案例

关于《明朝那些事儿》组稿的那些事儿

2006年年初的一天晚上，磨铁文化公司的总经理沈浩波在浏览天涯论坛时，看到一个作者署名为"当年明月"的帖子，看了不到一千字，沈浩波就有了怦然心动的感觉，因为他觉得这个帖子讲述历史的方式很是新锐、新颖。之后，沈浩波就连夜发动亲朋好友帮自己寻找"当年明月"的联系方式，找到联系方式的第二天，他果断决策，立即乘机从北京飞往广州，与作者面聊。沈浩波的举动让"当年明月"既诧异又感动，两人见面后聊得很投机，让作者"当年明月"敞开了心扉。沈浩波当即支付部分稿酬，拿下了这部后来的畅销书。

实际上，当时已有多家出版社和民营出版商与"当年明月"反复谈判过，但由于多种原因没有达成一致。现在，沈浩波很少亲自去找书稿，但拜见作者的习惯，他一直保留到了今天，他说："我觉得这是对作者价值的尊重。"

案例分析

案例中的沈浩波在得到"当年明月"的信息之后，以最快的速度选择了最合适的组稿方式——上门拜访。沈浩波事先对书稿有了一定的认知，对"当年明月"的历史叙事方式也颇为赞赏，见面后，两人便有了共同的话题，最终让磨铁文化公司抢先于其他出版机构，成功赢得了《明朝那些事儿》的出版权。

释疑解惑

1. 好的稿件总是来得很偶然

（1）在网络这个宝藏中淘金

现在很多作者都将自己的稿件连载在博客或者贴吧中，编辑们可以在其中认真挑选，找到合适的作品，与其作者进行沟通。

2007年8月，博集天卷编辑王勇无意看到和讯博客里转帖的一篇小说。这个办公室题材的故事，讲得活灵活现，十分吸引人，故事的主角叫杜拉拉。他联系上了帖主李可，双方一拍即合。当年9月，《杜拉拉升职记》面市，迅速带动职场小说的热销，并创造了一系列成功的畅销书系列品牌。

（2）闲聊聊出好稿子

闲聊有的时候也是工作的一部分。

编辑一定要了解大家最近都在谈论什么，这样你才能把握读者兴趣。好的书稿绝不是闭门造车而成的，它往往来源于生活本身。编辑要关注日常生活中人们经常讨论的话题。这样，你才会发现，何种图书是人们所需要的。作为编辑，必须增加与外界的交流，尤其是与同行业的交流。因为交流总会使自己的思维在无形中得到拓展。

（3）千金难买是朋友

作为一名编辑，人脉的扩展是你必须认真对待的事情。广交各界朋友，他们有好的书稿，第一时间自然会想到你这个出版界的朋友的。

（4）爱屋及乌

关注你的读者群体，看他们最近都在看哪些文章、关注哪些作者、聊哪些话题，这样你能准确把握这一读者群体的喜好，找到他们喜欢的作者及作品。例如，著名出版人金丽红和黎波进军青春小说领域后，特别关注媒体报道，注重捕捉读者需求，关注青年们感兴趣的事物，因此发现了郭敬明及其作品，后来又有了一系列青春文学作品。

（5）不要忘记查阅自己的邮箱

有的作者会把稿件发送到编辑的邮箱，尤其是很多没有名气的作者，在没有熟人介绍的情况下，他们一般都会将稿件通过邮箱投给编辑。所以，虽然查看海量邮件比较费事，但编辑们千万不能因为没有及时查阅邮箱来稿，而错失好的稿件。

（6）到人多的地方去

有机会，编辑可抽出时间参加专业研讨会和各种讲座，到那里去发现出版资源。在这些场合，编辑应多与人交流，关注学科前沿、科研成果，与专家学者同行广交朋友，之后是保持持续的关注和联系，从中发现好的选题、好的作者。

2. 可以通过哪些形式组稿?

（1）个别约稿

通过人脉关系，编辑可以向个人和某个组织约稿。例如，赵景深做编辑，催稿、约稿都有一套。他编《青年界》时，一次向老舍约稿，约稿信上大书一个"赵"字，用红笔圈起来，旁边加注："老赵被困，请发救兵（小说也）。"老舍在寄稿的同时，幽默地寄去了一封带戏曲味的答催稿信："元帅发来紧急令：内无粮草外无兵！小将提枪上了马，《青年界》上走一程，吥！马来！参见元帅。带来多少人马？2000来个字！还都是老弱残兵！后帐休息！得令！正是：旌旗明明，杀气满山头！"

（2）社会征稿

出版社通过媒体或其他传播手段向社会公开征集稿件。一般借助于刊登征稿启事。征稿启事上通常包括：征稿对象、稿件内容、体裁、篇幅、截稿日期、稿酬标准、交稿方式，必要时还要附样稿以供作者参考。下面为群言出版社的征稿启事。

群言出版社征稿

为了充分发挥群言出版社为民盟和广大盟员办实事、办好事的作用，为国家和民盟保存珍贵的历史史料和资源，同时更好地向广大盟员提供优质的出版服务，本社现主要面向广大盟员征集优秀书稿(学术书稿优先考虑出版)，欢迎盟员及相关的院校、科研单位、学术机构踊跃来稿和合作。也欢迎向我们推荐值得信赖的机构或专家，并提供他们的真实姓名、联系电话、地址和邮箱。2010年底截稿。

我社征稿范围主要集中在以下几个方面：

一、民盟历史人物、历史文献类；二、学术研究类；三、考古历史类；四、文化艺术类；五、民间民俗类；六、教育类。

联系人：某某

投稿电子邮箱：××××@163.com

（3）群体集稿

出版社通过一定的组织形式，如开笔会、学术讨论会等，邀集一批有实力的作者，在会议期间组织到所需的稿件。在组织丛书、大型专业图书、工具书的稿件时，一般聘请有声望的专家学者担任主编或主持组成编委会，由他们协助出版单位物色和约请一批合适的作者共同完成稿件的撰写。例如，《中国大百科全书（第二版）》经国务院批准于1995年12月正式立项。之后，新闻出版总署将其列入"九五"、"十五"国家重点图书出版规划，并组织成立了以周光召为主任的《中国大百科全书（第二版）》总编辑委员会。2006年，《国家"十一五"时期文化发展规划纲要》又将《中国大百科全书》列为"国家重大出版工程"。2009年，《中国大百科全书（第二版）》出版。作为第一版的修订重编版，《中国大百科全书（第二版）》条目的撰写在尽可能保留第一版仍健在的作者的基础上，又聘请了在各学科领域崭露头角的中青年专家学者为作者。30年来，为《中国大百科全书》撰写条目的作者累计约达30000人。其中，既有学界泰斗、国学大师、又有一流专家、资深学者。

群体集稿要注意的四点：统一思路、统一体例、统一撰写要求、一般提供事先准备好的样稿。

3. 与作者的联络方式有哪些？

（1）通讯约稿

对于一般性的稿件及由于作者众多，不宜于全部登门的书稿，可以采取通讯约稿的方式，如电话、电子邮件、QQ等。但需要注意的是，通讯约稿后要形成书面约稿文件，并注意保存过程文件，这是对双方的提醒和约束。

（2）信函约稿

发正式的约稿函约稿。这种方式比较郑重。作者认为可信度高些。特别是年纪稍大些的作者，有些人不习惯用电脑，就要用信函。

（3）登门约稿

对于重点作者、重要书稿，出版社会采取登门约稿的方式。登门约稿，一是表示对作者的重视与尊重，二是有些书稿及其运作方式需要当面交流协商，才能说得清楚。

（4）召开组稿会

一般多作者的大型图书、工具书或重点出版项目，出版社往往会召开组稿会。组稿会旨在对选题内容进行详细讨论及具体落实，就拟定的选题进行交流和讨论，细化各专题的侧重点，并分配各自组稿任务，确定责任编辑等相关事宜。

实战演练

2012年7月27日至8月12日，英国伦敦举行奥运会。在这次奥运会上，比赛赛制问题成为大家普遍讨论的热点问题。于是，A出版社科普编辑部编辑王伟策划了一个介绍奥运会赛制的选题，拟请中央电视台主持人张斌撰写，因为张斌在2012年伦敦奥运会倒计时100天时推出了《张斌话规则》这样一档节目。此外，图书还拟选用某期刊社记者B拍摄的50幅彩色照片作插页。这个选题获得批准后，被列入2012年出书计划。

请你代王伟撰写一封致张斌的约稿信。发函时间为2012年8月14日。

演练点拨

1.约稿信的下列要点齐全：

（1）稿件的题目或者主题；

（2）写作的内容和要求；

（3）读者对象；

（4）字数；

（5）合理的交稿时间；

（6）可供参考的资料；

（7）写作中应注意的问题；

（8）对写稿方式的具体要求；

（9）要说明拟选用 50 幅照片作彩色插页；

（10）说明摄影者在书上的署名方式。

2. 信的抬头正确、问候语得当、落款正确。

3. 文字规范。

第三节 有好作者不一定有好稿件

典型案例

好的选题必须由合适的作者来完成

冈宁在读完一则关于生活中一个不起眼的细节决定两个小孩不同命运的短文后,一个从一件小事入手,力求在家庭和学校教育的细节方面引起父母或老师们警觉和注意的图书选题便在他的头脑中产生了。有了好的点子,如何才能把它变成现实呢?为此,冈宁首先在物色满意的作者上下功夫。这里说的满意,冈宁认为作者必须符合以下条件:一是年龄最好在40~50岁之间;二是作者最好是女性,是母亲;三是作者最好是记者或自由撰稿人;四是作者一定要有激情,工作一定要投入。

功夫不负有心人,经过几个月的选择,冈宁终于找到了这样的作者。她们都非常敬业,用了近一年的时间,耗费了大量的精力,最终完成了《改变孩子一生的一件小事》。

没有合适作者,好选题也可能"流产"

一位编辑策划了一套名为《中国无人区探险丛书》的书,亮点很多,比如:第一次用丛书的形式来写"无人区探险";第一次用故事的形式来反映科考生活;第一次由科学家们执笔写自己的科考故事……可以说,这套书如果能出版,获"国家图书奖"是极有希望的。

但是,当编辑千辛万苦地找到其中几个作者时,问题出现了:其他的作者有的老了,有的已经去世了,有的无法联系上;用故事的形式,他们不太会写或没时间写;资料不齐,有的太陈旧,原来的"无人区",现在变成了"有人区"……最后,这套书就因没有合适的作者而不了了之了。

案例分析

案例中,冈宁为了找到合适的作者,设定了几项基本标准。

1. 年龄选择：年龄最好在 40～50 岁之间。因为这个年龄段的人有生活阅历，对他提出的选题能够很快领悟，并且能准确把握其宗旨和要领，有可能高质量地完成书稿。

2. 性别选择：作者最好是女性，是母亲。因为在中国，教育子女的重任大多还是由母亲来承担的，加上女性情感的细腻，感性，注重细节的特点，由她们写出来的东西，一定是真实感人的。

3. 职业选择：作者最好是记者或自由撰稿人。这样采访起来不仅有时间，而且有条件，对作者的文笔也不用担心，可谓一举多得。

4. 个性选择：作者一定要有激情，工作一定要投入。因为这个选题需要作者亲自外出采访，广泛收集第一手资料，作者有激情、肯投入，这样写出的内容才能更加丰富、鲜活、生动，且富有感染力。

释疑解惑

1. 何为好作者？

对不同出版社或者不同的编辑来说，好作者的标准不一样，合适就好，未必有绝对标准。一般可从下列几个方面进行考量。

（1）专业学术水平和知识广度

针对不同类型的图书，这一点要求的层次也不同。编写专业学术著作，作者应当具有本专业较高的学术水平。同时，因为一部著作可能会涉及多个学科的知识，所以作者也要有比较广的知识面，要熟悉与本专业相关学科的知识，不然难以写好图书。

（2）熟悉拟写作的题材和体裁，有与图书主题契合的理论与文字修养和写作能力。

（3）了解读者

要编写适合读者需要的书稿，作者必须对读者情况和具体需要有深入了解。了解读者的知识结构、文化背景和阅读兴趣等，只有如此，编写的书稿内容和特点才具有针对性和目的性，才能真正符合读者的需求。

（4）精力充沛，具有写作时间保障和认真负责的态度

如果一位作家完全能胜任你需要书稿的写作任务，但他却根本没法保证写作时间，那也不能作为合适的作者人选。作者写作时间的保证和严肃认真的写作态度对书稿质量是基本的保障条件之一。

（5）配合宣传

作者愿意配合出版社的宣传，愿意接受采访，并配合市场计划留出推广时间。

（6）有一定的人脉关系

除了小圈子之外，作者还有若干专业外的合作者和朋友，他们尊敬他，欣赏他，愿意为他出力。迅速配合出版社的营销思路，头脑风暴时能举出若干你没有想到的新主意和可用资源。例如，金丽红谈到白岩松时，多次由衷称赞他是一位不可多得的作者，有丰沛的人脉资源和经营智慧，在宣传推广《幸福了吗？》等图书时，配合甚至推动出版社的营销宣传，为扩大图书影响和市场销售作出重大贡献。

2. 怎样找到心仪的作者？

（1）通过各种学会协会

编辑人员参加此类学术会议，要留意是否有合适的作者人选，要主动与他们接触，向他们宣传自己的出版社，欢迎他们给出版社写书，还可以向一些已有写作意向的作者直接约稿。另外，编辑要根据自己的专业特点，加强与科研院所、高等院校的联系，将学术带头人及中青年学者纳入到自己的作者队伍中。

（2）请专家推荐

策划编辑一旦有了选题，如果对所要选择的作者不是很有把握，可以征求同行专家的意见，或请专家推荐。因为同行专家一般比较了解本专业领域的人才队伍情况，甚至对他们的为人和工作态度都比较熟悉，所以同行专家的意见对选择作者具有较高的参考价值。

（3）通过已有的出版物发现作者

编辑可以通过出版物发现合适的作者，如关注相关领域的著作、文章；关注相关著作和文章的文献索引、图书评介等，借此发现相关领域的核心作者，尤其是适合拟组稿件的作者。

（4）通过各种媒体和书店的销售排行榜

曲黎敏在多家出版社出版了养生图书，并在几家电视台讲述《黄帝内经》等养生专题，长江文艺出版社北京中心研究了她的专业背景和她著述的特点，主动上门联系她，曲黎敏成了长江文艺出版社北京中心的签约作者，之后出版了《从头到脚说健康》等一系列的健康类畅销图书。

（5）通过调查机构的市场调查，或者定期对书店图书销售的观察

长江文艺出版社北京中心的畅销图书《股民基民常备手册》、《从头到脚说健康》的作者，是他们在书店看到了作者的其他畅销书后，主动向他们约稿的。业内戏称他们选择作者运用的是"掐尖战术"。

（6）通过朋友、熟人、同学、同事介绍或通过单位、咨询机构和文化经纪人选择作者

（7）通过平时收集的有关作者的资讯，确定作者

（8）开展全国范围的作者遴选

以发标书或遴选作者函的形式，从全国有关单位或专业队伍中遴选作者。前者在有些出版社的部分选题实施中已有采用。后者根据作者申报材料从中优选较为适合的作者，借此可以结识和团结一大批优秀的作者。

3. 怎样为自己的选题找到合适的作者？

为自己的选题找到合适作者的具体方法如下：

（1）"立竿见影"法

根据选题立意，按照作者所长，精准定位，目的明确地商请有关专家、学者或其他有所专长的人员为出版社写书。在选择《中国铁路成本计算》一书的作者时，编辑们就毫不犹豫地直接选定了在铁道部长期从事财务工作的清算中心技术人员为作者，收效甚佳。

（2）"背靠大树"法

为了落实某个大型或重要选题的组稿任务，编辑除拥有众多的一般作者外，还必须掌握一定数量的优秀作者资源，这要求编辑平时就保持与一些重量级的顶尖专家、学者的联系，以备日后"派上用场"。

（3）"种树"法

在图书选题所涉及的专业知识领域，或相关与相近的知识领域内，编辑人员对已经掌握的包括本地和外地在内的一切适合撰稿的专家、学者逐一进行分析，选择几个预备人选，逐一联系，落实对方是否能够合作。对看准的作者，锲而不舍地做工作，多沟通，创造出版条件，耐心等待时机，哪个成熟了收获哪个。

4. 怎样处理好与作者的关系？

（1）尊重作者的辛勤劳动

在图书出版过程中，作者和出版社是相互选择、相互依存、相互促进的关系。书稿凝聚了作者的辛勤劳动，因此，出版社应当放下架子，用公正、诚挚的态度对待作者，尊重作者的劳动，以实事求是和协商的态度解决与作者之间的矛盾，取得作者对出版社的理解和支持。

（2）加强感情投资

编辑平时要加强与作者的联系，了解作者的工作情况，特别是那些对出版社做出重大贡献的作者，在其生日或节日时，以出版社的名义发去贺电，以联络感情。总之，编辑要通过各种形式，与作者成为朋友，这种感情投资可起到稳定作者队伍的作用。例如，金丽红对作者的关怀、照料，早已成为文坛佳话。余秋雨教授说，"2000年，我随凤凰卫视做千禧之旅的文明考察。当我们刚走出充满危险、恐怖的地方，终于到了一个国家的首都时，使馆的大使告诉我'余教授，有你的信。'结果一看——是金丽红来的。到另一个国家时，这种情况再次发生。老金总会把收看凤凰卫视时的感想、把读我在晚报上的连载的感觉及时反馈给我。后来等我们结束旅程，还未到北京，老金已经赶到河北迎接我们了。老金说，'余教授，把你的稿子给我们华艺吧。'

老金这样关心我，我有些为难，因为出发前我已经和作家出版社有约定了。老金听后非常爽快地说，'行，那就给他们，下一本给我们吧。'以后我每到北京来，只要她听说了，一定来机场接我。"[1]

（3）维护作者权益

维护作者权益包括：尊重作者署名权，不把自己观点强加给作者，督促有关部门及时支付稿酬和赠送样书等。

郑渊洁在博文《二十一世纪出版社维护作家权益最好》中写到："我和二十一世纪出版社合作4年来，该出版社严格按照合同办事，印数完全透明，支付版税的时间一天不差，每月快递税单给我，年初还有上一年度的年度总税单，样书也是及时邮寄。郑渊洁写作31年，接触过无数出版社，二十一世纪出版社在维护作家权益方面，是最优秀的，无懈可击。"

（4）给作者适当的鼓励

对于有潜力但对自己又缺乏信心的作者，要给以鼓励，肯定其优点。

冯小刚在写《我把青春献给你》一书时，写一章金丽红看一章，金丽红既指出其不足，又肯定他的优点，以帮助作者完成出版社、读者和作者都满意的作品。

（5）为作者提供真心实意的建议

编辑在作者创作过程中，要及时向其反映读者需求和同类出版物信息，对作者创作计划提出意见和建议，提供参考资料，解决作者创作中的困难，对作品提出修改意见，为作者拾遗补缺。

周振甫担任钱钟书《谈艺录》《管锥编》的责任编辑时，曾指出了文稿中的很多疏漏，钱钟书对其赞誉有加，在《谈艺录》一书的跋中特别肯定周振甫先生的贡献。

（6）因人而异

如果碰上自我感觉特别良好的作者，他的期望值与实际明显不符，也不要与其闹翻。要根据情况，真诚、委婉、清晰地说明情况，降低其预期。如

---

1. 赵李红.未公开的采访手记[M].北京：团结出版社，2010.

果与其关系比较熟，可以摆事实讲道理，直接指出其要求的不合理性。双方能够合作更好，如不能合作也要保持友好关系。

实战演练

选择自己熟悉的主题，选择自己喜欢的作者的一本书，仔细阅读篇章结构和主题文字，对照其读者定位，发现其可以改进之处，考虑如何说服其修改、完善写作思路和写作内容。

演练点拨

1. 首先要肯定作者的工作，对作品好的方面进行肯定。
2. 在全面评价书稿的前提下，指出书稿中的不足。
3. 指出的不足要有理有据，最好能举出具体例证。
4. 修改建议要具体可行，不能太抽象，否则让作者感觉茫然，以致无从下手。
5. 向作者反映读者需求和同类出版物信息，为作者的写作提供参考资料。
6. 为作者拾遗补缺。

第四节 组稿的实战技巧

1. 组稿过程中有哪些忌讳?

（1）忌组稿过程中缺乏沟通

① 惮于与知名作者联系

现在很多年轻编辑不敢向名家、专家组稿，怕碰钉子，觉得他们是大家、名人，写作任务重、时间有限，肯定不会接受自己的邀请。年轻编辑要有一点"程门立雪"的精神，练好内功，虚心请教，有方法地尝试着去约稿。

② 与作者进行的沟通不够

部分编辑认为自己已经发出了约稿要求，作者就会很清楚选题了，其实不尽然。

有的编辑在没做功课之前，就去和作者讨论选题，传递给作者的信息不完整、不确定，这都可能会让作者对选题的认识产生误差。

编辑虽然不可能都像专家一样对某一领域有较深的研究，但一定要对所约请的作者的研究领域、建树有比较全面的了解，否则，与作者就会在沟通上产生障碍。

与作者探讨编撰要求时，也可以让作者先写一部分样稿，通过对样稿的审查，决定作者是否继续按目前的思路和方式写下去，不要等到作者将全部书稿都完成后再提出修改意见，这样作者付出的劳动量大，也会延误出版周期。

③ 缺少后续沟通

在确定组稿关系之后，很多编辑只是坐等作者交稿，忽视了后续的沟通。其实确定约稿关系后的沟通是很必要的，一是能及时发现和解决作者在写作中的问题；二是还能增进与作者的情谊，稳定关系；三是保证交稿的时间和稿件的质量。

（2）忌组稿时缺乏诚意

向作者约稿也是一门人际关系学，它涉及出版学、心理学、社会学等诸多领域。所以光有智商是不行的，情商也会发挥很大的作用。一些编辑在组稿过程中，表现出了某些情商不够的做法。

① 不能恰当处理别人的拒绝

编辑在组稿过程中，遇到不被人重视或遭到拒绝是很正常的，有的编辑往往沉不住气，要么愤然离去，要么就自吹自擂，生怕人家认为自己无能，结果往往事与愿违，人家反倒认为你浅薄、无知，产生反感。

遇到拒绝，编辑要根据作者的态度和拒绝的理由，冷静分析作者拒绝的原因，诚恳而有分寸地化解作者的疑虑，赢得作者的信任，承诺在力所能及的范围内为作者提供帮助。或尊重作者的选择，为以后的合作创造条件。

② 初次拜访时，礼数不周

有的编辑在初次登门拜访作者时，过于随性，没有很好地考虑礼数。编辑在登门时，要记得带上名片，最好带些本社的重点图书或者地方特产，还可以给作者的配偶带些小礼品。第一次登门，穿戴要得体，一定要守时。

③ 不懂察言观色，找不到共同的话题

有些编辑为了体现自己在谈话之前做足了准备，就在谈话过程中不停地阐述自己的观点，甚至忽视了作者的兴趣和观点。

面对陌生的作者，编辑要会察言观色，分析和判断作者的心理。如约稿时要学会倾听，对方说话时要全神贯注，不要总是打断作者，不停地接听手机或心不在焉，也不要不观察作者的反应，或高谈阔论，或过于拘谨。谈话时眼睛要平视对方，行为举止要落落大方，不卑不亢。

要学会寻找话题，不能让双方的沟通冷场，要巧妙地将本社的优势、地位、影响告诉作者。如果你发现作者不适合写你的选题，可以委婉地提出中止，或者请作者撰写另外的书稿。

（3）忌随意给作者许诺

有的时候，编辑迫切地想要得到某位作者的稿件，不惜满口允诺何时出版、稿酬多寡、入评何奖等，这样做，后患无穷。尽管约稿是目的性很强的行为，但受客观因素的制约和影响，双方都可能出现难以预期的变化，使得稿件无法正常使用。所以，编辑在约稿的时候需要通盘考虑，切忌随意许诺。

① 允诺时，忘记质量关

编辑在允诺时，如果忘记提出质量要求这一前提，合作过程中遇到麻烦，将很难解决。达到质量要求的稿件按协议进行自然没有问题，未能达到质量要求的稿件如何处理，三审中无法通过怎么办，如果拍了胸脯，又无法兑现，会很被动，说不定还会引发版权官司。

因此话到九分不为欠，留有一分作回环。这才是对作者、对出版社、对自己负责的态度。不管事有多急，劝君约稿莫忘三审制，允诺不忘质量关。

② 权利和义务不能很好地体现在合同中

一些编辑在和作者沟通之后，不能很好地将达成的协议落实到书面，签订规范的合同，这样可能为后续的合作埋下隐患。

编辑与作者签订约稿合同要有单位的授权，对双方的责任、权利与义务以及违约后的处理都要事先征得领导的同意。否则有可能面临赔偿和法律责任，同时也会给单位在信誉上带来损失。如果因为出版社原因确实要退稿，要区别情况给作者一定的补偿，这些条款都要写在约稿合同中。

作品出版前后，部分作者的态度可能会发生变化。编辑要将这些因素考虑进去，在约稿合同的拟定上，越细致越好。

2. 如何应对拟请作者的推托？

对此类推托的作者，不要勉强，你态度诚恳，反复说明即可。但说话要留有余地，表示以后再联系。这些作者虽然一次没有达成合作的意向，但并不是说以后就没有合作的空间，所以一定要处理好与此类作者的关系。

还有一种情况是，作者与你或者对你所在的出版社并不熟悉，推托只是一种试探。这时你就要诚恳或者充分地介绍情况，打动作者。有时作者也会转变态度，与你合作。刘备"三顾茅庐"的故事，对我们也应有所启发。

如长江文艺社青年编辑李萧在中央电视台"百家讲坛"听了王立群教授讲的《史记》后，马上与之联系。经过长达半年的跟踪交流，最后才在众多的竞争者中胜出。当初，王立群教授并没有马上答应李萧的约稿。

作者以时间安排不开为由婉言谢绝你的约稿，对于这种情况，编辑应当判断一下，如果确实是作者时间安排不开的话，就不要勉为其难——这样做也无法保证书稿质量，不妨与作者礼貌告别，并表示以后有机会再合作，因为能见到一位有实力的作者不是件轻而易举的事情。无论这次组稿任务能否完成，都要珍惜这次接触机会，借以保持良好的关系，说不定将来什么时候就有再次合作的机会。

如果判断出作者是由于其他原因，尤其是因为对选题不感兴趣或者不符合自己研究领域的原因而借口推托的话，编辑就要从自身方面重新加以考虑：如果选题不够好，那么就要继续完善选题；如果该选题确实不适合这一作者，就要另外寻找作者。此外，作者谢绝还有一个原因也是编辑必须要面对的，那就是出版社规模、名气、编辑个性等选题之外的因素，遇到这种情况，编辑也会无可奈何，这个时候或许就需要靠编辑个人的能力或者说运气了。

3. 如何向作者的经纪人约稿？

有些作者，由于公务繁忙，或者约稿者众多，为了保持一定的距离，有更大的回旋余地，聘请经纪人代为处理稿件事宜。如毕淑敏、姚明等人，都有自己的经纪人。与经纪人谈判要把握好尺度，经纪人可能漫天要价。但你要认真研判作品的潜在市场，认真审读稿件，是否性价比合理，如果开价太高，出版社出版后会出现亏损，最好不要勉强接受。当然，通过谈判，最后达成双方都能接受的条件是最好的结局。

4. 如何在组稿过程中获取新的组稿机会？

有时候，编辑专程去找作者约一部书稿，结果在交谈中，发现作者有更好的写作打算或者构思，如果吃得准，编辑就要"另谋高就"，这也是"有心栽花花不开，无心插柳柳成荫"。同时，对于一些十分抢手的作者和书稿，如果编辑发现其确实有较大的市场潜力，或者有很高的学术价值，要迅速汇报领导，当机立断，或支付预付金，或签订合同，保证书稿不致流失他人之手。

5. 如何确定交稿时间？

数字时代，对许多类别图书的时效性有新要求。因作者交稿延误，失去市场的情况时有发生。因此要求组稿编辑具有前瞻性，预设的交稿时间给出版社的运作要留有余地。

6. 为什么要要求作者试写样稿？

试写样稿是保证质量的重要环节。通过试写样稿，使出版社分析作者潜在的问题，以便把问题解决在萌芽状态中。通过试写样稿，使作者更好地理解出版社的设计意图。

对于写作经验不足的作者，尤其重要。对于知名作者，要求他试写样稿可能有难度，那就盯住了，及时（提早）审读他完成的部分稿件。

另外，编辑必须及时与作者交流对样稿的意见，以免作者不知所措，或使错误得不到及时纠正，增加交稿后的审稿负担，影响书稿质量。

7. 组稿后该如何落实？

组稿落实很重要，一是要保证质量，二是要保证出版时间，否则即便有精心周密的选题策划、合适的作者，也可能功亏一篑。这点没什么捷径，就是两个字——"盯"和"催"。提前做计划，定期检查写作质量和进度，不厌其烦催促。

在催稿阶段，编辑一定要注意的是催稿的时机与频率。时机不宜，适得其反；频率太高，容易引起作者逆反心理；频率太低，又起不到作用。在与作者签订合同后，编辑一定要订一个催稿计划，根据合同期限，平均一个月或两三个月催稿一次，这样能及时提醒工作繁忙的作者不要忘记书稿写作。当然，催稿也是个艺术活，有的作者可能一催就完成了，有的作者却可能会有逆反心理，这时候编辑就得从侧面了解和分析作者这一时期的工作和生活状况，采取有针对性的催稿方法。

有经验的作者，他们了解出版流程、知道如何掌握进度、也善于管理时间，拖稿有可能是因为确实比较忙，或者对自己写的还不太满意正着力修改。对这类作者，编辑要给予充分的尊重，催稿不能太急，用词也需十分谨慎。

初为作者的人，有时对写作有畏难情绪，即使是制定了计划、选好了素材，稿件在创作过程中也可能中途停止。编辑此时语言"抽打"一下是有必要的——明之以理，晓以大义，让作者再次认识写作对自己和社会的价值，再次激发他们的创作激情，使他们再次整装上路。

很多作者有时实在是写不出东西来了，编辑也不要放弃他们。编辑可采用"跟随"策略，时不时了解一下进展，这样做，基于至少两个原因：其一，现在写不出东西的人只要积累足够、耐心足够，仍然可能成为很有价值的作者；其二，没有人是单一的个体，有些人签了出版合同，后来怎么也写不出，编辑态度始终很好，作者感觉对不住出版社，就尽量把身边的朋友介绍给出版社，出版社既保持了与作者的良好关系，又获得了需要的出版资源。

第六章 如何得心应手地完成审稿

实训目标

1. 初步具备审稿的能力
2. 能够写作审读报告

本章重点

审稿是"审鉴稿件"的简称，广义的审稿工作还包括图书出版之后以及重印和再版之前的成品审读。本章所指的是编辑加工环节之前的审稿工作，指编辑人员对作者创作的原稿，包括文字、图像等材料所进行的判断、鉴定和评价工作（对于译稿的审稿，主要是鉴定译文的质量），由审读稿件和写审读报告两部分组成。

出版社根据出版要求对著译者的书稿进行责任编辑初审、编辑室主任复审、总编辑或主管副总编辑终审的工作。其中含有层层把关，决定稿件取舍的作用。

实训任务

找一本你最讨厌的教材，挑出至少 10 个你认为它不应该出版的理由。

找一本你最喜欢的图书，找到至少 10 个你认为它可以更精彩的地方。

趣味导读

爱因斯坦与编辑审稿的故事

1936年，爱因斯坦将他与罗森合作的论文《引力波存在吗》投往《物理评论》杂志社，论文的结论是"NO"。

《物理评论》编辑塔特将爱因斯坦这篇论文交至匿名审稿人。然而，这位匿名审稿人对该论文的审稿报告，竟写满了十页纸！他重新推导了爱因斯坦否定引力波存在的结论，认为这一结论是错误的，并且认为这篇论文不能被《物理评论》刊用。

编辑塔特将匿名审稿人的审稿报告寄给爱因斯坦。爱因斯坦有些愤怒，在寄给塔特的回函中说：我将论文交予你们发表，并未让你们在尚未付梓之前将它交给专家，如果这样我将要回我的论文。

不久，爱因斯坦收到塔特的回函。信函说，依据杂志社审稿规章制度，首先，该杂志社对所收每一篇学术论文，均需交予该领域专家即匿名审稿人审阅；然后，编辑根据匿名审稿人的意见与作者沟通，作者需更改论文中的错误或不当之处，否则该论文不予刊发。

爱因斯坦在普林斯顿大学的好朋友罗伯森坚持认为引力波是存在的，并且说服爱因斯坦改写了论文的第二部分。后来，刊发在《物理评论》上的爱因斯坦的这篇论文，其题目为《论引力波》。

多少年过去了，当年对爱因斯坦论文提出意见长达十页纸的匿名审稿人究竟是谁？不久前，《物理评论》杂志社搬迁，编辑们在案卷中发现，那位令人尊敬的匿名审稿人正是爱因斯坦在普林斯顿大学的好朋友罗伯森。

发散思维

1. 罗伯森作为外审人，能劝服爱因斯坦改变学术观点吗？
2. 编辑塔特在故事中没有直接审稿，那他在审稿环节起了什么作用呢？
3. 十页纸的审稿意见，都写了哪些内容呢？

第一节 审稿需按流程走，依方法来

典型案例

张羽和萧也牧精心谱写《红旗谱》

20世纪50年代初，梁斌在中国作家协会文学讲习所担任党支部书记。当时他还不是知名作家，利用业余时间悄悄地写长篇小说《红旗谱》。稿写成了，没人愿意看，看过一些章节的人，也不置可否。消息辗转传到中青社，张羽和萧也牧一道去看望梁斌，抱回来一大包原稿。张羽认真读了一遍，写了审读报告，对小说作了高度评价。他在审读报告上说："作者具有相当的写作修养"，"作者对这一地区的斗争是熟悉的"，"作品中的人物，如朱老忠、江涛、贾老师等都刻画得较生动有力"，"农民生活和学生生活及其斗争场面，都给人以真实感"，"家庭生活的抒写，人物心理的刻画，都能引人入胜"。审读报告书指出，作品虽然有某些弱点，但是"可以改好"。因此，张羽建议出版社和作者签订约稿合同，请作者将小说改好后交中青社出版。同时，根据审读报告的内容，他草拟了一封长信，向作者提出了长达数千字的比较详细的修改要求。梁斌回信时对出版社的意见表示赞同。

萧也牧当时是中青社文学编辑室的副主任，负责复审《红旗谱》。他被作品中所描写的人物深深地吸引住了。因为萧也牧在抗日战争时期曾经在冀中工作过，所以由他担任该书的责任编辑，对稿件进行加工润饰，并和作者协商定稿。由此，默默无闻的梁斌，昂首阔步地跨进中国文坛，朱老忠的光辉形象进入了我国的文学人物画廊，高蠡暴动的英雄业绩震撼着中国年轻一代的心灵……

案例分析

案例中，中青社的张羽和萧也牧漂亮地完成了《红旗谱》的审稿工作，为图书的高质出版提供了保证。

初审时，张羽在认真通读全文的基础上，写了态度中肯、具有建设性修改意见的审读报告。他在审读报告书指出，作品虽然有某些弱点，但是"可以改好"。因此，张羽给出了建议出版，但须提请作者修改的审读意见。张羽根据审读报告的内容，还草拟了一封长信，向作者提出了长达数千字的比较详细的修改要求。初审对书稿的正确判断和恰当的处置为书稿的成功出版奠定了基础。

稿件复审，由当时担任中青社文学编辑室副主任的萧也牧完成。萧也牧结合自身经历，对稿件进行优化，并和作者协商定稿。初审与复审工作内容不同，但最终的目标是相同的，他们的共同努力使作品最终取得成功。

释疑解惑

1. 审稿前必须完成的准备工作有哪些？

（1）原稿准备：检查原稿是否完整，有无缺页。如果是约稿，编辑审稿前应阅读约稿公函以及来往信件等资料，了解约稿过程，作者撰写样稿的情况，出版单位对作者写作的要求和建议等；如果是自投稿，应了解出版单位的选题论证过程，以及该书稿的市场定位，以便对书稿做出全面的判断。

（2）知识储备：平时要注意积累有关知识、掌握有关信息。如熟悉自己分管范围有关专业或学科，应经常翻阅已出版的同类书刊有关文章，注意掌握有关学科的发展动态和发展趋势（出版信息、学科信息），学习和掌握党和国家有关方针、政策、法规，特别是经济建设、文化教育和科学技术发展方面的方针政策，并了解主要读者群的需要（政策信息、读者信息）等等，作为审稿依据。

（3）工具书准备：准备好新出版的具有权威性的工具书和参考书。

2. 行业新人在三审中的主要职责是什么？

三审制，指由初审、复审或终审三个审级组成的审稿制度。作为行业新人，能担任的工作就是初审。一本书的初审编辑往往就是该书的责任编辑。初审的任务主要是：

在审稿前，对书稿涉及的专业知识以及同类出版物有所了解；

逐页、逐部分检查，查看稿件是否完整；

翻阅全书，检查稿件是否有可能存在版权问题，尤其是图片的版权；

把握书稿的本质主流，看其是否与选题策划初衷吻合；

提出自己有疑问和把握不准的问题；

着眼于书稿的总体，把注意力放在带有全局性的方面，对原稿的政治倾向、思想品位、学术观点或艺术价值、结构体例、文字水平、行文风格等各个方面进行认真细致的审查，对全书的质量（包括优缺点）做出初步的评估；

对存在的问题做出初步的处理，在审稿单上写出对书稿的审读意见。

初审是整个三审工作的基础，初审编辑必须逐字逐句地认真审阅全稿，丝毫不能马虎大意。只有把这个基础打好了，给复审和终审提供已基本梳理清楚的书稿，图书质量才能初步得到保证。

3. 审稿工作有哪些基本步骤？

（1）审查鉴别稿件

审稿工作是一种鉴定性的工作。在通读全稿的基础上，查看稿件是否符合出版社宗旨、同类出版物的市场表现是否良好、书稿主旨是否明确，内容质量是否符合要求，表述是否明白晓畅，体例是否统一，文字是否通顺规范等。

综合起来，全面考虑书稿知识的新旧、科学的真伪、价值的大小、质量的优劣等。

要当好鉴别者，必须具备较高的政策水平、扎实的专业基础知识和广博的相关科学文化知识，否则，就难以发现问题、提出问题，甚至可能由于自己不懂行、不识货，而埋没好书稿，或者让不符合出版要求的书稿进入编辑加工环节，最终出版残次品。

（2）正确评价稿件

审稿人要从政治方面、学术方面、实用价值、文字表达等多个方面来正确评价稿件质量。

所谓正确评价稿件，就是要公正、客观地评价稿件质量，即要求做到不唯名取稿、不唯上取稿、不唯情取稿，对熟人和不熟悉的人的稿件，要求一样。

（3）提出处理意见

来稿经过审查、鉴别、做出评价以后，是送审还是退稿，是退修后再审定还是加工后发稿等，一定要做出判断，提出明确、具体的处理意见。这些意见包括：

可以出版：接受出版，无需作修改；

小修出版：接受出版，但需要作一些小的修改补充；

大修出版：原则上可以出版，但必须做出重大修改；

大修再审：请作者根据出版社的建议先做出重大修改，然后重新审阅，再决定是否出版；

请求外审：审读者对书稿水平和质量把握不准，请求外审；

退稿：不符合出版社的市场定位或没有修改基础的稿件，拒绝出版。

4. 审稿有哪些方法？

审稿时，通常使用比较、分析、综合等方法来对稿件的质量做出评价。

比较方法包括纵向比较和横向比较。纵向比较是与自己的知识经验、与作者自己的同类作品、工具书的说法进行比较；横向比较是与其他出版社同类作品比较。

在比较以后，审稿者已经在宏观上对稿件的基本情况有了总体的把握。经过比较、分析，审稿者应该而且也有可能在此基础上进行综合。所谓综合，包含以下三个方面的内容：

对稿件本身进行全方位衡量，即依据政治性、思想性、科学性、知识性、独创性等方面的基本要求，判断其内容是否达到可以出版的质量要求，同时对稿件在结构框架、体例、表述形式等方面的优缺点作总体性的概括；

对稿件是否符合本出版单位的出版要求和出版风格，是否可以归入本单位现有的品种板块之中，有一个较为明确的判断，并对下一步的如何整合、完善有所考虑；

如果可以出版该稿件，则要对后续工作，包括营销、宣传手段，社会效益，经济效益等做出预期性评估。

5. 外审是怎么回事儿？

外审是指将属于重大选题或专业性特别强、本社审稿人员对内容质量不易把握的书稿送交社外专家或有关部门审读。

外审分为两种：一种是出版社没有合适人员、专业人员来进行审核，特请的外审，作为出版社审读力量的补充；另一种是因选题报批制度而形成的外审，由于出版社没有权力来最后决定选题，而必须由一些专门指定的人员来审核。

需要注意的是，外审并不是三审以外的另一审级，而是出版社在缺少相应专业的编辑人员时才采取的一种特殊措施。外审不能替代三审制中的任何一个审级。外审意见只供本社决策者参考，不能作为最终决定。

在西方国家，有些图书（如学术前沿著作）如果得不到两名以上社外专家的肯定，就不可能获得出版，可见外审的重要性。所以很多编辑认为请外审就等于自认外行的想法是不正确的。为了更好地完成审稿，编辑要学会巧借社外力量，完成书稿审鉴工作。

6. 如何借外审之力，做好书稿审鉴工作？

（1）精选外审人员。既要符合条件又要有充裕的时间和精力，离退休的老编辑、专业学科中的权威是你应该首先考虑的人选；

（2）对于科技、学术类编辑，可以有临时性的外审安排，但最好建设相对稳定的外审队伍，并建立相应的管理制度；

（3）对外聘的学者、专家，应经常给以必要的有关出版方针政策的武装和编辑业务知识的充实；

（4）编辑要想获得专家的帮助和支持，首先要与这些专家建立良好的感情联系，把功夫用在平时：例如定期给专家发一份本社的书目；逢年过节发送一张贺卡，用手写的方式签上自己的名字和社名；看到他的重要新作后可以发封电子邮件或者打个电话谈谈你的想法等。联系不一定频繁，但应当长久而诚恳。

（5）做好外审的保密工作，是外审工作的一项基本原则。外审者的姓名和意见是不能透漏给作者的，这既能促使审读者畅所欲言，也可以减少不必要的争端和矛盾。

（6）外审固然非常重要，但只能充当编辑审读的补充手段。过分依赖外审，认为外审专家的意见是绝对权威意见；滥用外审，以此弱化或放弃自己的审读责任等做法都是不可取的。

（7）稿件交给外审专家后，编辑不能高枕无忧，仍需仔细审读稿件。如果编辑自己不看稿，自然无法与专家进行交流，这种不负责任的工作态度很难得到专家的尊重。这不仅不利于以后的合作，而且很可能影响本次的外审水平。

总之，外审既是社内审读的有效补充，又不能完全取代社内审读，一位出色的编辑应当是真正了解专家、善于选择专家、充分借助专家的专家。同时，为了能与外审专家平等对话，编辑自身就应努力成为专家。

7. 审稿方法的基础是什么？

审稿方法的基础是通读全部书稿。

不论是组织的稿件还是自投、推荐或者引进的稿件，初审者都必须对整部稿件进行通读。一般情况下，稿件要审读两遍：第一遍是略读，第二遍是精读。

（1）略读

略读的目的是对稿件的内容和形式做一般性的了解，借以归纳出稿件的一般性特点与最重要的特征，对稿件的总体质量和水平有一个大致的印象，对稿件是否可用做出基本判断，从而对于下一步如何审稿做到心中有数。

略读最好先阅读前言、后记与章节目录，了解稿件的基本内容和总体框架；抽读部分重点章节的内容；然后再审读稿件的具体内容，以了解特色和整体质量。

以教材为例，略读教材书稿时要看图书结构对知识体系的表现是否全面完整，内容是否规范，文字是否易读。精读时，要检查原理、概念的表述，公式、习题及答案要全部演算一遍。

（2）精读

精读时，审稿者应该从头至尾认真地阅读全稿，同时验证自己在略读时对于稿件的了解是否正确，并对在略读中产生的疑问作进一步的探究解决。

8.什么是"三步走"的审稿方法？

怎么审稿，每位审稿人都有各自认为比较好的审稿方法，都有各自的审稿习惯。现介绍两种"三步走"的审稿方法，供编辑新人参考。

第一种审读法——一浏览、二精读、三复查

一浏览——第一遍通读来稿，以了解稿件全貌，弄清哪些部分是重要的关键性的，哪些部分问题较多，作为进一步审读的重点。

二精读——第二遍逐字逐句逐段审读全稿，重点审读关键部分和有问题的地方，要多读、多思考。如果有插图、表格、注释和参考文献等，应与文字叙述部分结合起来审读，着重检查其在名词术语、重要数据、计量单位、符号等方面与文字叙述部分是否一致。

三复查——第三遍再仔细通读，检查一遍，看看还有什么疏漏的地方。对于不急用的稿件，审读完最好放置一段时间后，再取出来审读，这样冷眼一看，往往还能审出前几天审读时忽略的问题。

第二种审读法——一宏观、二微观、三规范

一宏观——第一遍从大处着眼，重点审查来稿是否符合出版社宗旨、编辑方针，是否与出版企业的市场定位吻合，有无同类出版物出版，或同比有什么特色，有无政治问题，学术水平和实用价值如何，审查作品主题、总体的逻辑结构是否具备出版潜质等。

二微观——第二遍重点审查稿件细节，看文字风格是否符合图书体裁和读者定位，看书稿全文风格是否一致等。

三规范——第三遍着重审查书稿的编写格式是否规范。如要查看全书的体例、章节、序码等是否规范；语法、修辞、逻辑、标点符号是否规范；插图是否符合出版要求；数理公式和化学式的编排是否规范以及参考文献的引用和编排是否规范等。度量衡计算单位是否统一；地名、姓名是否前后统一（译著书稿中尤其需要注意）等。

9. 三审是怎么回事？

表 6–1 三审的目的、方式与结论

程序	目的	方式	结论
初审	判断是否达到了出版水平，对稿件提出取舍和修改意见。	①内审：由具有编辑职称或具有一定条件的助理编辑审读书稿；②外审：请专家审读或召开审稿会。	①书稿符合《图书出版合同》要求，开始编辑加工；②书稿不符合《图书出版合同》要求，编辑提出修改意见和要求后退作者修改；③书稿不符合《图书出版合同》要求，或修改后还达不到出版水平，编辑提出退稿申请，请编辑室主任复审；④重大选题要求编辑室主任必须报总编辑室复审。
复审	对初审编辑提出的稿件处理意见进行审核，对书稿提出处理意见。	由具有正、副编审职称的编辑室主任一级人员进一步审读书稿或请社外专家协审。	①同意进入编辑加工程序；②同意做退修或退稿处理；③请总编辑终审；④重大选题要求送审。
终审	对初审编辑和复审人提出的稿件处理意见进行审核，提出最终的处理意见。	由具有正、副编审职称的社长、总编辑或由社长、总编辑指定的具有正、副编审职称的人员进一步审读书稿。	①同意进入编辑加工程序；②同意做退修或退稿处理。

119

实战演练

1. 依据设定情境，回答相关问题。

××出版社的科普编辑室，有助理编辑二人，编辑二人，副编审一人，编辑部主任一人，该社有总编辑一人（具有正、副编审职称），现在你是这个出版社的一名图书编辑。现收到了一份关于兵器知识的书稿，需要进入审稿环节。根据要求，思考下面的问题：

（1）请你说说，这份稿件三审分别应该由谁负责？

（2）完成初审时，具体要完成哪些工作呢？

2. 完成下面这样一本教辅的审稿，你会采取怎样的方法与步骤呢？

《QQ教辅：小学语文经典阅读（2年级新课标适合各种版本教材）》是一本小学语文配套教辅图书，本书与课堂教学同步，以章节为讲解单位。在精选的大量针对性强的例题中，对疑点、难点、重点、易忽略点、易错点进行详尽的分析。各篇章旁边附有注释和点拨，能使学生在使用中对一些词语得到很好的理解和掌握。各文章后附有精心设置的练习题。

演练点拨

1. 根据给定的材料我们可以得出如下答案：

（1）请你说说，这份稿件三审分别应该由谁负责？

初审，应由具有编辑职称或具备一定条件的助理编辑人员担任；

复审，应由具有正、副编审职称的编辑室主任一级的人员担任；

终审，应由具有正、副编审职称的社长、总编辑（副社长、副总编辑）或由社长、总编辑指定的具有正、副编审职称的人员担任（非社长、总编辑终审的书稿意见，要经过社长、总编辑审核）。

（2）完成初审时，具体要完成哪些工作呢？

初审者要在通读全稿的基础上，对稿件进行全面审查和研究。在此基础上，对稿件的优点和缺点进行分析，进而对稿件的质量做出实事求是的评价。

对不是组织得来的稿件，还要对它可产生的社会效益与经济效益进行评估。最后，以"审稿意见"的形式表明是否可以采用，是否需要退修以及如何退修，是否需要外审等，并将审稿意见随同稿件一起依次报送复审、终审，由终审者做出最终决定。

稿件如果决定采用，一般由初审者担任责任编辑，负责加工整理等后续工作。

稿件如果需要退修，由初审者根据终审意见草拟退修信，提出退修方案。

稿件如果不采用，由初审者草拟退稿信。

需要特别注意的是，退修信和退稿信，都要经过复审者、终审者核签后与稿件一起交给作者。

2. 采取的方法与步骤可以如下：

首先，核对稿件是否与最新版本教材符合，再看各部件是否齐全，包括封面、扉页、版权页、目录、附录等相关信息是否一致。之后，大致翻一下稿件，顺一下页码，对其有一个初步的了解；在审稿前，编辑最好先排查一下侵权问题，主要是图片等的版权纠纷。

当初审发现稿件内容或过难或过易，素材不适合读者对象时，一定要及时协商及时更换，严重时可考虑退稿。初审审读少量就发现差错太多，则可反映给部门领导，与合作方协商是否需要退稿。

在审读稿件时，一定要留意稿件正文与前言或出版说明等部件中关于稿件版块、体例等的说明是否一致，以便及时发现问题解决问题，最好在全稿审读完后再认真审读前言或出版说明等，核查正文与之的一致性。

复审拿到稿件后，也应先粗略翻看一下，如遇到初审提出问题较多的地方要仔细留意，并与初审沟通是否曾与作者协商退稿问题，若没有而确实差错太多，可反映给部门领导协商退稿。

复审在看稿件内容之前，还要看初审的审读报告，如有可解决或必须作者解决方可定稿的问题，要提前解决或与作者沟通，以保证审稿进度。

终审人员在查看复审报告的基础上完成终审工作。

第二节 稿件的评价和选择是有标准的

典型案例

编辑没能识破科学家的骗局

1996年，美国纽约大学的量子物理学家艾伦·索卡尔向著名的文化研究杂志《社会文本》递交了一篇诈文，标题是《超越界线：走向量子引力的超形式的解释学》，其目的是检验《社会文本》编辑们在学术上的诚实性。

索卡尔在文章中设置了很多科学元勘和文化研究中最荒唐的错误，如求助于权威而不是论证的逻辑、证据，胡乱套用科学理论，肆意攻击科学方法等等。

完稿后，索卡尔准备把文章投给《社会文本》——在文化研究者中享有很高声誉，被《纽约时报》称之为"善于在文化论战领域中创造趋势的杂志"。索卡尔的朋友告诫他：他可能会被这一著名杂志精明的编辑们识破，但索卡尔还是坚持己见。

在收到索卡尔的稿件后，安德鲁·罗斯代表编辑部向索卡尔表示感谢，称这是一篇"十分有趣的文章"，并准备把此文收集到"科学大战"专刊中。五位主编都没有发现这是一篇诈文，没能识别出作者有意识捏造出来的一些常识性科学错误，也没能识别出索卡尔在编辑们所信奉的后现代主义与当代科学之间有意识捏造的"联系"，一致通过把它发表，引起了知识界的一场轰动。这就是著名的"索卡尔诈文事件"。

案例分析

"索卡尔诈文事件"就是编辑在审稿时，没能准确判断稿件的科学性。审稿过程中的科学性，一般表现为内容的组织与表达是否科学。例如，有的书稿在组织内容材料时，其逻辑与结构不够严密，造成所述内容上的非科学性（如所述内容缺失不整等）；有的书稿在某一个问题的具体阐述上未能尽善，从而造成表达的非科学性等。

　　针对书稿内容的科学问题，编辑人员应时刻注意补充与完善自身的知识结构，具体工作中，应沉下心来，心存怀疑之精神，条分缕析，层层分析，努力保证书稿的组织内容与表达逻辑的科学性。为此，编辑人员应首先加强自身的业务学习与素质的提高，其次要学习一些逻辑学方面的常识，再次应时刻关注相关学科领域的研究情况，最后是不盲目相信权威，具有怀疑精神。

　　当编辑人员发现书稿内容的科学问题时，一般可采用两种办法来处理：一是按照书稿的主体结构，捋顺完善其内容，然后提请作者审核确认；二是直接提请作者修改完善。

　　从"索卡尔诈文事件"谈开，编辑审稿的时候，不能觉得名家、专家的书稿就是权威，不去审查稿件内容。除了稿件的科学性，对政治性、思想性、独创性也要加以把握。另外，名家、专家虽然是行业翘楚，但是其语言功底和行文规范却不一定能达到出版要求，这就需要编辑们严加把关了。

释疑解惑

1. 内容质量的评价标准有哪些？

　　内容质量的评价标准主要有政治性与思想性、科学性、知识性、创新性、可读性、艺术性等。

2. 如何审鉴书稿的政治性与思想性？

　　政治性是指稿件中所反映的政治立场、政治观点和政治倾向，包括涉及政党、国家、党政高级领导人、外交、民族、宗教等关系的现实政治问题。

　　具体可从如下几个方面来审查：审查稿件中有关提法是否符合党中央、国务院现行各项政策的文件精神和党报党刊的统一提法；审查稿件中有无属于秘密范围内的资料，有无可能申报发明专利的项目；从领土主权问题方面去审查：审查稿件中关于我国领土的表述和地图的画法，是否与中国地图出版社公开发行的《中华人民共和国地图》的最新版本相一致；审查稿件中涉外关系问题的表述，是否符合我国处理国际关系问题的基本原则；审查稿件中有无违反民族政策的问题等。

思想性是指稿件中反映的思想内容和思想倾向，有时与政治性相联系。思想性方面容易出现的问题有：与公序良俗相悖；片面追求眼前商业利益，以争名逐利为人生动力，以实用主义取代理想目标，以声色享受为最大追求，以金钱至上为唯一价值取向；片面强调个人至上，否定为人民服务，否定集体主义原则等。

针对背离政治方向的书稿，编辑不能听之任之，理应在审稿时予以剔除。针对书稿中的思想问题，编辑应善于分清复杂的社会思潮，分清主流与支流，分清正确与错误，分清健康与消极，时刻保持清醒的头脑，不盲目跟风，坚持正确的思想导向。编辑还应善于发现可能引起负面效应的思想问题，进而提醒与监督作者修改完善，避免由于认识上的偏差而造成舆论导向性的问题。

3. 如何把握书稿的科学性？

科学性的具体内容体现为：尊重历史，尊重事实，透过现象揭示事物的本质和规律；准确表述各门学科的基本概念、基本原理和规律；正确使用和解释科学术语；认真分析和选择材料，引证真实准确的材料等。

书稿的科学性表现在书稿是否具有预见性，是否有新的见解、特点、创见，这就要求审稿编辑了解已出版同类书的情况，在审读时比较被审书稿有哪些优缺点，有多少创见，或者须做哪些修改补充。如果书稿立意、观点、材料陈旧，或市场上已有同类书籍，即可退回作者修改。

2008年前后，某些社会科学类出版社出版了养生方面的图书，由于责任编辑缺乏相关的科学知识，没有把住关口，结果使一些宣扬伪科学的养生图书得以出版，对人们的身体健康产生不利的影响，也给出版界的声誉带来损失。如果责任编辑在审读这类书稿时，能够认真钻研养生理论知识，具备基本的科学养生知识理论，会很容易发现这类书稿内中存在的"伪科学"问题，就会把住关口，防止问题图书出版。

4. 书稿的知识性体现在哪儿？

书稿的知识性表现在书稿中涉及多方面的常识，包括书稿在文字、逻辑、语法上的知识，有无混乱或错误地方，文字结构是否严谨，章节段落是否分明，词意是否畅达，前后表述是否违反逻辑规律，文句是否合乎语法，术语是否符合规范，简化字和标点符号是否使用正确，数字和计量单位的使用是否符合国家规定等。

知识性是衡量各类读物质量的基本要求。工具书、教育类、科技类、文化类读物的第一特征就是表现其知识性（知识信息高度密集）；文学类和艺术类读物以审美教育为主要任务，也要正确反映历史知识和生活知识。

5. 什么是书稿的创新性？

指稿件在内容或形式上的创新特点，包括理论创新、技术创新、艺术创新等。

创新性通常表现在学术上基于新的研究视角和研究方法提出新问题、新观点；在论证观点的论据和资料运用上，提供新的材料；题材有新的开拓；艺术风格有新的变化；对主题和内容有更新、更恰当、更丰富的表现形式等。

编辑要具有冲破思想局限及接受创新的敏锐眼光，而这种眼光则来源于编辑对该学科及该类出版物市场的认知程度。为此，编辑除需要弥补自身知识之不足外，还需培养自身的专业知识的先进性和思维的创新性，时刻关注出版业内的最新动态。

编辑在审查创新性时，还得考虑稿件的版权问题。一是要认真学习有关著作权法的相关规定，详细解读法规条文，帮助作者理解与掌握；二是熟悉掌握所属专业的知识，在审读稿件时注意比对同专业书稿的内容。另外，编辑还要关注国外相关著作，防止偷懒者将国外原著直接翻译为汉语，窃为自己的成果。具体来说，编辑可以使用反盗版软件或根据工作经验来判断书稿是否可能存在侵权问题。比如，通过了解作者的知识背景，所使用的文字及图片材料的来源，进行文献核实等做出判断。

6. 书稿需要有可读性吗？

书稿需要具有可读性。可读性是指书稿具备的适合阅读的特性。可读性一般取决于内容吸引人的程度，内容是否便于理解，内容呈现形式是否恰当以及行文是否生动、流畅。各类书稿都有可读性的要求，只是表现有所不同，对于编辑来说，就要掌握目标读者的阅读需求，熟悉不同类别书稿的特征，有扎实、娴熟的文字功底。

7. 什么是书稿的艺术性？

艺术性指稿件对读者产生审美感染力的程度。各类书稿都需要具备艺术性，只是各自的表现和要求不同。一般来说，艺术性可从内容构思是否有创意；语言文字或艺术手法运用是否有技巧、有特色，图文符号的配合与表现是否美观恰当等方面来考察。画册、图文书、文艺书籍视觉表现效果要求更高。

8. 如何对稿件形式质量进行评价？

（1）结构框架

合理的结构表现在内容的前后次序遵循一定的逻辑规律，体现出一定的系统性；概述与分述关系明确，有明显的层次安排。

各部分内容互相不矛盾，交叉内容详略有别，互有呼应，不是简单重复。阐述方式在同一章节中前后一致，不同章节间要采取相应的合适方式。

（2）行文格式

标题格式前后统一，不同级别的标题要有区别。相同层次的内容要在同一级标题下。

注释的标志（如注码和标注位置）一致，做到条理分明。

图表、公式标注形式，如图表序号与标题、注释、公式的形式及位置等统一并规范。

（3）表述形式

语言文字的应用要规范。量和单位名称的使用符合国家标准，稿件中不要使用市制和英制的计量单位。

语言风格与图书内容和定位相吻合，且前后要一致。例如，珀金斯在编辑海明威的名作《太阳照样升起》书稿时，海明威已经是一位大作家了。珀金斯认为，这部小说的问题在于一些亵渎的脏话以及那些无法接受的性格描写，"它们会导致此书被禁止发行，并且被指控犯有诽谤罪"；小说中有些段落则会"冒犯大部分读者的情感"。他坚持要求海明威修改书稿。在他的坚持下，海明威作了修改，而且几乎采纳了珀金斯的每一个建议，完善了一部传世杰作。

9. 不同种类的图书有不同的审稿要求吗？

除本节谈到的内容质量一般性评价标准之外，不同种类的图书还有不同的审稿要求，或需要特别关注的地方。

审鉴科学著作，要特别留意书稿的科学原理、知识体系；新见解、新概念、新理论、新假设、新材料；判断并确定是真科学还是伪科学。

审鉴文艺作品，要特别留意其故事、情节，以及文学艺术形象、感情、情绪是否表达了健康进步的思想，是否在精神上、思想上给人以启迪、激发读者奋发向上；作品是否有艺术感染力。

审鉴大众文化类读物，要判断其与目标读者日常生活的相关度的大小，内容是否科学真实、健康有益。

审鉴教材、教辅时，要判断书稿与国家人才教育与培养的相关规定是否吻合；目标市场的定位是否明晰；内容是否系统科学；是否适合教学或方便自学；有无版权问题。

审鉴画册类书稿，注意图稿质量及图文的配合。

审鉴翻译类书稿，应注意判断作品内容是否切合国情；校订译文，判断其是否忠实原著，表意准确。

审鉴少儿类书稿，应注意考虑少儿读者的认知水平和理解能力，书稿内容易懂；知识正确；文字形象且浅显；图文配合；文字规范。

审鉴古籍类书稿，注意判断版本质量；译文准确；风格一致。

审鉴辞书工具书类书稿，要特别留意书稿内容的设计是否全面、科学；体例是否规范、统一；文字是否准确简洁；辅文的编制是否科学规范。

实战演练

现收到由几位学者共同编写的《现代出版一课一练》书稿，书稿为大学现代传播学配套教辅图书，本着对作者负责、对学生负责、对社会负责的态度，作为编辑在进行审稿时，必须严把这本教材的质量关，力争精益求精。

如果你负责这本书的审稿工作，你会从哪些方面来考察这部书稿呢？

演练点拨

审稿时须核查稿件是否达到出版合同中所列各项标准，此外，还须全面审核其是否符合以下几方面的要求：

1. 确认稿件在政治性和思想性方面没有问题。

2. 具有与本学科发展相适应的科学水平，有较强的理论性和系统性，能够正确地阐述本门学科的科学理论和概念，贯彻理论联系实际的原则。

3. 符合本门课程在教学计划中的地位和作用，要求恰当，取材合适，篇幅适当，内容的阐述循序渐进，富有启发性，便于自学，使学生能够掌握基本理论、基本知识和基本技能，利于学生相关能力的培养。

4. 文字准确、流畅，符合规范化要求；插图正确，文图配合适当，图形、符号、单位符合国家标准。

5. 检查是否符合一般教材、教辅的体例，其体例一般是：文前部分、正文、文后部分（或包括参考文献、附录、索引、图表、习题答案、后记等）。正文一般按篇、章、节等编排；每章正文前可有提要，章末可有小结，每章后应有习题等。

6. 检查是否有文字差错和知识性差错等。

7. 引文资料的核对无误。对于配套的教辅，首先还是要熟悉所对应的教材，稿中引用的原文都要认真核对。尤其是对穿插在讲解中的少量教材原句，应核对其引用是否准确，避免断章取义。

8. 对多人合编、合著的作品，要特别注意各部分行文体例是否统一。

第三节 退稿、退改是为了得到更好的稿件

典型案例

马克斯韦尔·珀金斯是一个退稿高手

马克斯韦尔·珀金斯被誉为"美国编辑的元老",是一位"天才的编辑"。他的成功很大程度上得益于他与作者建立了深厚的友谊,培养了司各特、海明威、托马斯、沃尔夫等文学大家。

珀金斯认为"友谊最重要的义务就是聆听",他也与作者保持着长时间的通信联系,成了作者的终身朋友和强有力支持者。他的许多要求作者修改稿件或给作者退稿说明的信件,总是热情洋溢,倾注情感。他对被他拒绝的作者,总是十分体谅和宽容,富有同情心,理解他们所付出的劳动,关心他们未来的创作动向。

1952年,海明威推出了后来获得普利策小说奖和诺贝尔文学奖的经典名著《老人与海》,他在书的扉页上郑重题字献给珀金斯,以示永久的纪念。

案例分析

马克斯韦尔·珀金斯成为一个退稿高手,除了他具有令人折服的判断力和点石成金的能力之外,还因为他在写退稿信的时候总是热情洋溢,倾注情感。他对被他拒绝的作者,也总是十分体谅和宽容,富有同情心,理解他们所付出的劳动,关心他们未来的创作动向。

有很多编辑拟写的退修或退稿意见,本身就是一篇有相当水平的论文,使作者心悦诚服。编辑对被退稿的作者一定要保持热情的态度,三言两语的退稿信,被作者称之为"休书一封",往往会伤害作者的感情,从而造成作者资源的流失。

释疑解惑

1. 退稿时要注意什么？

对于退稿工作，一般来说出版社都采取慎重态度。因为被你仓促间退掉的稿件，很有可能是改变作者和你一生的重大作品。例如，19世纪法国著名科幻小说家儒勒·凡尔纳，一生写下104部科幻小说。《气球上的五星期》是他的第一部作品，当初接连被15家出版社退回。他当时既痛苦又气愤，打算将稿子付之一炬。他妻子夺过手稿，给他以鼓励，于是他尝试着走进第16家出版社，经理赫哲尔阅读后，当即表示同意出版，还与他签订为期20年的写作出版合同。

有的出版社在收到自投稿后，即登记在册，并转交有关编辑部（室）审读处理。视书稿篇幅约定答复作者的时间。经审读后决定退稿的，都要写出退稿意见。有的出版社还规定对自投稿的处理：要注意发现新的作者，要做到"退稿不退人"。

对组稿约稿的书稿，因同出版距离太远，只能退稿的，编辑更需慎重对待。凡是能"抢救"的，尽量争取经退修后发稿；实在无法"抢救"的，编辑部提出充分理由，做好作者工作，并酌付一定的报酬。

退稿的时间要遵从宜早不宜迟的原则，为作者稿件再投提供便利。退稿一般还要清楚地说明理由，理由一般包含：来稿质量较差；来稿有一定质量，但因已有同类稿件，一时难以列入计划；来稿内容与本社出版方针不合等。

2. 如何写一封退稿不退人的退稿信？

写退稿信是一件技术活，怎样拒绝了别人还让人家对你留有好印象，以后接着把稿件给你，就需要充分的人格魅力和写作技巧了。

安德烈·伯纳德的《退稿信》收录了丰富的退稿信件以及许多出版轶闻，其中海明威、普鲁斯特、克里斯蒂、乔伊斯、惠特曼等百逾位名家，收到过的最残酷、最恶毒的退稿信，都一并收录在这本书里。摘录几个，大家看看，你会写出这样的退稿信吗？

致简·奥斯汀《诺桑觉寺》的退稿信

如果阁下要我们买下这本书的话，我们宁愿用同样的价钱把书退回去——只求您打消这个念头。

致桑莫塞·毛姆《剃刀边缘》的退稿信

这本书并不讨人喜欢。我并没有遇过书中所描绘的那种好事以及那种好人……我不认为这本书在这里会成为畅销书，虽然我不会说这是一本令人无法忍受的书，但我认为它是一本差劲的书。

致 H. G. 威尔斯《世界大战》的退稿信

就像无止境的梦魇。我不相信它会受到欢迎……我认为大家的看法会是：噢！千万不要读那本可怕的书！

致福楼拜《包法利夫人》的退稿信

整部作品被一大堆甚为精彩但过于繁复累赘的细节描写所淹没。

这些退稿信是不是你看着都觉得语气过于生硬，这就更别提为写作付出巨大心力的作者本人了。如果你是作者，收到这样的退稿信，你还会给这家出版社再投稿吗？

写退稿信时需要注意以下几点：

（1）实事求是，说明退稿的原因。

（2）语气委婉，考虑作者的感情。

不能用刺激甚至挖苦打击的语气，要保护作者的写作积极性。行文真诚，使作者收到退稿信后觉得温暖而不是心灰意冷，努力做到退稿不退人。

（3）因人制宜，注意针对性。

对于长期合作的作者，退稿信要重点讲清楚此次稿件不能采用的原因，并表示下次再合作的意愿。对于新人作者，要多提建议，维护友好关系，希望能保持长期联系。

对于个别写作动机不正确、写作态度不严肃的作者，也要既热情又严肃地对待，在说明其稿件存在问题的同时，委婉地帮助其端正写作态度。

（4）设身处地，为作者的提高提供帮助。

多为作者提供参考意见和写作方向，如果可能，还可提供一些参考资料。

3. 什么情况下需要退修稿件？

"文不厌改"、"不改不成文"，特别对年轻作者更是如此。例如，欧阳修为了写好《醉翁亭记》，不厌其烦地精心修改。文章的开头，原来一一介绍了滁州四面各有什么山，他越看越觉得太啰嗦，修改得只剩下了五个字：环滁皆山也。既精炼，又把意思全都表达了出来。又如，脂批《红楼梦》里说"曹雪芹于悼红轩中披阅十载，增删五次，纂成目录，分出章回，则题曰《金陵十二钗》"。

书稿退修，会有不同情况，有的需作大的修改，有的则是部分修改；有的要作结构上的修改，有的则是某些文字上的润饰等。

出版社在退请作者修改时，都要提出具体的修改意见，并说明理由。处理意见过简，则难以说明问题；过繁，则重点不突出；语言表述不清楚，意见模棱两可，则作者无所适从，难以进行修改。

有的作者接受出版社修改意见；有的作者可能会部分接受；有的作者可能不接受。编辑需根据不同情况做出不同处理。不论全部接受还是部分接受，都要经过协商后达成共识，并约定修改稿交稿日期，出版社一般承诺在修改稿符合要求的前提下做编辑加工，安排出版。

如作者不接受出版社退修意见，双方协商无果，可作退稿处理。

涉及作品观点等重要内容的修改应由作者完成；编辑人员应在退修过程中加强与作者的联系。

4. 写好退修信不能忽略哪几个问题？

退修信一般要包含以下几点内容：肯定稿件的优点；指出稿中的不足之处；提出修改的意见或建议；提供参考资料等。写好一封退修信要注意以下几个问题：

（1）对作者的稿件给予应有的尊重

要求作者退修的稿件，一般都是具备出版基础的稿件。因此，在写退修信时，要充分肯定稿件中应予肯定的部分，对作者的劳动给予充分的尊重。

（2）对稿件提出的修改意见或补充要求要明确且有可操作性

当稿件存在较多问题时，退修信要按照稿件存在问题的主次顺序提出意见，以便于作者掌握和理解。编辑所提的修改意见一定要具有可操作性，不能笼统地指出不足。

例如，编辑不能提出"稿件行文不严谨，需加强"这样的修改意见，至少需要具体指明，是文题与内容不相符，阐述不清楚，逻辑关系不清晰，还是某处数据不正确，论据不充足，意见要具体、明确，以便作者修改稿件时心中有数。

至于稿件中个别字词或格式等方面的问题，编辑不妨在原稿中标出或加以改正，而不一定都在退修信中一一列出，免得退修信内容过于琐碎而冗长，反而失去重点。

（3）仔细审阅稿件，最好一次性提出修改意见

认真审读稿件，参考和综合各审次审稿报告后，反复推敲该稿应如何修改才能达到出版的标准，给作者提出全面的修改意见。有些时候，编辑对作者的修改稿进行加工整理时，又发现新的问题，有时甚至发现原退修信中提出的修改意见不够妥当，而不得不再次与作者联系。这一方面会使作者产生抵触情绪，另一方面也使编辑工作陷于被动，甚至影响出版社的信誉。

（4）重视写作退修信

作者不仅可以从退修信中了解到应如何修改自己的稿件，同时也会从退修信中看到编辑的水平。好的退修信会得到作者的认同，他们会认为退修信中提出的问题，对他们有启发、有帮助，希望今后继续得到编辑的指导，以提高自己的写作水平。

因此，编辑一定要重视退修信的写作质量，避免草率敷衍，避免文字不通顺、缺乏条理，甚至出现错别字的现象，手写书信一定不能过于潦草，令人难以辨认。

实战演练

2012年,《环保法重寻生机》专题报道之四——"2002～2011：重大环境污染事件之十年记录"发布，记录搜集整理了2002年至2011年的重大水污染事件，一时间，水污染问题成为人们关心的重点问题。王水法是A出版社环境科学编辑室主任，请到中国科学院水资源研究所博士生导师张教授撰写了一本关于水污染与水资源保护方面的科普读物。

收到张教授的书稿，经各级审读后，相关人员一致认为张教授的书稿过于学术化，有违出版社向大众普及水污染与水资源保护知识的初衷。请你根据这一情况，以王水法的名义给张教授写一封退稿信。

要求：语气委婉、意见明确、行文规范、格式完整、篇幅适中（500字左右）。

演练点拨

1. 实事求是，说明退稿原因，言辞要委婉，但需要明确自己的观点。
2. 书稿虽然没有采用，但仍需要给予作者合理的稿费。
3. 书信的基本格式不能忽视，称谓要得体，落款要规范。
4. 对此次没能合作表示遗憾，提出希望下次合作。

第四节 如何写一份规范的审稿报告

典型案例

《禁锢的世界》如何变成了《红岩》

《红岩》的两位作者罗广斌、杨益言,过去从未写过小说。写作过程中,罗、杨面临的创作愿望和创作实践之间的矛盾数不胜数。初稿完成后,他们将其送给中国青年出版社(以下简称中青社)和有关方面征求意见。

王维玲和江晓天很快看完,认为作品的整体框架大致可以了,有一定的基础,只是通篇还显得比较粗糙,文章的思想内容、主题意旨上还需要深化,尤其是艺术上的提炼和人物个性的塑造,还要下较大的力气。随后,初稿返回修改。

二稿审读后,王、江二人的审稿意见概括起来就是:思想要深化,艺术要升华。所谓思想要深化,就是指整个小说的基调要斗志昂扬。不能把渣滓洞、白公馆写成从肉体到精神的"禁锢世界",认为书名不好,一定要换。所谓艺术要升华,就是要摆脱真人真事回忆录的痕迹,不能局限于生活原型,合理的虚构是不可或缺的创作手法,作者在不违背总的历史真实和特定时代、环境中的生活逻辑下,可以自由创作。

1961年12月,小说以《红岩》为书名出版。小说《红岩》出版后在社会上引起了强烈反响,被誉为"共产主义的奇书",并被翻译成多种外国文字,在国内外为中国社会主义文学赢得了巨大声誉。

案例分析

《红岩》的成功离不开编辑的辛勤劳动,编辑在审读报告中提出的修改建议为作者进一步优化稿件创作了条件。现摘编几条编辑提出的修改意见,供大家学习:

(1)要改变作品的压抑气氛,充分表现出全国胜利在望的形势,在此大背景下，反映"中美合作所"集中营里的斗争。

（2）肯定"表彰先烈，揭露敌人"的主题，但要集中笔墨塑造许云峰、江雪琴、成岗、齐晓轩等人物，把许、江作为第一重点，也不要忽略"群像"的塑造，要把这个战斗集体塑造成光彩夺目的艺术彩雕。

（3）描写敌特，也要突出重点。对叛徒甫志高的描写，要深挖他灵魂深处的脏东西，由隐而显，由表及里。

（4）要把狱中斗争和重庆工运、学运以及川中农运结合起来，用三分之二的篇幅写狱中斗争，用三分之一的篇幅写狱外斗争，反映当时全国敌我斗争的总形势。

释疑解惑

1. 审稿报告的总体要求是什么？

新手编辑们从事审稿工作的时候，都会接收到这样的工作要求：根据审稿要求，对应审查的内容逐项进行审查；对稿件中存在的问题以及需要修改的内容，按页逐段写出，最后做出总的评价，并提交简明、确切、全面、中肯、令人信服的审稿报告。

"简明、确切、全面、中肯、令人信服的审稿报告"是怎样的呢？

审稿报告是审稿者在完成审稿以后所撰写的文件。审稿报告必须在对稿件作全面考察和充分研究后撰写，一定要遵循实事求是、客观、公正的原则。行文上既要全面周到，又要简明扼要；优劣短长说清即可，既无遗漏，又不繁琐；意见要明确，态度不含糊。

2. 初审报告有哪些要求？

初审的审稿报告必须写得较详细，既有对书稿内容的描述，更要有对书稿特色的分析。写好初审报告的前提是，必须清楚初审报告包含哪些内容。

（1）稿件的基本情况（交稿时间、书稿篇幅、字数，如系组稿，则应说明其是否达到组稿要求，简要说明组稿目的以及设想和计划）；

（2）作者介绍（姓名、年龄、职业、职称、在与书稿有关的专业领域的造诣及水平、学术或研究成果）；

（3）内容概述（书稿内容的简单总结）；

（4）审读情况（审读起始时间、审读过程、使用的参考资料等，如系请社外专家审读，则应介绍该专家的资质及其审读情况）；

（5）稿件的价值评估和质量判断（书稿性质、结构、层次、基本内容、文字水平、特点及对成书后社会效益和经济效益的预测）；

（6）稿件处理意见；

（7）落款（初审人姓名及时间）。

3. 复审报告包括哪些内容？

（1）对初审意见表态（对初审报告中的各项评价表明态度：正确、同意或提出有偏颇，不同意等，如与初审意见分歧较大，则应写明自己的观点并陈述理由）；

（2）补充意见（在觉得初审的评判尚有欠缺之处时应详细补充自己的评判意见）；

（3）对初审提出的处理意见明确表示肯定或否定；

（4）如初审提出退改，复审应对其修改理由进行复核并作必要补充或修正；

（5）落款（复审人姓名及时间）。

4. 终审报告包括哪些内容？

（1）对初复二审报告表态，如与前两审意见分歧较大，则应先沟通，充分听取意见，再表明自己态度并提出解决办法；

（2）对重大问题的把握，涉及政治、军事、外交政策、民族政策、宗教政策及按有关规定需要专题报批的书稿，终审者应对前两审的意见严格把关，在审稿报告中明确表达自己的意及处理意见；

（3）对书稿是否符合出版要求或需退改，退稿明确表态；

（4）对需退改的书稿提出具体修改意见；

（5）落款（终审人姓名及时间）。

5. 审稿结论有哪几种？

审稿结论分为三种：

第一，如果是不符合出版要求的稿件，审稿结论应为"退稿"。审稿者要非常明确地说明退稿理由。

第二，如果是基本符合出版要求但又存在一些不足的稿件，审稿结论应为"退修"（又称"退改"），即把稿件退还给作者进行修改。审稿者必须说明稿件目前尚存在的问题及要求进行修改的理由，并提出中肯的、切实可行的修改建议，使作者能够清楚地了解出版社的意图，并将这一意图和要求贯彻到修改工作中去。一般来讲，除了退稿以外，基本符合出版要求但是要作进一步修改的稿件是大量的，不需要修改的稿件数量极少。因此，审稿者一定要在审稿报告中把自己的意见表达得完整而清晰。

第三，如果是符合出版要求的稿件，审稿结论就是"接受出版"。

对经过三级审稿后决定接受出版的稿件，出版社要按照著作权法的规定及时与作者签订出版合同。签订出版合同的目的是要明确约定双方的权利和义务，既可以保证稿件顺利出版，又能够使双方的合法权益依法得到保障。即使在组稿时已经签订约稿合同，在决定接受出版该稿件后，也仍然必须签订出版合同，因为两种合同的性质、目的和双方约定的内容都有很大差别。

实 战 演 练

1. 看下面这些编辑们经常会写下的审稿结论，你觉得这样的表述清楚吗？是否还有需要增强的地方呢？

"可以出版"或"不宜出版"。

"此稿很好，有出版价值"。

"本文内容不错，有创新，可以出版"。

"此稿内容一般，如有可能，可考虑出版"。

"稿件问题很多，具体见附表"。

2. 评价下面这份审读报告，它有哪些值得称道的地方？它在哪些地方还需再提高呢？

《中国兵器知识大全》审稿报告

（1）稿件的基本情况（略）

（2）作者介绍（略）

（3）内容概述（略）

（4）本稿的优缺点

优点：

作者搜集了大批的材料，在本书中予以详细的叙述；

作者在本书中引证的典籍不下 100 种；

所附图 500 多幅大都符合实物；

文字虽然陈旧但颇为通顺；

在政治意义上说，发扬了民族文化。

缺点：

主要有三点，第一点是"理论和观点问题"，如有"唯武器论"倾向、狭隘的民族观点、对兵器有把玩意趣、立论欠妥；第二点是"材料问题"，引证典籍随意、有个人臆测和缺乏学术价值和政治意义的部分内容；第三点是"史实问题"，如近现代部分史实有疑问。

（5）修改意见和建议

有出版价值，但必须大力修改、考订、整理，做去伪存真的工作；

或只采取本书稿古代部分，以《中国古代兵器知识大全》为书名出版；

送专家或有关部门审阅。

演练点拨

1. 上述几种审稿结论，与送审目的和要求，相去甚远，无助于编辑部进行下一步工作。

（1）具体的问题如下：

① 为什么可以出版，为什么不宜出版，没有说明理由；

② 好在哪里，出版价值表现在哪里，没有明确指出；

③ 创新表现在哪里，没有点出；

④ "一般"的含义是什么，没有说明；

⑤ 只将稿中存在的问题一一列出，但究竟怎样处理，没有表示意见。

（2）令人满意的审稿结论应该如下：

① 建议出版，出版的理由写得很清楚；

② 建议退修，退修的意见写得很具体；

③ 建议退稿，退稿理由写得很充分，而且对作者提高有指导意义；

④ 建议再审，如书稿涉及其他学科，需要另请专业对口的有关专家参加审查把关，能主动推荐审稿人。

2. 首先我们必须肯定，这是一份比较好的审读报告。报告观点鲜明、条理清晰文字简洁。优点部分既指出了其学术文化价值和突出的特点（附图500多幅），又提到政治意义；缺点部分理论和观点问题、材料问题两方面，可谓全面而准确。处理意见实事求是、切实可行。

审稿报告需要改进的地方主要有以下几个方面：

（1）查看审读报告要素是否齐全，这份审读报告没有完整落款。此外，审读报告还需要列出稿件审读情况，具体包括审读起始时间、审读过程、使用的参考资料等。

（2）审读报告中，比较详细地列出了优缺点，但缺少对稿件整体价值的评估和质量判断。

（3）审读报告的撰写存在不严谨的地方。例如："所附图500多幅大都符合实物"，到底多少符合，哪些不符合是不是应该具体表述呢？"文字虽然陈旧但颇为通顺"将这一点放在书稿优点中，是不是有点牵强呢？

（4）给出的三个缺点都属于能够直接影响出版质量的大问题，编辑可考虑在审读报告中提出具体的退修意见。

第五节 审稿的实战技巧

1. 对于审稿者提出的一般性要求是什么？

（1）坚持稿件取舍标准

审稿者在审稿时要坚定自己的立场，不畏上、不畏名家，坚持从稿件本身出发，正确、公正地评判稿件，保证稿件符合出版的总体要求及出版社的具体要求。

（2）评价要客观、全面、科学，能出能入，防止几种偏向

只注意审查学术水平和实用价值，忽视审查有无政治思想性问题；

只注意审查科学技术内容质量，忽视文字表达是否简明通顺；

只注意审查文字部分，忽视审查图表和参考文献是否符合要求；

只注意审查内容质量，忽视检查稿面是否符合排版要求。

（3）操作要规范

审稿工作必须严格遵照三审制要求来进行，具体操作过程中，要遵循编辑部的具体工作方法，按照通行标准办事。

（4）审稿要专注

审稿过程不宜被打断，编辑最好按顺序，从整体上把握书稿内容。当然，具体情况还需具体分析，如在审读时发现书稿前后表述似乎不一致，宜趁着还记得马上翻回去比对一下，时间一长，很可能就会遗忘或漏掉。

审稿时一定要专注。一方面，书稿应在相对集中的时间内审读完，如果审读的过程中因为其他事情放下十天半个月，再接着审读，很容易忘记前面审读的内容，遇到这样的情况，最好重新审读；另一方面，在审读时，要集中注意力，每翻一遍可以只注意一个或一类问题，每次专注一个点或一个方面。

2. 审稿提倡的"三多"是什么？

审稿提倡的"三多"是多读、多查、多问。

（1）多读

许多编辑都有这样的体验，同一本书稿，每读一遍都能发现不同的问题。因此，如果时间允许，书稿要多读几遍。对于新编辑，刚开始加工的几本书稿最好多读几遍，力求弄懂弄通，打好基础。仔细读，边读，边思考，边质疑，这是审读中发现问题的诀窍。

新编辑审读稿件一定要保证充足的时间。从大的结构、体例到字句，都要仔细琢磨推敲。

（2）多查

遇到问题要多查，查资料、查工具书和参考书，切忌过分自信，不要轻信自己的记忆力。有人说，"记忆往往使自己上当受骗，词典却老少无欺"，这的确是经验之谈。

（3）多问

审读中发现的问题，经过查阅工具书参考书仍然解决不了的，应及时请教专家学者，切勿自以为是，轻率处理。

3. 怎么发现内容的逻辑问题？

审稿时可以做 Excel 表或随手勾画书稿内容结构图，使审稿人对书稿结构一目了然，从而发现是否存在逻辑问题。

4. 怎么发现知识陈旧的问题？

检查文后参考文献引用的资料；在审读过程中，检查支撑论点的主要的事实材料；平时关注相关学科的研究状况。一般通过这些可以有效发现书稿中存在的知识陈旧问题。

5. 怎样做个做标记的高手？

优秀审稿人都是做标记的高手。学会做审稿笔记是编辑新手们必须掌握的一门课程。

为审读完毕后撰写审读报告时有具体的材料依据，审稿编辑必须随时逐条逐项记录书稿的问题，认真做好书稿审读札记，并对全书做出基本评价。

一般而言，审读稿件时思维不宜中断，可先在质疑的地方用铅笔做个记号，贴个浮签，写个批注作为提示，接着往下读，直到读完或告一段落，再集中去查考或解决疑问。审稿时作好标记和记录，能为编辑撰写审读报告提供便利，在做标记和记录时，有下面几点需要注意。

（1）做好标记，作为集中解决时的提示

在审读稿件的同时，编辑发现原稿有问题处用铅笔标上记号，如打问号、划线等，在稿页的空白处标出什么问题或贴上双面签。做标记可以在书稿上标注，也可以再在笔记本或白纸上写下页码作为集中解决时的提示。

（2）做标记、写问题必须用铅笔，铅笔可以用橡皮擦掉，以保持稿面的整洁。

（3）审读记录要全面、细致

审读记录应该从正文前的辅文开始，关注编写体例、内容材料、章节区分、各级标题名称、栏目板块设计、图、表、索引等各部分，衡量稿件撰写的质量，将框架结构是否合理，内容的深广度，材料正确充实与否，图表与文是否吻合，以及哪些提法不妥，哪些地方须加补充，哪些地方前后矛盾，哪些地方须作调整等，详细记录下来。

（4）记录要有详略

一般审读记录应按照书稿的篇章顺序和审读进度，发现一个问题就记下一个。记录办法可以逐条记下，也可分问题类型札记。有些性质相同的问题可以不必全部记下，只需在该类型问题项下记上书稿页码。

6.怎么做一个善于利用网络审稿的编辑？

网络上的很多信息不可轻信，不能作为修改的依据，只能是为编辑提供线索，帮助发现问题的所在并解决问题。网络上的信息并非全不可用，运用得好，可以收到事半功倍的效果。搜索引擎至少在以下几方面有一定的作用：

（1）查"新"词

书稿中通常有许多编辑未见过的"新"词，有些确实是新词，如时尚词"给力"；有些却可能在工具书中早已有了，只是编辑未见过而已。通过查网络工具，既能对"新"词的意思有一个大致的了解，也能为编辑的判断提供一些线索和提示。

（2）辨"有""无"

书稿中其他专业的术语或不常见的表述，常常会给编辑的审读带来障碍，通过网络工具，可以初步辨别该术语或表述是否存在，如果不存在此类提法或虽有但明显与需要查证的意思无关，对这样的提法的使用就需要特别慎重了；如果存在大量类似的提法但词形释义不一致，可初步确定该提法存在，但需要进一步查考或甄别。

（3）取通行

对于传统工具书未收的外国人译名，如果它在网上基本上是某一种特定的写法，在没有其他更有力的根据的情况下可以认定此译法较为通行；反过来，如果网上绝大部分是其他的译法，而作者的译法只属个别条目，就需要再查权威工具书或请作者斟酌了。

7. 审稿编辑经常犯的三大错误是什么？

（1）过多看到稿件的不足，或者首先看不足

审读一部书稿，你就是这本书的第一个读者。编辑首先要看优点，然后再指出不足，不然很多具有潜力的稿件就会被我们拒之门外了。

美国著名编辑马克斯韦尔·珀金斯曾说："有两种气质使编辑名满天下。一是对一本好书能越过缺点看到优点，不管这些缺点如何使人沮丧；二是任凭困难再大，也能不屈不挠地去挖掘该书的潜力。"

（2）没有以市场需求的眼光透视一本书

审稿编辑除了以作者的身份审读稿件，还得站在评价者的角度来分析稿件，所以编辑要比普通读者的眼光更加专业、独到，应该结合它在市场中的位置去看，不能仅仅看内容上是否过硬，还要看市场上是否需要。

（3）缺少定位意识

编辑拿到书稿后，要迅速合理地为其定位，要看到这本书一旦印刷出来，会有怎样的市场效果，如果不理想，应找出在哪些地方可以完善，使之有可能吸引读者的注意力。

| 下篇 |

如何让你的书更加精彩

第七章

如何高质量做好编辑加工

实训目标

1. 初步掌握编辑加工的方式方法
2. 具备编辑加工的能力

本章重点

编辑对三审通过的书稿，按照出版社的要求进行检查、修改、润色和提高的工作，就是书稿的编辑加工。

对稿件编辑加工的作用是显而易见的。通过编辑加工，全面、深入地检查原稿质量，发现并解决问题，使书稿臻于完善。其次，字斟句酌，反复推敲，最后完成精神产品由原始粗坯状态的原稿到可供复制出版的书稿的转化。

实训任务

挑选一本书的两万字，包括完整的辅文和部分章节正文，试着做一下编辑加工。

第七章 如何高质量做好编辑加工

趣味导读

为什么说"改章难于造篇"

编辑加工是一件很艰难的事,在某种意义上来说,加工比写作还要艰难。刘勰云:"改章难于造篇,易字艰于代句。"难于何处?难在"字易而意留",既不改变作者原意,也不改变作者风格,却能够使作品的内容和形式达到更高水平的和谐完美。

编辑稿件是二度创作,这种再创作并不比创作容易,因为"改章"要求"更上一层楼"。修改自己的文章难,修改别人的文章更难,因为修改的人缺少作者的具体感受,而且改动原稿的同时又必须尊重原稿。所以,没有相当的文字功底和语言感觉,是做不好编辑加工这项工作的。

宋代诗人吕本中《童蒙诗训》中说:"文字频改,功夫自出。"俗话还说:"文章不厌千回改","善作不如善改"。从某种意义上说,好文章是改出来的,这充分体现了编辑加工的必要性。

编辑加工这项工作,就好比房屋装修过程中最后的清洁整饰,可以立即呈现和提升装修的档次,是不可或缺也容不得半点马虎的,应精益求精地做好这项工作。作品的加工既要注意大的方面,比如立意、结构、布局、章法等;又要注意小的细节,包括改正错别字,纠正标点符号错误乃至体例格式的统一和规范,目的是使展现在读者面前的作品达到内容与形式的和谐完美。

发散思维

1. 刘勰说"改章难于造篇",你觉得"改章"到底难在哪里呢?
2. 改稿还得遵照作者原意,那为什么不让作者自己修改呢?
3. 作者改稿与编辑改稿,有什么不同吗?
4. 为了做好编辑加工,新入行的编辑应该从哪些方面着手提高自己呢?

第一节 编辑加工要遵循一定的原则和方法

典型案例

"佛"都没来，如何敬拜

王立群教授的《读〈史记〉之汉武帝》一书中提到汉武帝的晚年，用了八个字："迷恋黄老，烧香拜佛。"读者批评说汉武帝死于公元前87年，佛教传入中国最早也要到公元前2年，这就是说，汉武帝死时，中国还没有佛教呢！"烧香拜佛"从何说起？

王教授对此一肚子的委屈。他辩称，自己压根儿没有说过"烧香拜佛"这样的话，"这有原稿为证"，书中的话是编辑加进去的。编辑的账算到他的头上，你说该有多郁闷。

不知"米家山水"为何物

北京大学的陈平原教授，也曾在一篇长文中为自己喊冤。当时，他收到一家出版社根据规定退回的原稿，随手翻阅之际，竟发现了让他目瞪口呆的改动。比如有一处谈到"米家山水"，稍有美术史知识的人都知道，"米家"指的是宋代书画大家米芾、米友仁父子。编辑看来不懂绘画，又不屑查资料，信笔把"米家山水"改成了"作家山水"。

一位叫"沙扬娜拉"的女子

1982年，谢冕教授应约为出版社写诗歌鉴赏文章，其中一篇引用了徐志摩的短诗《沙扬娜拉一首》。即使不懂日语的人，大概也能知道"沙扬娜拉"是日语"再见"的意思。万万没想到，编辑在编辑加工时把它当作人名，补充了一行文字，说它是"一位日本女郎"。这本发行量为几十万册的书出版后，谢冕教授从此陷入噩梦，不断有人批评他的这一低级错误。

案例分析

三个小案例中，编辑都犯了一个错误，就是过于相信自己，对于自己不熟悉的知识，进行"理所当然"的修改。遇到不懂或似是而非的问题，新手编辑一定要多向别人请教，多查阅相关资料。

编辑加工环节，编辑要对审稿决定采用的书稿，在内容、体例、引用材料、语言文字、逻辑推理等方面存在的一些问题，进行加工整理，使内容更完善，体例更严谨，材料更准确，语言文字更通达，逻辑更严密，消除一般技术性、常识性差错，防止出现原则性错误，并符合排版和校对要求。所以编辑在这一过程中，必须牢记"提高书稿质量"的原则，不能使之提高，就不要改，修改后可能产生新的错误，就更不要改了。

释疑解惑

1. 编辑加工前不能忘的准备工作是什么？

（1）检查稿件是否齐全。

（2）电子文件要做好备份。

（3）对重点书稿或有特殊要求的书稿，要列编辑加工的计划。

（4）如不是审稿者和选题策划者，还要查阅有关资料，掌握相关情况。

2. 做编辑加工要懂得哪些原则？

（1）提高质量，忌无用之功

刚入行的编辑要牢记一条：任何作者写的一部未经编辑加工过的书稿，都与出书要求有着或大或小的距离。

编辑工作的任务就是从整体到细部进行全面检查、修改、删节、补充和润色整理，力求精益求精，全面优化，进一步提高稿件的质量，达到"齐、清、定"的出版要求。所以，编辑的任何改动都必须坚持一个原则——提高书稿质量，如果修改后还不如以前，就没有修改的必要了。

（2）尊重作者，忌强加于人

对稿件的加工，要充分尊重作者的著作权，要在著作权法的允许范围内进行加工。对于稿件中的新思想、新观点、新方法和新的表现形式等，只要不存在违反法律法规或者违反科学、违反事实的问题，不但不能轻易修改和删除，还要加以保护，并帮助其完善。加工中切忌强加于人，涉及观点表述方式或者结构安排方面的修改，编辑应先提出修改的建议，征得作者同意后再正式修改。

首先，编辑加工要尊重作品的原意。不要任意改变和损伤作者原稿的主题思想。编辑可以对书稿进行必要的加工，例如改错、修饰和统一格式体例等，使书稿更完善。但这种加工一般不包括大段地删改内容，也不包括任意添加个人的东西。即使是作必要的改动，也应以不损伤作品的原意为原则。例如，列宁曾主张，不改变原稿的思路，或减轻作者论据的分量，反对别人对作者的原稿进行不必要的修改；鲁迅认为，没有作者的委托，绝不改动原稿，如果有必要改动之处，也必须征得作者的同意。

其次，编辑加工还要尊重作品的风格。尊重作者独特的构思方法和行文方式，把这看作是文稿的有机成分。千万不要任意在原稿上大删或者大改，尤其是反映作者特色和文采的内容，更不可把个人的文风强加给作者。编辑加工时不能随意改变作者的学术观点。在这方面，每个作者都有表明自己观点的自由，有参加学术争鸣的自由。

（3）改必有据，忌无知妄改

编辑在加工稿件时要谨慎从事，对稿件的修改必须有充分的依据和理由，必须有绝对的把握。凡是有疑问而没有把握的地方，一定要查阅工具书或请教其他专业人员，查证核实得到确切结论后再行修改，并告知作者。不懂装懂，凭想当然乱改，甚至将本来对的改成错的，都是加工整理稿件的大忌，这不仅会引起作者的不满和反感，而且会影响图书的质量和出版社的声誉，甚至给出版社造成经济损失。

（4）依据规范，忌滥施刀斧

书稿经过加工后，要比作者的原稿明显变好，否则，就没有改的必要。凡是原稿中不够规范的地方，必须严格按照国家颁布的各种规范性文件予以改正。当国家标准与国际标准不一致时，以国家标准为准；推荐标准与强制性标准不一致时，以强制性标准为准；综合性标准与专项标准不一致时，以专项标准为准；同一标准有几个版本时，以最新发布的为准。编辑的修改应该是只改非改不可的，可改可不改的一律不改。这不仅可以尽可能多地保持原作的风貌，还可以减轻编辑的工作量。

此外，需要注意的是，较大改动要经作者同意。由编辑修改的稿件，一般是采用两种方式去取得作者同意：一是将稿件寄给作者过目认可；一是经商定，作者看校样时着意看看编辑加工过的地方有无不当。

3. 改或者不改，这个分寸应该怎么把握？

改或者不改，编辑要坚持一个原则，即做到"必改者改，可改可不改者不改"。"必改者改"中的"可改"有以下几种情况：

（1）稿件中的思想倾向与政治观点的表述有不适宜之处，存在科学性、技术性、学术性的错误。

这其中，书稿中的科学性错误表现为：概念、定义、原理的表达不清楚和不准确，或前后矛盾；名词术语不规范，或前后不一致；采用非法定计量单位等。

（2）存在与来源不符的引文、数据、人物等，以及事件发生的时间、地点有出入。

这类问题需要编辑认真核查资料来源，这些属于一般的常识性错误，如果加工编辑时没能改正过来，极易留下笑柄。

（3）同一书稿中没有统一所有的名词、术语、计量单位、符号、代号、序号等。

表 7-1 表述正误表

错	对	错	对	错	对
铁水	铁液	通讯	通信	255（m）	255m
改锥	旋具	图纸	图样	40±2m	40m±2m
筋板	肋板	Kg	kg	13-30%	13%～30%
北朝鲜	朝鲜	公斤	千克	公里	千米
哈工大	哈尔滨工业大学	98年	1998年	25号钢	25钢

（4）稿件的层次结构零乱，违反逻辑规律。

编辑加工的第一步是对整部书稿进行浏览，这样做的目的是对全书有一个基本的了解，避免加工时的盲目性。有的书稿结构层次较混乱，这时就应该和作者商量重新调整，方便读者阅读的连贯性。

（5）图、表、名词、序号等与正文不相符。

这种情况在加工理工类书稿中经常会碰到。要注意图、表与正文的对应关系，按照先正文，后图、表的顺序进行稿件的编排。

（6）跑题、啰嗦的句子和段落必须剔除，一些无用的假话、大话、空话和套话也要剔除。

有的作者写作思路太过分散，常常会出现以上所提到的问题。加工编辑要对其进行删减，以保持整部书稿具有鲜明的主题，行文结构紧凑。

此外，由于出版物本身的篇幅限制或版面要求也需要增删修改。

（7）稿件中有表达不准确、不规范之处。

（8）文字、语法、修辞、逻辑、标点符号的差错。

（9）稿件写得不太到位，或是深度欠缺，或是重点不突出，或是该点到的未点到。

可改可不改的地方，一般不属于错误的范畴，最多是在表达方式或用语习惯上有差异。如果加工编辑一味地按照自己的阅读习惯去加以改正，往往会适得其反。对于自己不懂或不太清楚的问题，要向作者提出，由作者去修改。

此外，编辑在遵循"必改者改，可改可不改者不改"原则的同时，还得牢记"不可改则不改"的原则。不可改的内容具体指作者的学术观点、语言风格不违反国家的法律和法规，表明作者个性的论点和论据。

4. 编辑加工一般采用什么方法？

编辑的创造性思维和高超的技艺，在稿件加工整理过程中可得到充分的发挥，而不间断的编辑加工实践，对于提高编辑的编辑加工能力，克服眼高手低的毛病，都有很重要的作用。

（1）改错

改正各类差错。

（2）修饰

指在保持作者观点、思路、论据和风格的前提下，对原稿的文字作修改润色，使意思表达准确、文字通畅易懂，符合汉语规范化的要求。

（3）校订

根据可靠资料，订正引文、事实、数据等方面的差错。

（4）增删

经作者授权，做少量的内容增删。

（5）整理

为使书稿符合出版要求而进行的技术性加工。包括：辨认笔迹，改清字符，核对引文，统一用字、用语、体例规格，规范文字，标注字体字号和版式，检查原稿是否缺漏。

书稿整理不同于古籍整理，古籍整理包括点校、注释、作序等。

（6）写辅文

如撰写内容提要、出版说明、编者按语等。

（7）改写

对书稿的某些内容用另一种文字形式加以表达。常用于通俗读物、科普作品、文字水平较低的作者的书稿。

实战演练

指出下面这些句子中,哪些是必须修改的,哪些是不用修改的。

1. 在我的后园,可以看见墙外有两株树,一株是枣树,还有一株也是枣树。
2. "孔子说'食色,性也'",至今仍被奉为至理。
3. 千姿百态的狗,成了丙戌年贺卡的主角。
4. 在上海的弄堂里,现在还能看见很多的黄鱼车。
5. 某某诗人犹如一颗星星冉冉升起。
6. 发挥党组织和党员战斗堡垒作用。
7. 文化大革命期间,清华大学系科建制变动大,专业设置变动频繁。

演练点拨

1. 不必修改

这句话出自鲁迅的散文集《野草》中的《秋夜》,作者没有直说"我的后园有两株枣树",而分成四个短句,后两个短句还有重复之嫌。在语调上,这是鲁迅沉重心态的反映。

2. 必须修改

在有关中国文化的很多文章中都说"食色性也"是孔子说的,其实错了,这句话是与孟子同时代的告子说的。

3. 必须修改

"丙戌年"其实应该是"丙戌年",戌,音 xū,地支的第十一位;"戍",音 shù,它的意义古今变化不大,指防守的意思。

4. 不必修改

编辑也许会认为"黄鱼车"是"黄包车"在录入时的错误,其实不然。由于上海人喜欢吃黄鱼,看到黄包车满街跑,很像海里喜群居又到处乱窜的黄鱼,因此给它一个"黄鱼车"的绰号。

5. 不必修改

你可能认为这句话应改为"某某诗人犹如一颗新星冉冉升起",但是用"星星"就是作者的表述习惯,并没有错误,在加工时编辑不应以自己的"好恶"来改变别人作品的语言习惯。

6. 必须修改

不合乎党建常识。按党章和党的文件,党员提"先锋模范作用",党的基层组织才提"战斗堡垒作用",不能混为一谈。

7. 必须修改

"文化大革命"必须加引号。词语用引号,要注意带有特殊含义或需要着重论述对象的用法。如中共十三大、中共十一届三中全会和改革开放不加引号。

第二节 内容加工有诀窍

典型案例

小说《红岩》的诞生

《红岩》是一部奇书，从20世纪60年代初出版到现在，前后印行六七百万册，发行量之广泛和影响之深远，开创了中国现代小说的新纪录。《红岩》原名《禁锢的世界》，初稿、二稿的人物思想境界比较压抑。第三稿寄回来后，张羽担任该稿的责任编辑，负责稿件的编辑加工。

张羽在读过初稿、二稿的基础上，对分批寄来的三稿，给作者分批写出了书面意见，寄往重庆，供他们思索、参考。1961年上半年，张羽陪作者认真修改一遍，排出清样，听取各方面意见。同年秋天和冬天，在进行最后一次修改时，他干脆从自己的宿舍搬到客房里，与作者罗广斌、杨益言同居一室，三人三床三桌，夜以继日，轮番修改。他们桌挨着桌，采用流水作业法，杨益言改第一道，递给罗广斌；罗广斌修改后，交给张羽；张羽加工润饰后，再请作者过目，一致同意后定稿。

经过五次大的修改之后，《红岩》终于定稿。如今在中国青年出版社的书稿档案中，还保存着《红岩》发排时的原稿（即第四次稿和第五次稿），其中可以清楚地分辨出该书作者罗广斌、杨益言的蓝墨水写的手稿和责任编辑张羽加工的数以万计的红墨水留下的笔迹。

一般说来，编辑最好不要在作者原稿上大动干戈，可改可不改的，尽量不改为好。但这并不妨碍一个负责的编辑，在一部一时还不成熟而又很有前途的重要书稿上，在征得作者同意后，对原稿作必要的有时甚至是较大的增删。张羽对《红岩》的修改，剔除了它的瑕疵，发挥了作品的优势，使作者描写的战斗生活更加绚丽多姿，使人物形象更加丰硕饱满。

案例分析

为了提升稿件质量，张羽联合作者，对《红岩》进行了比较大的修改，剔除了它的瑕疵，发挥了作品的优势，使作者描写的战斗生活更加绚丽多姿，使人物形象更加丰满。小说《红岩》的诞生过程，充分说明了编辑在提升作品品质方面的重要性。

在编辑加工过程中，中国青年出版社的编辑从始至终都是密切和作者沟通，配合作者进行稿件修改，而非擅自主张的做法，也充分尊重了作品和作者。

释疑解惑

1. 避免政治性差错从哪些方面入手？

（1）检查原稿中作者是否在引用马列等经典文献资料上出现错误

编辑加工时，对原稿中有关重要的关键性引用，必须翻阅案头准备好的工具书及有关原始资料、权威文献或参考资料等，核对出处，检查是否断章取义，标注是否准确。对于无法核实的，应与作者落实，或向相关专家咨询、请教。

为了充分表达列宁的原意，《列宁全集》的中译本，使用了各种与俄文本相适应的字体和符号，最后使用的字体和符号有黑体、仿宋体、楷体、仿宋体加重点符号、楷体加重点符号、括号等。每种字体和符号都有各自的含义，在引用时要充分考虑。

（2）检查原稿中在国家领土完整和主权方面的错误

编辑加工原稿时要特别注意出现中国和中国台湾（香港、澳门）不规范、不正常的分开称呼。我国的港、澳、台地区与外国的国名列在一起时，要在香港、澳门、台湾的前面加"中国"二字，或在其后面加上"地区"。

（3）检查原稿中有无与国家民族和宗教政策不一致的内容

对原稿中涉及各民族的风俗习惯和节日的称呼以及民族、宗教的禁忌语言等一定要搞清楚，切不能因一时疏忽和笔误伤害民族间的团结。对民族自治区、自治州、自治县的称谓，正式行文要注意规范，不能轻易省略。

（4）检查是否存在其他政治性差错

检查原稿中的内容，包括名词术语的提法是否与党和国家的政策、规定口径一致；

检查国名、地名、人名的使用是否规范；

核查原稿中有关历史（科技）人物和重大事件的资料是否准确；

注意"本世纪"、"上世纪"、"建国以来"等词汇使用是否正确；

查看是否有危害国家安全和泄露机密的内容；

查看是否有破坏社会安定和有伤风化的内容，是否有违背政策、法律法规的内容；

涉及国界的文字或图表是否准确无误。

2. 避免科学性和事实性差错应从哪些方面入手？

科学性和事实性方面的加工主要是注意稿件的准确性和真实性。避免科学性和事实性差错，编辑可从以下几个方面入手：

（1）立论是否正确；

（2）观点表述是否清楚；

（3）论据是否可靠；

（4）所引资料、数据是否核对过出处，所引知识是否言出有据；

（5）内容是否过时，这在知识更新很快的新技术领域表现得更为突出；

（6）稿件涉及的概念、定义、原理、公式等，表述是否正确；

（7）稿件涉及的数据、人物、事实、时间、地点、度量单位等，是否客观真实，是否违反常识，或言过其实，前后矛盾；

（8）内容的逻辑结构是否严谨。

3. 如何核对引文？

编辑加工时，必须核对引文，重要稿件要在原稿和清样上各核对一次。当发现引文差错严重，可提出意见退回作者核对。收到退回的修改稿后，还要抽查作者是否已经改正。核对引文时要依据权威工具书或原著，有不同版本的要用最新版本。

使用引文的常见问题：

（1）作者、书名、出版者、出版时间及页码等来源项标注不全或标错；

（2）引用文字或标点符号存在错误；

（3）对存在多个版本的文献，引文依据的是旧版本或所据版本不一致；

（4）在内容上随意断文，或随意拼接原文，歪曲原文；

（5）引文过多，超出论证范围。

核对引文的注意事项：

（1）书稿中的重要引文，尤其是出自经典著作的引文，必须认真核对，引文内的标点符号也不得有误；

（2）引自古代诗文的引文要核对原著，以免因为作者记忆有误而出错；

（3）查核原文时要看上下文，以免断章取义；

（4）不得直接引用未公开发表的文章讲话，但可以用作者自己的语言表达其意思；

（5）不引用非正式出版物上的文字；

（6）未注明出处的引文最好找到出处并核对，如若查不到出处的最好不加引号，而改用作者自己的语言转述。

4. 编辑加工表格的常见问题有哪些？

表格多放在正文内，也可以作为附录放在书末。正文中的表格内容必须与正文内容有直接关系。在编辑加工表格时，需要重点考虑下面几个问题。

（1）表题不能明确表述表格的中心内容

表题过于简单或过于繁琐，都不能清晰地说明表中相应部分所代表的意义及其相互之间的逻辑关系。

表7-2　3组患者的疗效情况

单位：%

分组	例数	优良率	显效率	无效率
A组	50	80.00	16.00	4.00
B组	38	68.42	21.05	10.53
C组	40	57.50	27.50	15.00

表 7-2 表题中对研究对象、研究方法均没有明确说明，只说有"3 组"，具体的方法及内容让读者无从知道。对于具体的研究方法，在表题和与之相对应的横向栏目上也未明确标明。经过修改后的表 7-3，表题具体说明了研究方法和内容，使表格具有了自明性。

表 7-3 阑尾炎手术中 3 组止血方法的疗效

单位：%

分 组	例数	优良率	显效率	无效率
创面电凝止血组	50	80.00	16.00	4.00
创面缝合止血组	38	68.42	21.05	10.53
联合止血组	40	57.50	27.50	15.00

（2）横向、纵向栏目颠倒

统计表中横向栏目主要表达说明的主体，而纵向栏目主要说明表达的各项指标。在组织表格中的数据时，一般同一指标的数值应自上而下纵读，而不要从左向右横读，以方便读者获取信息。

表 7-4 初三（1）班第一学期历史考试成绩比较表

项 目	优（＞85 分）	良（70~84 分）	中（60~69 分）	差（＜60 分）	平均分	优良率
期 中	0（0）	18(20.93)	32(37.21)	36(41.86)	67.7	20.93
期 末	68（79.07）	10(11.63)	5(5.81)	3(3.48)	93.6	90.70

表 7-4 由于表达不当，数据横读，很难让读者理解表格所要表达的意思；如果将表中的纵向栏目和横向栏目对调，改编为表 7-5，则既便于认读，又便于比较。

表7–5 初三（1）班第一学期历史考试成绩比较表

项　目	期　中	期　末
优（＞85分）	0（0）	68（79.07）
良（70~84分）	18(20.93)	10(11.63)
可（60~69分）	32(37.21)	5(5.81)
差（＜60分）	36(41.86)	3(3.48)
平均分	67.7	93.6
优良率	20.93	90.70

（3）表格编辑加工时应注意的其他问题

① 一个表格只能表达一个主题，不要把性质不同的内容糅合在一个表格中。表内文字要简洁，数字要准确，要保证表与文、图相符；

② 有些表虽有表注，却在表中没有与表注对应的符号，让读者无法确定所注与数据的关系，也无法判定符号所代表的统计学意义，还有一种情况是表下虽有文字注释说明，但表内数据中却没有注释的符号，没有说明是对哪些数字的注释，这需要编辑提请作者修改；

③ 数据不准确。编辑核查时可检查数据与文中表述是否一致，核查比例时各个部分求和是否为100%等；

④ 有效数字不统一。对于不统一的位数，应与作者沟通，让作者自行确定有效数字的位数，不能为了统一位数随意补齐"0"。

5. 图片的编辑加工需要重点关注哪些问题？

（1）图片运用是否必要

一般来说，要求配发图片的地方应是文章的重要部分，而且图片能证明、证实文章所要表达的内容重点，甚至能体现出某种思想深度。

（2）图片质量是否过关，便于制版等后续工序的操作

彩图和黑白影像图图稿必须图像清晰、层次感强，其中彩图色彩要鲜艳；线画图的线条要清晰、饱满；分辨率要满足印刷要求，分辨率一般需在300dpi以上。

（3）图片内容是否真实

在编辑时，改变背景，增加颜色，制造图片蒙太奇或拼接图片，增减图片内容，拉伸、变形图片以适应版面需要等行为，都可能导致图片失真。此外，对于需要修改的图片，必须像对文稿一样，将图片退交作者修改，或者在图片作者授权下，对图片进行适当的修改加工，并通过文字说明该照片是"设计图片"或"效果图"。

在图片后期编辑中，可以做的工作是：配合版面的裁剪（而不是拉伸）；噪点和刮痕的修补与去除；亮度控制、饱和度调整。

在后期编辑中，不可以做的是：增减、移动画面内的物体；色彩不符合事实原貌的改变；改变影像意义的裁剪；歪曲照片真实性的其他做法。

（4）图文是否相符

图片要与标题或文章内容一致，否则，图片不仅难以引起现实感、认同感或实证作用，还可能引起反作用。例如，某出版社出版的《中国上下五千年》一书，在彩页插图中将运城市舜帝陵冢的实景图片标注为"湖南九嶷山中的舜帝之墓"。最终，舜帝陵庙文管所以该出版社侵权为由，将其起诉到北京市海淀区人民法院。

（5）图片刊发是否合法

编辑图片时，应遵守相关法律法规和伦理道德规范，如：不得刊登包含有暴力、色情等不良信息的照片；应经照片本人同意方可刊发其图像，否则可能导致侵犯肖像权；对涉及未成年人、案件审理的新闻照片，应以"马赛克"方式做局部处理，达到隐匿、淡化的效果，以免侵权或引起读者不适。

（6）图片的表现形式是否得当

编辑加工时，要考虑图片表现形式是否得当，具体包括考虑图片是黑白还是彩色，图片的数量、位置、幅面大小，是否需要和合图等。图片形式运用得当，能够增强表现力，提高图书的品质。

6. 如何处理图表的文字说明？

（1）文字说明的位置

图片的文字说明一般放在图片的正下方，表题和表序在表格的正上方，表注则在表格的下方。因版面原因，说明文字部分有时也可以放在图片的一侧。如果图片采用出血版，其说明文字不要靠近切口排，以免在图书装订时被切去。

（2）图序、表序

图表要依次编号，图序（图号）由"图"字和编号组成，表序也一样。

文稿中的插图少，可以采用"图1"、"图2"的流水编码方式对插图编码。英文的插图编码用Fig.1、Fig.2这样的方式表示。

图表多，可以按照一定的章节编码。如，第二章有三幅图，可以编为"图2-1"、"图2-2"、"图2-3"或者"图2.1"、"图2.2"、"图2.3"。分篇的稿件，即把篇号和章号组合在一起使用，如"图2-1-1"或"图2.1-1"或者"2.1.1"。数字之间的间隔，可以采用二分下脚点或半字线。

表中的图要按所属的表号进行编号，不要和正文图混在一起编。

（3）图表名

图表一般都应有图表名（个别场合除外），位置在图表序号之后。图表名与图表序之间要空一格，而不能使用间隔号或冒号。

图表名要简洁地概括图表的内容，一般字数在15字以内。如果图表名字数比较多，句中可以加逗号、顿号等标点符号，但图表名的句末不能使用句号。

（4）图注

又名"图说"，包括对图片中文字符号含义的说明，对状态、条件、参数等的补充说明以及对版权的说明等。

图注的末尾也不加句号。图序、图名的字号比正文用字小，图注的字号比图序、图名的字号小。图注要与图题分开排列，而且要排在图题下方，形成图序＋图名单行排＋图注多行排的排式。

实战演练

1.莫高窟对面，是三危山。《山海经》记，"舜逐三苗于三危"。可见它是华夏文明的早期屏障，早得与神话分不清界线。那场战斗怎么个打法，现在已很难想象，但浩浩荡荡的中原大军总该是来过的。当时整个地球还人迹稀少，哒哒的马蹄声显得空廓而响亮。[1]

2.唐代钱起咏庐山诗云："只疑云雾窟，犹有六朝僧。"但如今云雾飘散开去，露出来的却是一个个中外"大官人"、"大商贾"的面影。[2]

3.俞伯牙为什么会有如此高超的琴艺呢？[3]

4.也就是说，建议刘备联合孙权的，是鲁肃；说服孙权联合刘备的，也是鲁肃。鲁肃是孙刘联盟的始作俑者，也是孙刘联盟的第一功人。[4]

5.汉城是韩国最大的城市，国际化大都市，位于韩国西北部的汉江流域，处在朝鲜半岛的中部。

6.国际标准书号由分为以下四段的10位数字所组成：第一段——组号；第二段——出版社号；第三段——书序号；第四段——校验码。

7.帝国主义侵略中国的主要原因是清政府实行闭关自守的政策，如果实行开放政策，就不会导致列强的入侵。

8.非典型性肺炎有很强的传染性，可以通过近距离空气飞沫及呼吸道传播，请大家不要到户外去。

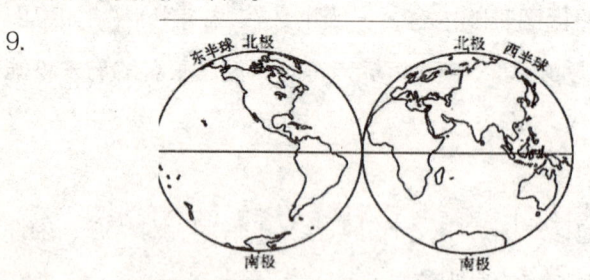

9.

1.摘自余秋雨《文化苦旅·莫高窟》。

2.摘自余秋雨《文化苦旅·庐山》。

3.摘自于丹《于丹趣品人生·琴之趣》。

4.摘自易中天《品三国》。

10. 图7-1 教师对14～17周岁青少年阅读课外书的态度

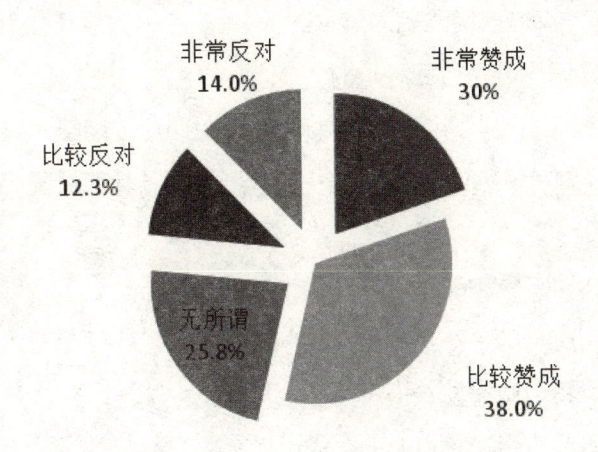

非常反对 14.0%
非常赞成 30%
比较反对 12.3%
无所谓 25.8%
比较赞成 38.0%

演练点拨

1. 需要进行核对引文与常识推断

各种版本的《山海经》都没有"舜逐三苗于三危"这句话。倒是《庄子·在宥篇》有这样一段："尧于是放讙兜于崇山，投三苗于三峗。"

中国古代在夏朝才有青铜器，西周末或春秋初才有铁器。战马和骑兵的出现至少在商周之后。因此，帝尧或帝舜时代的战争，根本不可能出现"战马"，就更谈不上"哒哒的马蹄声"了。

2. 需要核对事实

唐代诗人钱起并有没有写过《咏庐山》这首诗，《咏庐山》这首诗是钱起的曾孙钱珝所写，共100首。后人把它同时收入钱起的诗集。

3. 核对人名

经考证，伯牙原本就姓伯，名牙，说他"姓俞名瑞，字伯牙"是明末小说家冯梦龙在小说中的杜撰。

4. 核查理论是否正确

既说鲁肃是"始作俑者"（即带头做某种坏事的人），又说鲁肃是"孙刘联盟"的第一功人，使读者一头雾水，弄不清鲁肃是好人还是坏人，是有功还是有过。

5. 查看知识内容是否已经过时

2005 年，汉城已经改名为首尔。

6. 查看知识内容是否已经过时

自 2007 年 1 月 1 日起，国际标准书号由 10 位增至 13 位数字。10 位书号需在前面加上 EAN•UCC 前缀"978"及重新计算校验码，以转换为新的 13 位格式。

例如：ISBN 7-5068-3760-9

转为：ISBN 978-7-5068-3760-6

7. 核查是否有政治性差错

这句话政治观点、论点方面有错误。

8. 看学术观点是否表述清楚、准确

预防非典型性肺炎，要经常给室内通风换气，保持生活、工作环境的空气流通。经常到户外活动，呼吸新鲜空气，增强体质。

9. 查看图片内容是否真实

图片中弄混了东西半球，且缺少图题。

10. 核查数据

各部分相加不得 100%，需提请作者落实修改，图题应放在图下方。

第三节 文字与形式加工有奥妙

典型案例

《咬文嚼字》"咬"住苏童

《刺青时代》是苏童的代表作,他在书中描述了20世纪七八十年代一群懵懂少年曲折坎坷的成长历程。小拐的哥哥天平,在群殴中死去。当小拐触碰到哥哥的尸体时,他的手"像是被火烫了一下,或者是被冰刺了一下",他感到"曾经与他胼手胝足的那个身体突然变得如此恐怖如此遥远"。

苏童的长篇小说《米》中,米生媳妇跑后,米生母亲愁肠寸断地说:"可是一时半载让我去哪儿给你觅媳妇呢?"

短篇小说《手》中,苏童写小武汉一直不敢对女朋友说自己是在殡仪馆抬死人的。小武汉本已准备与顾小姐结婚,但"满街的人都在交口传颂,小武汉在武汉抬死人",结果顾小姐"一个电话打到小武汉的手机上,当场宣布分手"。

案例分析

"胼手胝足"是一个稍显陌生的成语。"胼胝"读作 pián zhī,指的是手脚上的老茧。"胼手胝足"也作"手足胼胝"或"手胼足胝",指手掌或脚底因长期劳动而磨出了老茧,用来形容辛勤劳动的样子。而苏童在小说里写的"与他胼手胝足",揣摩文意,其实是指兄弟俩从小一起生活,一起吃一起睡,关系非常亲密。表示关系亲密,应该说"抵足而眠"。

"一时半载"用法别扭,一时指一个时辰,半载指半年,这两个时间概念不在一个级别上,用来表示时间短,很别扭。这里可用"一时半刻"。

事实上,"传颂"是褒义词,意指传扬歌颂。其时,满街的人都在传说小武汉抬死人的秘密,带有明显的贬义色彩。街坊邻里的闲言碎语,与"传颂"不是同义或语意相近的词语。

释疑解惑

1. **文字加工有哪几个步骤？**

（1）检查段落

通读整段文字，检查主题是否明确，文题是否相符，内容是否合乎逻辑，文字是否规范。对存在的问题心中有数。

（2）检查句子

编辑人员要耐心、细致，逐字逐句地进行加工修改，反复读、反复修改，直到通顺、流畅、没有语病。这是加工修改的第一境界。对没有语病的句子，也要逐字逐句地反复推敲，在词语搭配、修辞等方面精益求精，力求尽善尽美，这是加工修改的第二境界。

（3）检查错别字

掌握常见差错，修正误排字等。

（4）检查标点符号

编辑在检查标点符号时，主要是看标点符号的用法是否正确，对点错位置的标点符号要给予修正或调整。

2. **怎样才能炼就一双"火眼金睛"？**

（1）多读书，拓宽知识面；勤于思考，培养探究意识。

（2）熟悉《简化字总表》、《第一批异体字整理表》、《第一批异形词整理表》、《出版物上数字用法的规定》、《标点符号用法》等各种规定。

（3）处处留心，善于总结，掌握各种出错规律。归纳常见的政治性、知识性差错及错别字、容易用错的字词的表现特征，可列表备查。

（4）养成良好的习惯，对于自己没有把握的字词，应查阅字典、词典、或多问、多请教相关专家。

3. **书稿中值得注意的字词问题主要有哪些？**

（1）读音相同或相似的字词混用，如"振"与"震"；

（2）字形相似的字词混用，如"干"与"千"；

（3）两个词的统一，如"风采"与"丰采"；

（4）习惯性错误，如"即使"误写成"既使"；

（5）成语的使用不正确，如"炙手可热"的褒贬不分；

（6）不理解字义、词义，导致的错误，如错用"首当其冲""美轮美奂"；

（7）错误使用简化字，如"圜"写成了"园"；

（8）不规范的生造简化字，如"停"写成"仃"；

（9）潦草难以辨认的字体也易造成错别字；

（10）简繁字互换中的问题，如"髮廊"错成"發廊"。

4. 语言文字加工时，如何适应题旨情境？[1]

这里所谓"题旨"，是指所加工稿件的主题思想、写作目的、段落大意和焦点信息；"情境"则包括上下文和前言后语，受众情况等。

（1）加工稿件要围绕其主题、要旨和焦点信息

首先，要注意删去那些与主题、要旨关系不大或游离于主题、要旨的篇段语句，删去那些冲淡甚至淹没焦点信息的庞杂资讯。

其次，为了鲜明地表现主题或要旨，在必要的时候，可以适当有所增补。

例如：那是一片坟墓，高高低低，坟头上长满蒿草。那是解放前的坟，不是真坟，是假坟。……死人呢，早埋到汪洋大海里去了……（杨朔《海市》）

原文未点明时间，要看到下文才知讲的是解放前的情况。课文编辑加工时加上"是解放前的坟"六个字，突出了解放前渔民的悲惨遭遇，有助于表现歌颂社会主义优越性的主题。

最后，还要注意对稿件加以提炼集中，尽量把最重要的信息放到最重要的位置。

（2）加工稿件要顾及其上下文或前言后语

言语里的每个语文形式都不是孤立存在的，都处于一定的上下文或前言后语的关系网络之中。改稿时就要"瞻前顾后"，尽量使语意贯通，结构匀称，声韵协调。

（3）文字水平和风格要考虑受众的兴趣、需要、接受心理和文化水平

---

1. 郝荣斋.编辑语言文字加工的四个基本原则[J].中国编辑，2006（1）.

受众有职业、性别、年龄、心理、文化程度、专业水平等方面的差别，因而对稿件的要求不可能一致。比如，少儿报刊稿件的语言，就要尽量加工得浅显易懂，生动有趣，以适应少年儿童的心理和接受能力。

（4）保持原作文字风格

每部作品，都有自己独特的语言风格。优秀的编辑绝不把自己的语言风格或语言习惯强加于人，在进行语言文字加工时会尽量保留作品的原味。

例如：他二十几岁到我家作长工，论年纪比我曾祖父还略长，曾祖父以哥哥呼之（称呼他）。（臧克家《老哥哥》）

原作从整体风格上看比较口语化，而"呼之"带有书语色彩，放在文中不够协调。所以，课文编辑作了改动。

5. 形式方面的加工要领有哪些？

（1）结构单位的加工

文稿的结构单位加工是要保证全书脉络贯通、层次分明、衔接自然、照应周密、详略适宜。

编辑加工时要从篇、章、节、条、款、项、段等多个层次把握，核查同级结构要素是否相同，各级层次是否符合逻辑。还需删除不同条款中内容重复的地方，调整段落顺序，重新划分段落等。

（2）标题的加工

标题的加工需满足准确、简短、醒目的要求，文艺作品还要满足生动、新颖、富有感染力的要求。全稿的标题行文风格应统一。

编辑加工时要统一整部书稿的标题标志，同一层次的标题必须用相同的标志形式。

书稿中标题的层次一般为——篇（编）章、节、条（款）。

学术、科技著作往往有更多结构层次编号：1.1.2、1.2.3。

标题加工时，要留意常见的错误，如标题与正文内容不一致；标题范围过窄，不足以涵盖内容；标题与稿件性质不吻合；标题太长或者模棱两可。

（3）形式逻辑方面的加工

在编辑加工时，需要判断稿件的形式逻辑是否正确，因为形式逻辑的基本规律是人们在进行正确思维的时候必须遵守的最基本的共同准则。书稿的形式错误表现在以下几个方面：

① 概念模糊

概念之间的关系不得体；概念内涵不确切；定义不科学；概念划分不严密；限制不恰当。

② 判断不恰当

判断的主宾词不完整或不恰当；判断量项中的量词使用不准确；选言判断没有穷尽选言肢；关系判断缺少关系项；联言判断的判断肢（联言肢）有毛病；假言判断中的条件关系搞错了；模态判断中乱用了模态词。

③ 推理错误

演绎推理中的前提和结论不符；直言三段推理中的"四概念错误"及其他；以偏概全（归纳推理中常见的错误）；类比推理中的"机械类比"，牵强附会。

④ 条理不清

不符合事物发展的逻辑顺序；转移论题，偷换论题；答非所问，说东道西；前后矛盾。

（4）语法的加工

① 句子结构中的错误

主谓搭配不当；句子成分残缺；句子成分多余；语序不当；句子歧义；句式杂糅。

② 复句运用中的错误

分句间缺乏必要的逻辑联系；层次不清；轻重倒置；关联词错用；多重复句层次混乱。

（5）修辞方面的加工

修辞研究的是如何增强语言表达效果的问题，修辞方面的加工主要注意以下几个方面的问题。

① 比喻不当

例：王老师教导我们要像驴子一样勤恳地工作，才能每天过得很充实。

② 比拟不当

例：春天到了，万物复苏了，河水高兴地站起来了。

③ 夸张失实

例：参加工作之前，他胆小极了，见生人羞答答的，心就像装上了高频率震动器一样怦怦直跳。

④ 排比生硬

例：巍巍长城，逶迤万峰；气势磅礴，雄伟壮观。她是我国劳动人民的智慧结晶，是我国劳动人民勤劳勇敢品德和象征，是伟大祖国的天然屏障。

⑤ 对偶失对

神州大地传捷报，科技战线报佳音。

⑥ 层递紊乱

例：他是黑社会的头子，不但像一条蛇，而且像一只蝎一样，恶毒极了。

实战演练

阅读下面这段文字，完成编辑加工任务。

林肯木屋

真难以相信，林肯——这位改变了美国历史并以解放黑奴而名副其实的美国总统，就降生在这座简漏的小木屋里。

1637年，林肯的祖辈从英国飘洋过海来到美国。经过几代迁徙，林肯父母落脚于肯塔基州霍金维尔镇以南约3公里的一片原始森林中。他们垦荒种地，伐木筑屋。1809年2月12日，就在这坐原木搭建的小屋里，林肯出生了。他早年没有受过正规教育，后来当过工人、水手、店员、邮递员，工地测量员以及律师等，最后步入政界。1860年，林肯当选美国第16届总统。他目睹从路易斯维尔到俄亥俄州河口轮船上，被铁镣锁着的黑奴们的悲惨景相，深为痛苦。林肯曾说过："要象爱自己一样去爱所有的人"。在实现建立《民有、民享、民治》的民主政府的政治报负时，这位来自社会层底的平民总统基于他善良的品行和带有宗教感的博爱。于1863年1月正式颁布了"解放宣言"，并积极促成国会通过了宣告"结束并永远禁止奴隶制度"的《宪法第十三修正案》。他还是美国历史上第一位邀请黑人到白宫做客并与黑人交朋友的美国总统。1865年4月14日，林肯遭人枪击，翌日与世长辞。

演练点拨

1. 名副其实→名垂史册

2. 简漏→简陋

3. 飘洋→漂洋

4. 迁徒→迁徙

5. 恳荒→垦荒

6. 这坐→这座

7. 邮递员，→邮递员、

8. 轮船上，→轮船上

9. 景相→景象

10. 象→像

11. "要象爱自己一样去爱所有的人"。→"要象爱自己一样去爱所有的人。"

12. 《民有、民享、民治》→"民有、民享、民治"

13. 报负→抱负

14. 层底→底层

15. 博爱。→博爱，

16. "解放宣言"→《解放宣言》

第四节 辅文加工有门道

> **典型案例**

《新媒体生存》的内容提要

活跃在互联网世界中的人,常常被称作各种各样的"客"……其实他们不是新媒体的客人,他们从一开始就是互联网的主人,他们能用多种方式与他人分享观点与经验,分享信息与发现,他们通过"上传"成为媒体内容的制造者,他们活跃在互联网虚拟世界中,颠覆着传统,创造着令人瞠目的新现象。生存在新媒体世界中的人们知道,"虚拟"不等于"虚假",不等于"虚无",虚拟社区只是在不一样的现实层面存在着——这些把虚拟社区大部分等同于真实生活的网络原住民,以及因为向往他们的生活而将很多时间与精力投放到虚拟空间的网络迁徙居民以及经常散步新媒体,到这个丰富自由的无疆域社区中徜徉的游民,他们共同成为新媒体时代的"社群主义者"。

毫不夸张地说,了解他们,就是从一个重要的角度了解了新媒体时代数以千万计的人的生存质量和生存状态。

《怎样在〈自然〉杂志上发表文章》一文的编者按

创刊于1869年的《自然》杂志是世界上最负盛名和最权威的综合性自然科学期刊之一。它刊载的内容经常被世界各地新闻媒体作为最新科学信息的最可靠来源而被广泛传播,它的科学文献的被引用频率雄踞世界科技期刊之首。什么样的论文可以在《自然》杂志上发表?《自然》杂志录用论文的标准如何?中国学者怎样才能有效地在《自然》杂志上发表自己的论文等等?为回答这些问题,本刊特编发《怎样在〈自然〉杂志上发表文章》一文,以期对我国学者有所帮助。

案例分析

案例中，《新媒体生存》全书的内容提要第一段有一句话，"以及因为向往他们的生活而将很多时间与精力投放到虚拟空间的网络迁徙居民以及经常散步到新媒体，到这个丰富自由无疆域社区中倘佯的游民"，根据语意，应在第二个"以及"前面加一逗号，"媒体"后面的逗号，应改为顿号。

案例中，《怎样在〈自然〉杂志上发表文章》一文的编者按，首先介绍《自然》杂志的影响力，然后用三个设问，揭示编者刊发文章的意图。但其中有一句话值得推敲："中国学者怎样才能有效地在《自然》杂志上发表自己的论文等等？"此语中的"等等"二字，宜删除。

释疑解惑

1. 辅文加工包括哪些内容？

（1）检查加工封面文字

核查的内容包括：书名（包括丛书名、多卷书的总书名等）、书名的汉语拼音拼写或外语译名、卷（册）次；作者名、出版者名或图案标志、译者名、版次；其他宣传文字。

中国标准书号、定价、条码等是否正确，与书名页的内容是否一致。

（2）核对图书书名页信息

按照国家标准 GB/T12450-2001《图书书名页》核对图书书名页印载的信息是否完整、准确。

（3）撰写辅文

撰写或修改内容提要、凡例、出版说明、作者小传、后记及译名对照表。可以请作者、他人撰写，也可以由编辑人员撰写。

（4）检查目录、书眉

主要是核对目录各项内容与正文篇、章、节标题、页码是否一致，特别是对正文调整后，这种核对非常必要。另外是统一目录字体、字号与格式。

有书眉的工具书、学术著作、教科书、全集、选集等，要统一书眉版面格式，检查书眉文字有无差错，单数页码和双数页码位置是否正确、规范。

（5）校正注释

主要是核查注释的格式和注文是否正确。对于脚注和篇末注，要核查注文与注码是否对应，注码顺序是否正确，标示的相关内容与正文是否一致等。

（6）核对附录

核查附录内容是否必要、有无错误。所收录的规章等是否为最新版本。

（7）规范参考书目（参考文献）

参考文献的编排要依据国家标准 GB/T 7714–1987《文后参考文献著录规则》中的有关规定进行规范。

著录项目主要包括作者名、书名、版本、出版地、出版者、出版时间等。

参考文献的标注，可采用顺序编码制或著者—出版年制。无论采用何种著录方法，全稿都要统一，不要混用。

（8）核改索引

编辑人员要注意检查索引的编制与原稿的内容和性质是否相符，索引的编排方式是否合理，有无差错，索引的条目是否遗漏关键词目，索引义字与正文相关文字是否一致，索引的页码是否正确等。

2. 如何编写吸引人的内容提要？

内容提要是出版者向读者或销售者介绍、推荐该书的文字材料，导购作用强。内容提要不是每本书都必须有的，中外古典文学名著、古典学术著作、课本、图集、工具书、篇幅不大的儿童读物等，可不加内容提要。

编写内容提要时要做到以下几点：

（1）抓住内容实质，概括准确、重点突出。

政治类文稿的提要，要侧重介绍其写作背景、政治内容、主要观点、现实意义等，可带有评论性；学术类文稿的提要，要侧重介绍其学术内容、创新之处、研究和实用价值，带有鉴定性；文艺作品，特别是小说，要反映故事情节、人物塑造、社会生活的典型意义，行文可带有悬念性。

此外，对于丛书或多卷本的各单本图书，撰写内容提要时要注意照顾其前后册的相互关联。对于再版图书，要注意对其内容变化的评价。

（2）坚持实事求是态度，切忌吹嘘。

（3）文字精炼，简洁明了，内容提要的字数一般没有要求，但以300字左右为宜。

（4）表达无误，杜绝文字性差错。

（5）设置位置恰当。

书籍的内容提要，或刊登于目录中每个书名之后，古称序录；或刊登于图书的正文之前，如前勒口、版权页的某个地方。

就某一章的提要，一般刊登于书籍正文之中的章名页或辑名页上。

3. 如何编写有助于读者阅读的编者按？

编者按是编辑人员为文章所加的意见、评论，常见于选集、文集，通常介绍文章的写作背景，评论其学术价值、历史价值等。例如，《陈原出版文集》（中国书籍出版社，1995年版），因为文集收录了作者几十年与出版工作相关的文字资料，因此，作者以十年浩劫作为中线，把文字资料分为《前十七年》和《后十七年》。《前十七年》各篇文章前冠以"题解与反思"，《后十七年》各篇文章前冠以"题解和思考"，提供写作时的背景和意图，以及编辑文集时对文章观点的反思，让读者对这些书稿理解得更透彻。

也有一些通过编者按告知阅读者内容的来源，以规避法律风险。如："感谢××给予本内容大力的支持"，或"本文内容仅供参考，并无抄袭或商业用途，涉及版权请联系×××"。

编写编者按时需要注意以下几点：

第一，从出版的需要出发，有话则说，不可滥写；

第二，依附于文稿，一般不单独发表；

第三，掌握角度，有的放矢，言简意赅，分寸得当；

第四，编者按通常200字左右，甚至更短，有时仅三言两语，但要能够切中要点。它没有独立的标题，位置也较自由。

实战演练

仔细读读以下几个内容简介，如果可以，最好适当翻翻这几本书，看这些内容简介写得好么？如果不好，该怎么修改呢？

《恋爱曲线》内容简介

失恋！多么悲惨的命运呀！当时我深有同感。我不也是一个饱尝失恋之痛的人吗？在主人活着的时候，这颗心脏跳动得是多么剧烈，又是多么悲伤呀！以前的那些痛苦回忆，看起来好像已经被洛克氏溶液洗涤干净了，现在它正在无拘无束地不停收缩、扩张着。或许自失恋以来，这颗心脏连一天也没有平静地跳动过吧？跳吧！跳吧！洛克氏溶液多得是，跳吧！尽情地跳动吧！

《明史 1–28（繁体竖排版）》内容简介（节选）

三百三十二卷，清张廷玉等撰。明朝是在元末农民大起义以后，一三六八年（洪武元年）建立的封建政权。一六四四年（顺治元年），明朝南方势力被消灭。明史记载了明朝自建立到灭亡将近三百年的历史。清朝在一六四五年（顺治二年）设立明史馆，一六七九年（康熙十八年）开始修史。一七三五年（雍正十三年）明史定稿，一七三九年（乾隆四年）刊行。

明史先后由张玉书、王鸿绪、张廷玉等任总裁，最后由张廷玉等定稿。先后参加具体编撰工作的人数不少，其中以万斯同用力最多，但是他没有担任明史馆的职名。王鸿绪就万斯同已成的明史稿加以修订，张廷玉等又在王鸿绪稿本的基础上改编成为明史。

《现代出版学》内容简介[1]

本书总结了不同历史时期出版活动开展的规律，结合我国计划经济体制向市场经济体制转轨的实际以及高科技对出版的影响，探索出版的本质和自主性，建立现代出版学的基础理论。

---

1. 师曾志.现代出版学[M].北京大学出版社,2006.

本书分析了出版学的研究对象、内容、特点以及研究方法等，对出版学与编辑学的关系进行了梳理，对出版工作涉及的选题、组稿、审稿、编辑加工、装帧设计、成本核算、著作权、出版合同、出版物营销等环节和流程进行了详细介绍，对网络环境下出版的特点，出版物的构成、开发以及相互间的关系等做了分析，并对出版业发展前景进行了概述。

本书可作为高等院校编辑出版学专业的教材，对于该领域的从业者也大有裨益。

演练点拨

《恋爱曲线》的内容简介写得过于晦涩，看完之后让人很难知晓这本书的主要内容。行文方面，语言过于跳跃，让人阅读起来有些困难。

写作提示：

（1）作为一本小说最好能概括出主要内容；

（2）文字要吸引人，但不可过于标新立异；

（3）为了吸引读者注意力，简介中可以设置悬念。

《明史》的内容简介介绍了书稿的成书过程，重点介绍了编纂者的情况，但其中存在错误，对明朝灭亡的表述不完整；明朝南方势力被消灭是在一六六一年（顺治十八年），而非一六四四年（顺治元年）。

写作提示：

（1）落实时间、地点、人物等基本信息，千万不能出错；

（2）可适当增加关于"该版本的特色"的内容，描述繁体竖排版有何意义；

（3）作为繁体竖排本的内容简介，可以考虑将文字写得更有文言味。

《现代出版学》的内容简介集中介绍了该教材的主要内容，但概括得有点杂乱，甚至有夸大嫌疑。最后一句指明该书的受用人群是十分必要的。

写作提示：

（1）内容概括一定要条理清晰，实事求是；

（2）明确该书受用人群，提炼出核心读者和边缘读者；

（3）该书为"21世纪新闻与传播学系列教材"，可在简介中提出，其他突出卖点也可在摘要中体现。

（4）如篇幅允许，可适当提及编写体例、编写方法、编写特色。

第五节 技术性加工是个技术活儿

典型案例

《毛泽东文集》的编辑加工

《毛泽东文集》的正文编辑工作,因文稿的稿本情况不同而有一些差别。对手稿和已经公开发表过的讲话、谈话记录稿,编辑工作主要是作史实的核查考订和文字、标点的校订。没有公开发表过的讲话、谈话记录稿,除了作史实方面的核查考订外,还要花较大的工夫进行文字上的技术性整理。

毛泽东文稿中的引语,涉及的面十分广泛。从马克思主义的经典著作到外国一些名人的言论,从中国的经史古籍到现代文学家的论述,等等。有些引语查起来相当费事,还有的虽然用了不少工夫进行查核,但最终也未能查到出处。

《文集》第二卷《在鲁迅艺术学院的讲话》(1938年4月28日)中,毛泽东说:"徐志摩先生曾说过这样一句话:'诗要如银针之响于幽谷',银针在幽谷中怎样响法,我不知道。"对徐志摩的这句话,编辑作的注释是:"他的这句话,没有查到出处。"

《毛泽东文集》的注释,除了说明本篇文稿情况的题注以外,大量的是对人物、事件、引语、文件等的注释,还有通过注释介绍与正文内容有联系的毛泽东的思想观点,或通过注释订正正文中某个说得不准确的问题。正文中的词语,一般不作注释。但为了方便读者,编辑对个别生僻的文言词语和难懂的方言作了注释。

案例分析

史实的考订,是编辑工作的一个重要方面。即使是已经公开发表过的文稿,我们也不能简单地拿过来放入要编的文集中就算了事,而是要多次地阅看,核查有无需要校订的史实。史实的考订工作,反映了编辑人员的知识水平,反映了编辑工作的严谨作风。

"诗要如银针之响于幽谷"一句由于没有查清楚，编辑只好保持原貌不动，绝对不能妄改。在这样不得已的情况下，编辑在注释中说明这句话没有查到出处。这样作注，在编辑工作中是极少的。这样，一是体现编辑遵循实事求是的态度；二是有向社会上的专家学者请教的意思；三是说明这是编辑存疑的一个问题，今后在工作中还要继续留心这个问题。

注释是反映编辑工作水平的一个重要方面。要做出比较满意的注释，必须有严谨的学风和执著的钻研精神，比较广博的知识水平和文从字顺的文字表达能力，必须征引确切的史料和善于做寻绎而辨的分析、考订工作。

释疑解惑

1. 技术性加工与内容加工、文字加工有何不同？

技术性加工要在不改动文稿内容的基础上，使文稿与版面变得更加清晰、美观并彰显图书个性。其中，最重要的一点是，技术性加工是不改动文稿内容的。

技术性加工着眼于图书的局部，如版面字体、字号的使用，图表的绘制，文章标题层次的编号，文内数字的运用，外文符号的大小写、正斜体、上下角标，以及公式、单词转行等，并使之符合有关标准且和谐得体。

2. 技术性加工需要完成哪些任务？

技术性加工主要包括统一、核查、加标注和整容四个方面的工作。

（1）统一

主要指体例的统一。统一书稿的编写格式，即篇、章、节等层次序号和标题形式；统一插图体例包括图序、图题、图例、图注（图内注和图题下注）、分图以及图形绘制等种种格式；统一表格体例包括表序、表题、表头、表身、表注以及表内文字、数字、缺项、单位等格式；统一公式体例包括公式的占行、转行、编序、注解等格式；统一计量单位体例（中文或是符号格式）；统一数字体例（中文数字或阿拉伯数字格式）；统一注释体例包括文内注、脚注、文后注（又分节后注、章后注和书后注）、注释符号等格式；统一参考文献体例包括文内标注符号、节后或书末注录以及作者、篇名、书名、出版社名、版次、页码、卷次、年代等格式。

技术性加工时，编辑应注意集体编著（或翻译）的书稿，特别是丛书和多卷书体例是否一致。对内容的前后衔接，名词术语的规范统一，量和单位的规范统一，书稿体例的一致，目录与章节标题的统一，图、表、公式、参考文献的编号及统一以及插图、表格本身是否符合要求、位置安排是否恰当等进行认真的检查和修改，以求全书一致。

（2）核查

核查，是以原稿为基础，比照相关文献、资料等，对出版稿件中的人名、地名、年代、数字、日期、史实，以及外文、译文、引文、注释、参考文献、索引等进行核对，核查其是否正确。

核查辅文时，要检查辅文是否齐全，有无遗漏；检查某些辅文的内容是否完备。如封面署名有无错误，名字之后写编还是著或是编著，封面字和书脊字的颜色同封面和书脊的颜色是否有明显反差，能否一眼即可辨认出；扉页上的书名与封面上的书名是否一致，扉页上作者署名是否齐全，有无遗漏或错误等。

（3）加标注

编辑应对稿件中的特殊字体，外文符号的大小写、正斜体，上下角码、公式，单词转行、版面缩行、转页、图表处理等加说明文字，标注清楚，以利排版、校对。

（4）整容

编辑通过技术手段使文稿在外形上整齐划一，各部分秩序井然，稿面清晰可辨，文字、图表、符号等一目了然。

3.技术性加工需要解决的具体问题有哪些？

（1）版式错误

版面设计或排版造成的错误，如章节末页留下大面积空白；连载文章虽在每期的题名后边加注了连续次号，但最后一次连载却未注明"续完"；将译文的译校者排在文章题名下方，将原著者姓名排在文后，使文章的权利人倒置；出现背题。

（2）标题层次编号不规范

在一本书中，同级标题既使用阿拉伯数字，又使用汉字数字；混淆层次标题与列项说明。

（3）字体字号使用不当

字体字号使用不当的情况比较普遍，易造成内容之间的关系不明晰及阅读障碍。

图书使用字体字号的原则：

字体字号的选择要考虑图书的开本大小，一般中型开本的图书排印标题可根据标题的级别选用二号到四号字体；一般图书排印正文所使用的字体，可使用五号书宋；字数较少的通俗读物和儿童读物，正文可使用小四号书宋或楷体。

图书上，小五号书宋和五号仿宋一般用在说明、目录、图表等处。供考查的工具书（辞书、字典、手册、索引、书目、图表等）可用小五号书宋或五号仿宋排印。

六号书宋一般不在图书正文中使用，只在注解、说明、图表等处和少数工具书中使用。

标题字号顺序分别按层次逐级设定大小；字体顺序按标宋、黑体、书宋、楷体、仿宋排列。第一级标题一般另面起排，可根据开本和文字多少决定字体字号。接排的标题一般左右居中，上下各空一行，按字体大小顺序排列。

科技书中的插图说明（图题）和图注应用不同字号区别；表题可用仿宋体或小号黑体，表格分为有线表和无线表、围框线表等，可根据在版面上的位置、开本大小决定使用字体，要求美观适用。

（4）外文字母错排

把该排成正体的字母排成了斜体，把单位和词头符号中的希腊字母错排成斜体；把该排成斜体的字母排成了正体，数学中用字母表示的变动性数字和一般函数要用斜体却错排成正体；把该用大写的字母排成了小写，而有的该排成小写的字母排成了大写。

（5）上下角标不规范

错排入正文或由于批注时没有弄清下角标字母的含义，只要是下角标，就一律排成正体或斜体。

（6）转行不当

题名转行时将科技名词或普通词语断开；数理公式转行未按新规定，将运算符号或关系符号放在上一行的行末。当公式过长需要转行时，需要遵循下面几点要求：

① 优先在"＝"或"≈"，"＞""＜"等符号处转行，关系符号留在行末，转行后的行首不必重复写出关系符号。

② 其次可在"×""÷""＋""－"符号处转行，这些符号留在行末，转行后的行首不必重复写出符号。

③ 不得已时可考虑在"Σ""Π""∫"等运算符号和 lim，exp 等缩写字之前转行，但绝不能在这类符号之后立即转行。

例如：

$$b(t) = \sum_n a_n(t) \int u^*(x) F(x) dx$$

可转成

$$b(t) = \sum_n a_n(t)$$

$$\int u^*(x) F(x) u_n(x) dx$$

但不能转成

$$b(t) = \sum_n a_n(t) \int$$

$$u^*(x) F(x) u_n(x) dx$$

（7）数字用法不规范

错用阿拉伯数字，如数字作为词素构成定型的词、词组、缩略语时，使用阿拉伯数字。

错用汉字数字，如把表示年、月、日、时刻的数字错用成汉字数字；把计量单位和计数单位前面的数字错用成汉字数字。

阿拉伯数字拆开转行。

（8）图表使用不规范

图表重复使用；图表编排疏密不当。

以文说图有误，例如文字注明图内黄色是什么，蓝色是什么，而印出的却是黑白图并非彩图。

插图缩尺不当，图与字符的大小不匹配。

表格内容编排拥挤，以致无法阅读。

（9）需要缩行、缩页的处理

出现单字成行、单行成面的问题；章题页需要单页码面起排；需要调整印张，降低成本等，都需要对版面进行缩行、缩页的技术性处理。

4. 技术整理与发稿有关吗？

书稿经过技术整理，达到了"齐、清、定"的要求，就可以发稿了，这才算真正完成了编辑加工任务。

"齐"指齐全。书稿的正文和辅文、编辑流程记录都齐全。

"清"指清晰。指文字、图表、符号清楚可辨。文图配合关系清楚；稿件各组成部分次序分明；稿面清晰；版式批注清晰。

"定"指定型。指书稿从内容到形式都已确定，无遗留问题。发稿后一般不做大的改动。

实战演练

1. 选择一本书，从技术角度查看是否符合出版规范。

2. 选择一套丛书或多卷本图书，从技术角度查看是否符合出版规范。并请试着分析单本书体例与丛书体例的关联。

演练点拨

1.从是否统一,是否呼应,是否规范,是否适宜阅读等方面观察。如前所述,检查封面、扉页、版权页,正文与目录等相关信息是否统一,是否呼应;版面设计以及实际效果是否符合规范;字体、排式、标题体系、图文关系是否规范且是否方便阅读。

2.除了像观察单本书的技术规范一样,还要观察丛书的封面、扉页、序言、书眉等体现丛书关系的地方,每本书对丛书的称谓是否准确统一,丛书一般应有统一的体例和整体设计,仔细观察其整体性与单本书的个性的关系是否和谐。多卷本图书介于单本与丛书之间,也不外乎观察其统一、呼应、规范与宜读。

第六节 编辑加工的实战技巧

1. 加工整理有哪几项基本要求？

（1）把握编辑加工顺序

先肯定优点，后解决问题；先从宏观上解决问题，后从微观上解决问题；先改错，后完善。

（2）加工整理应严格遵守国家及行业有关标准。

（3）加工整理过程中发现和改正的问题要载入记录表。

（4）电子原版，需保留痕迹。

将作者交来的初始稿件做好备份。充分利用文字处理软件的功能，以与原稿不同的颜色或标志明确区分编辑的修改之处。

将留有不同颜色修改痕迹的电子文件备份保存副本，再利用计算机处理软件的功能清稿，然后再将电子文稿作为定稿发稿。

（5）选用色笔进行编辑加工，书写要端正。

编辑加工时要选用与原稿文字颜色不同的色笔，区别于原稿而且醒目，编辑修改的文字要端正、工整。

复审或终审要在稿件上修改，需选用互不相同的色笔，以示区别，以明确责任。编辑在修改原稿与改正校样时使用的符号可以有区别。修改原稿时，可以按书写习惯在错漏处修改；通读校样时则必须使用规定的校对符号改样。

2. 怎样拟定加工方案？

一般来说，编辑的加工方案包括加工的内容、标准、重点和难点、方法、完成时间等。对丛书、套书或规模较大的图书稿件，应有详细的书面方案，便于加工整理中掌握始终如一的标准，不至于因为时间长久和人员变动而发生变化，甚至造成前后矛盾或缺乏照应。

编辑拟定加工方案的步骤：

（1）定框架：在审读的基础上再次审核稿件的结构是否理想，是否有篇章或较大的段落需要做调整，稿件的体例格式等是否还需要修改等，从而确定稿件的总体框架。

（2）定细节：对稿件的各个局部，甚至一句话、一个词，进行润饰加工。

3. 为什么必须写任何人一眼就能认得出的"编辑体"？

编辑写字有特殊的职业要求，编辑要能写出任何人一眼就能认得出的"编辑体"。"编辑体"以清晰为第一要义，其次才是美观。出版界前辈陈原先生认为，编辑体就是一笔不苟、规范化，任何人一眼看上去就能认得出是什么字。

有些编辑书写的是自由体，爱怎么写就怎么写，常常让看的人如读天书，造成编辑加工稿件的阅读障碍，以至于出现下列伤害性后果。

（1）脱骱。一个字被拆分成两个字。

比如某书稿本应是"一腔真诚"，因为腔左右间距留得较大，被排印成了"一月空真诚"。

（2）粘连。两个字被并成一个字。

某人名白月坡，谁知编辑却把它看成了"白肚皮"，"土"旁和"皮"旁分家，却和"月"旁粘在一起。这可能和作者书写潦草有关吧。

（3）错位。此偏旁被误为彼偏旁。

比如简化的"讠"字旁极易和"三点水"混淆，"扯淡"便经常成了"扯谈"。"左前方敌人设有岗哨"中如果把"设"字写得像个"没"字，那就差别大了。

（3）变形。整个字模糊不清，从而导致张冠李戴。

比如某作者的笔下，本是"如果"的"如"字，因为用的是草体，全被排成了"为什么"的"为"字。

虽然现在作者多交电子版的书稿，但编辑在处理作者及自己修改之处以及加批注之时，常因书写潦草导致校对、改版人员误判，造成新的错误，因此，编辑必须学会写编辑体。

4. 为什么说编辑必须注重知识的积累？

编辑要注重知识的积累，在工作和学习中，有了自我提高的意识，才能不断充实和完善自己的知识结构，从而获得更多的自由和主动，更好地完成编辑加工工作。

例如，叶至善先生曾读到一篇考古文章，说是中亚某地发现了一座两万年前的回教寺院。作为一个称职的编辑，叶至善先生一眼便看出这条消息的荒谬。回教是伊斯兰教在中国的旧称，形成的年代虽说不准，但离现在早则两千多年，晚则不到两千年，两万年前怎么可能会有回教寺院呢？这些说起来都是常识问题，而编辑的职业敏感，正是由常识构成的。

又有一次，叶至善先生对一部关于候鸟的书稿进行编辑加工，稿中谈到了军舰鸟。作者说军舰鸟体型硕大而性格凶猛。作为一名科普作家，他自身具有丰富的生物学知识，叶至善先生立即发现了其中的疑点，查核资料后证实：军舰鸟并非候鸟。

5. 什么是编辑加工的"三疑"？

编辑加工要多疑、善疑、会疑。

（1）多疑

"疑"是发现问题，只有发现了问题，才能想办法去解决问题，帮助作者完善书稿。

（2）善疑

一般而言，读不通的要疑，自相矛盾的要疑，不确定的要疑，不懂的要疑，没见过的也要疑。

一些新编辑可能会遇到这样的情况，明明知道书稿质量不好，看着别扭，但就是发现不了具体问题。对于这种情况，一方面，要放慢速度，试着从不同角度去发现问题，多花点时间查考一下相关知识；另一方面，要有自知之明，对书稿内容和自身知识结构做一下评判，如果自身的知识结构和经验还不足以驾驭书稿，与其硬着头皮完成任务，埋下质量的隐患，还不如知难而退，勇于承认自己的不足，及时将自己难以驾驭的书稿转给更合适的编辑。

（3）会疑

对于新编辑而言，掌握一些"疑"的基本技巧或方法也很有必要。

读的技巧。首先，采用默读方式，即在脑海里出声而实际不出声地读。其次，要一字不漏地读，一目十行是很难发现问题的。

多读几遍。许多编辑都有这样的体验，同一本书稿，每读一遍都能发现不同的问题。对于新编辑，刚开始加工的几本书稿最好多读几遍，除了使文稿文从字顺，还要看它的知识体系和内在逻辑，力求弄懂、弄通。

6. 编辑加工时，遇到不会的问题怎么办？

编辑遇到不会的问题要多查、多问。

（1）"查"即查证、求证。查证工夫是编辑能力的重要体现。"查"分两种，一种是书内查，即查书稿；另一种是书外查，即查工具。

① 查书稿

多人写稿而主编未做统稿的书稿经常会出现前后文不一致或表述矛盾的情况，遇到这些问题，需要适时翻查书稿，做到前后一致，文题相符。

② 查工具

主要包括查原始文献、查辞书工具书和利用网络工具三种。在信息时代，这三类工具书要结合使用，例如，可利用网络工具查某句话的出处，如书名、卷期和页码等，再按图索骥查考原始文献或辞书工具书。

（2）"问"即询问、请教。问是一门技术，既要问对人，又要注意问的顺序，还要讲究问的策略。

① 问对人

问要有针对性，只有请教在某个问题上有造诣或有话语权的人，才能顺利解决问题。选择请教的对象时，主要考虑专业是否对口、知识结构是否接近、编辑经验是否丰富等方面。

② 问有序

问的对象有身边同事、作者、专家等。问的顺序要遵循先内后外的原则。

遇到问题，先确认自己能想到的求证途径都试过了。对于新编辑而言，切忌逢疑即问。为了问对人，优先问专业对口的同事、优先问知识结构接近的同事、优先问老编辑，有时甚至还要多问几位同事。

内部解决不了的问题需要向作者请教。遇到比较专深、敏感或与作者有分歧的问题时，可能还需要请教专家。

③ 问得法

向作者请教是解疑的重要方式之一。问作者要注意几点：

第一，尊重作者。一方面，应尽量少打扰作者，有问题最好能一次问完；另一方面，应采取方便作者的方式。

第二，问实质。不要随便什么小问题都拿来问作者，这样只会让作者看轻编辑，怀疑编辑的能力。问作者的问题应是一些实质性或不得不改、不得不问的问题。

第三，问题要明确。要指明问题具体在哪里，还要明确疑问是什么，需要作者怎么解决或提供备作者参考的方案等。如果用邮件方式，最好附上一份与编辑加工的纸稿对应的电子稿。这样，作者才能有的放矢，提高答复的效率。

第八章

如何让整体设计"自己说话"

实训目标

1. 了解书籍整体设计的内容、基本原则
2. 熟悉外部装帧设计及版式设计的相关知识
3. 掌握并运用整体设计技巧实现图书的整体设计

本章重点

图书的整体设计是实现图书使用价值的一个重要方面。

图书整体设计的内容，包括图书的外部装帧设计和内文版式设计。

外部装帧设计包括图书的形态设计、美术设计和表面整饰设计。其中，形态设计包括图书开本的选择与图书结构状况、装订样式的确定；美术设计以准确反映文本内涵为前提，包括从审美角度对封面、护封、衬页、扉页、插页、函套等结构部件的艺术形式设计和加工；表面整饰包括对纸张、装帧工艺材料的选用和相关表面整饰工艺方案的选择。

内文版式设计包括版心规格的确定、文字的选择及其排式设计、图片和表格在版面上的编排等。

实训任务

假设你是××出版社的编辑，要为一本约12万字，有70幅图片，有关京剧主题的历史读物进行整体设计。你该如何设计呢？

第八章 如何让整体设计"自己说话"

趣味导读

如何使"阅读"成为"悦读"？

高尔基曾说过，"书籍是人类进步的阶梯"。可见，图书对我们的成长有多么重要，它帮助我们增长知识、开阔视野、愉悦思维、陶冶情操……然而，在过去，图书内容表现形式单一，读书也是一件相当辛苦、枯燥的事情。随着科学技术的进步，图书内容可以通过技术手段得到更充分、生动的表现，这使得"阅读"变成了赏心悦目的"悦读"。

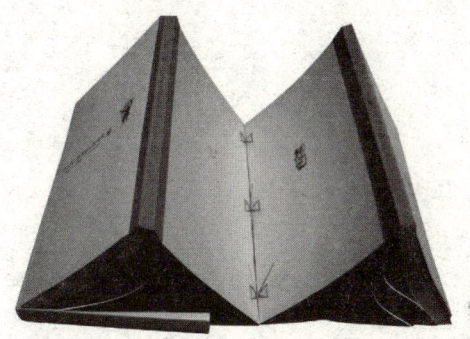

图 8-1 连理书

图 8-2 立体书

图 8-3 能吃的书

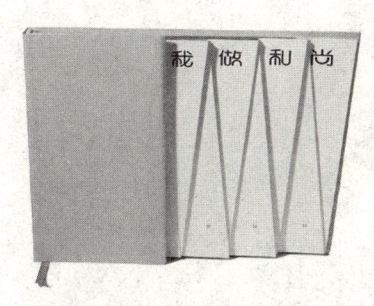

图 8-4 异型开本书

图 8-5 书中书

发散思维

1. 阅读后,你忍心吃掉能吃的书吗?

2. 在你的心目中,好书是什么样子的呢?

3. 你认为怎么才能使"阅读"成为真正的赏心悦目的"悦读"?

第八章 如何让整体设计"自己说话"

第一节 整体设计的"四项基本原则"

典型案例

图 8-6 《思锁》

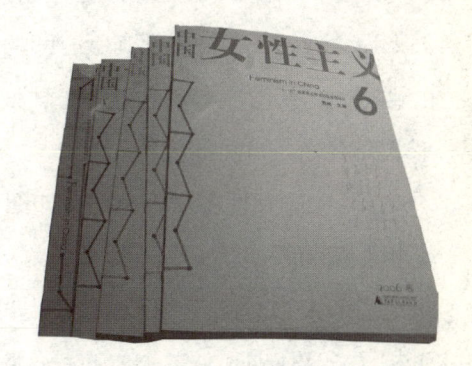

图 8-7 《中国女性主义》

图 8-8 《陇原奇葩》书签

图 8-9 《怀珠雅集》

案例分析

1.《思锁：民间锁具精选》（如图8-6所示）的外形设计充分体现了内容与形式统一的原则。全书分上下两册，主要介绍精选的民间锁具。两本书外形设计独特，书脊中部向版心凹陷。当两本书书脊相对时，出现形似"锁"的镂空，这使得内容属性通过整体设计完美地展现出来，给读者一个内容与形式高度统一的视觉效果。

2.《中国女性主义》丛书（如图8-7所示）的书脊设计体现了共性与个性相协调的原则。《中国女性主义》丛书十余册。每册书的书脊都采用线装鱼尾图形来装饰，突出了丛书设计的整体性。每本书的书脊装饰线的颜色并不相同，又体现了丛书个体的差异性。在统一中体现变化，丰富了丛书设计的整体美。

3.《陇原奇葩：甘肃民间工艺荟萃》（如图8-8所示）是北京印刷学院编辑出版学专业姜曼同学的在校习作。该书在第一章"吉祥葫芦上的诗情画意——兰州刻葫芦"的章名页前，结合章名页图片，用特种纸（玻璃纸）制作了一个夹层，用来放置葫芦形的书签。这样的设计将艺术性和实用性有机结合，使得整体设计相得益彰。

4.《怀珠雅集》（如图8-9所示）是著名书籍设计师吕敬人的作品。该书收录了版画家杨春华等人的280枚藏书票。该书既吸收了中国古籍的设计元素，如采用手工宣纸、麻绳等材料；又利用新的理念，创造连缀装订方式。

释疑解惑

图书的整体设计是设计者对图书形式的艺术性、工艺性设计。其主要目的是使图书具有合适的物质表现形式，从而呈现最佳的视觉效果。图书整体设计在总体上必须符合整体性、艺术性、实用性及经济性等要求。为了达到上述要求，图书整体设计时需要坚持"四项基本原则"。

1. 内容与形式统一

图书的内容设计和整体设计之间具有辩证统一的关系。图书的内容决定了整体设计的形式、表现手法等，而整体设计反映、揭示、提升了该书的内容。因此，整体设计必须与图书内容相结合，使美观、实用、经济的形式和高质量的内容完美结合，与读者形成共鸣。

整体设计不等于简单的图解内容，要依据内容运用艺术手法表达图书的主旨、精神。图书的内容丰富多彩，设计者要深刻体会其精髓抓住本质内容，起到画龙点睛的作用。如图 8-10、8-11 所示。

图 8-10 《四合院》

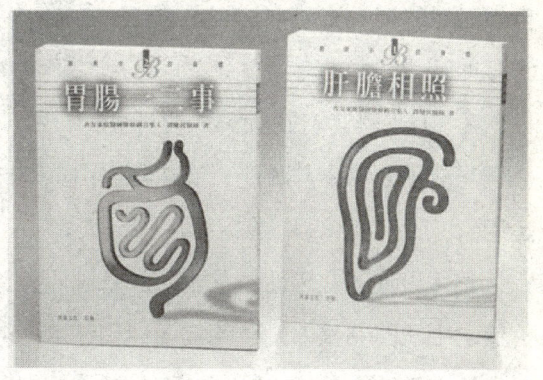

图 8-11 《胃肠一二事》、《肝胆相照》

2. 共性与个性协调

共性是指各项具体设计必须服从和服务于整体设计方案，封面、护封、腰封、衬页、版式等的设计风格要保持一致。个性是指在整体设计思路的指导下，各项具体设计要有自身的特色。整体设计不等于整体划一。共性与个性的统一，才能使整体设计真正达到和谐。如图 8-12 所示。

3. 实用性与艺术性结合

"皮之不存，毛将焉附。"没有图书的存在，也就没有图书的整体设计，这就决定了图书整体设计具有鲜明的实用性。实用性，要求图书整体设计时必须充分考虑不同层次读者使用不同类别图书的便利，充分考虑读者的审美需要。实用性表现在图书整体设计的每一个方面。如版面设计的实用性体现为以下几点。

（1）减轻读者的视力疲劳。人眼最大有效视角左右为160度，上下为65度，最适合眼球肌肉移动的视角左右为114度，上下为60度。所以，版式设计时，人的最佳视域是100mm左右（相当于10.5磅字27个）为宜，有实验表明，行长超过120mm，阅读速度将会降低5%。

（2）顺应读者心理。让读者在自然而然的视线流动中，轻松、流畅、舒服地阅读图书内容。

图8-12 《毛泽东读四大名著》

（3）诱导读者阅读。如设计中对强调与放松、密集与疏朗、实在与空白、对比与谐调以及黑白灰、点线面的运用。

整体设计的实用性是艺术性的基础。整体设计的审美价值必须寓于使用价值之中。图书整体设计的实用性和艺术性的完美结合，是使用价值和审美功能的完美结合。

4. 继承与创新结合

我国是拥有五千年文明历史的大国，厚重的文化积淀为设计者提供了广阔的沃土。随着社会的发展，现代高科技为设计者扩展了想象空间和展示平台。因此，在图书整体设计时，设计者既要从历史中汲取营养，又要利用现代科技不断创新，这样才能设计出满足时代需求的图书。

实战演练

现在作为编辑的你要设计一套主题为"中国传统节日"的丛书。丛书共5册，每册约7万字，100幅摄影作品，彩色印刷，无勒口平装，胶订。请问你该如何设计呢？

演练点拨

1. 这套书是通俗读物，可选择中型开本，如16开、24开、大32开、32开等。

2. 因篇幅较大，可选择胶订、锁线胶订等装订形式。

3. 为了体现丛书的特点，面封、底封、书脊、衬页、书名页、版式的设计风格要保持一致，但为了区别起见，可根据具体实际体现单册书的特点。

4. 为了突出表现丛书的整体性，可设计书套或书盒。

5. 在满足阅读等实用性要求而不过多增加制作成本的前提下，可适当地附赠中国结、剪纸等民间艺术品，从而提升丛书的艺术性和附加值。

6. 版式设计时，可在利用中国元素的同时对版面背景构图、书眉、页码等进行创新设计，如对中国祥云图案进行技术处理后设计成承载信息的书眉。

第二节 如何打扮你的书

典型案例

图8-13 《宝贝别怕》

图8-14 丛书书脊设计案例

图8-15 学生习作《陇原奇葩》

图8-16 《用镜头亲吻西藏》

图 8-17 学生习作《皮影戏》

图 8-18 《梅兰芳全传》

图 8-19 《失物之书》

案例分析

1.《宝贝别怕》（如图 8-13 所示）面封构图巧妙，且打破平衡，视觉冲击力强。图像寓意着新的生命蓬勃而出，强大的生命力，传递出积极和乐观的情绪。面封书名字体和色彩的选择及起凸处理是点睛之处，与面封风格统一，吸引注意力。

2. 图 8-14 所示的是书脊设计的典型案例。连续排列的书脊，组成了北京奥运会会徽及五环的图案，这不但具有表象的趣味性，更重要的是突出了主题。该设计使图书整体设计的功能性、艺术性、整体性得到了完美结合，体现了图书设计的和谐之美。

3.《陇原奇葩》的函套（如图 8-15 所示）设计独特。一般的四合函套由对应面封的盖、对应于底封的底和两块分别对应于书脊和书口的侧板构成，而该书印有酒泉夜光杯的函套盖被一分为二后，在对称的部位各打一个孔，穿过黄色丝带，使函套形成一个整体。每当读者要阅读该书时，都要解开丝带，这寓意解读该书内容。这里我们暂且不考虑批量生产的成本和制作难度，仅从设计本身看，独特的设计会引发读者的好奇，使读者获得更多的阅读体验，而这也是注意力经济时代图书设计面临的新课题。

4. 中国文联出版社出版的《用镜头亲吻西藏》（如图 8-16 所示），通过页面模切和透叠，形成书籍整体形态的局部凹陷，营造镜头伸缩效果。

5.《皮影戏》（如图 8-17 所示）是北京印刷学院编辑出版学专业李哲、王上嘉、赵璐同学的在校习作。该书护封勒口设计独特，前后勒口设置为皮影戏的人物头像并沿图案外沿作了裁切，延伸了护封主题内容，形成整体设计的旋律，使读者在阅读图书时，视觉得到充分享受，同时构图的虚实结合，传递出作者的审美情趣及对继承与发展传统文化的思考。

6.《梅兰芳全传》的翻口设计（如图 8-18 所示）堪称经典。当切口向左倾斜时，切口呈现梅兰芳的剧照；而向右倾斜时，切口呈现出梅兰芳的生活照。这不仅凸显了主题，还增加了读者的阅读兴趣，拓展了读者的阅读空间。

7.《失物之书》的护封设计（如图 8-19 所示）很有创意。护封是由一张色彩对比强烈、图画连贯的海报折叠而成。这样的设计简约、流畅，富于美感。

释疑解惑

1. 开本与什么有关？

开本与印刷用纸及纸张开切方法有关。开本以"开数"来区分。"开数"是指一全张纸开切成的纸页数量。如32开就是一张全张纸被开切成32张纸，24开是一张全张纸被开切成24张纸，40开是一张全张纸被开切成40张纸。纸张有不同的开切法，如几何开切法、直线开切法、纵横混合开切法等。如图8-20、8-21、8-22所示。开切法不同，开切出来的纸张幅面也不同。

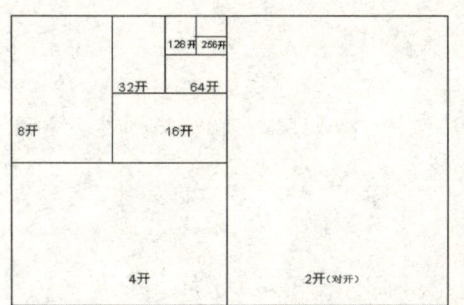

图 8-20　几何开切法

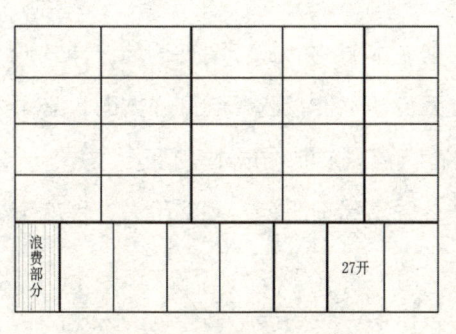

图 8-22　纵横混合开切法

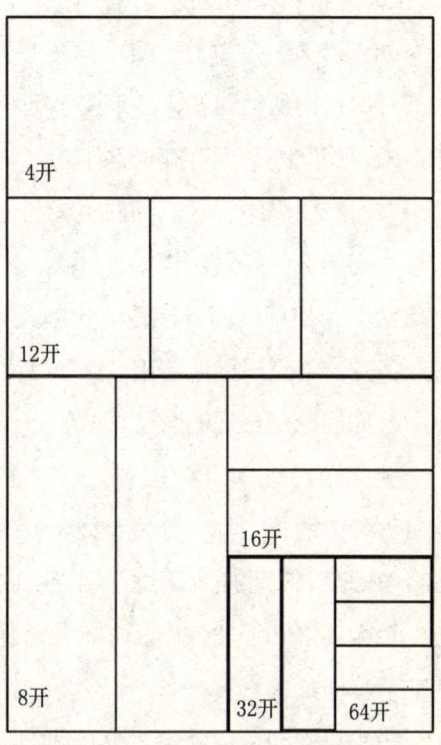

图 8-21　直线开切法

2. 如何选择合适的开本？

选择开本时，必须综合考虑图书的性质、用途，图书的篇幅以及内容特点。

（1）根据图书内容性质选择

常采用大型开本（大于16开的开本）的图书：画册、图集。

常采用中型开本（16开~32开的开本）的图书：经典著作和学术著作、大型工具书、高等教育教材、通俗读物、中小学教材等。

常采用小型开本（小于32开的开本）的图书：儿童读物、小型工具书、连环画等。

（2）根据图书的容字图量选择

容字图量较大的图书，多采用大中型开本；容字图量较小的图书，多采用中小型开本。

（3）根据图书的用途选择

如查检类、鉴赏类、藏本类图书多采用大中型开本；阅读类图书多采用中型开本；便携类图书，多采用小型开本。

3. "页"与"面"有何区别？

在日常生活中，人们习惯将编有一个页码的一面书页称为一页。

在出版业的行业用语中，"页"专门用于称书页的张数；而对一张纸的正反两面，都用"面"指称。也就是说，1页=2面。为了避免歧义，在出版业务交流中应该尽量使用"面"或"页码数"来表示书页的数量。

4. 如何选择合适的装订样式？

装订样式是指把印有图文的书页加工成本册的形式。图书的装订样式通常有平装、精装、骑马订装、线装、散页装等五种。选择装订样式时，必须综合考虑图书的性质、用途、篇幅、内容特点以及制作成本等因素。

较大篇幅的经典著作、学术性著作、中高档画册等，多采用考究程度不等的精装样式；

较小篇幅的通俗读物、少儿读物、教科书、生活类用书等，多采用结构相对较为简约的平装样式；

考究的古籍图书多采用线装的样式，如图 8-23 所示；

教育类挂图和美术小品集，多采用散页装的样式。

5. 设计骑马订装应该注意哪些问题？

骑马订装的特点是用较牢固、厚实的软质纸制作封面，面封、底封与书心大小完全相同并且平齐，而书脊则既窄又呈现弧形且明显露出订书所用的铁丝。如图 8-24 所示。

图 8-23 《曹雪芹风筝艺术》

骑马订装的装订成本低，但图书装订不够牢靠，铁丝难以穿透较厚的书页。所以，骑马钉装一般只适用于书页数有限的图书，若图书内文用胶版纸印刷，书页数量不得超过 48 页（96 面）；若用铜版纸印刷，书页数量不得超过 32 页（64 面）。

6. 面封设计应该注意哪些？

面封（又称封一）能对读者的第一印象产生视觉冲击，因此，它的设计效果可在图书市场销售中起到较大的作用。面封设计除了要遵循视觉艺术规律之外，还要注意规范。面封上应该印有书名（有副书名的应一同印上，丛书还要印丛书名）、作者名（或译者名）、出版者名称，多卷书还要印卷次。

面封上的主书名、副书名、作者姓名、出版者名称的字体、字号、颜色及排式，可根据背景的风格设计进行处理。主书名应最醒目，一般用较大字号的字，副书名的字号应小于主书名。作者姓名的字号一般应小于副书名；两人以上的作者，姓名与姓名之间应空 1 个字符的距离，不加标点符号；引进版图书应在原作者姓名的括号内注明国籍。出版者名称一般采用出版单位专用的标准体，字号小于或等于作者姓名；出版者的 LOGO

图 8-24 骑马钉装

一般加在名称之前或之上。

面封文字排式根据内容和设计的需要安排，没有固定的程式。一般面封文字横排时，主书名、副书名、作者姓名由上至下依次排在上半部，出版者名称排在下方靠近书根处。面封文字竖排时，主书名、副书名、作者姓名由右至左依次排在右半部上方，出版者名称排在书脊旁靠近书根处。

7. 如何设计系列丛书的封面？

为了促进销售，形成品牌影响力，出版者往往根据某一个主题出版一系列丛书，相似的封面设计及其规模效应可以有效地吸引读者的目光。

设计系列丛书的封面时不仅仅应该注意面封（封一）的设计，书脊的设计也非常重要，通常我们可以通过以下几种方法来设计系列丛书的封面。

（1）差异图形法

系列丛书封面设计中的每一本均使用相同的版面构成，但根据每本的内容使用不同的封面图形。

（2）差异颜色法

每本书均使用相同的版面设计，但根据每本书的特点，使用不同的颜色以区别于系列丛书中的其他图书。

（3）差异文字法

封面的版式及颜色都不变，但变换封面中的文字，例如书名和作者名。如图8-25所示。

当然，除了分别使用上述的3种方法之外，也可以综合这些方法，从而得到更具特色的系列丛书风格。

图8-25 "影响人一生的文章"丛书

8. 如何安排书脊内容？

图书的书脊宽度大于或等于 5 毫米，就应印上主书名和出版者名称。如果空间允许，还应印上作者名。多卷书的书脊，应印上该书的总名称，分卷号和出版者名称。

书脊上的字形和大小应该根据书脊宽度来设计。如果书名长、书脊宽，可以用扁字体，如果书名短、书脊窄，可用长字体。书脊的文字不宜排得太满，应留有一定的空白。丛书的书脊也可以设计成一个连续画面，每一册仅是整个画面的一部分。如图 8-26 所示。

图 8-26 《中国现代陶瓷艺术》

9. 勒口设计应该注意哪些问题？

勒口的尺寸一般以书籍封面的二分之一左右为宜，勒口太窄，容易卷边；勒口太宽显得累赘，而且增加成本。如何把握勒口的宽度，一方面取决于整张纸计划出几个封面；另一方面，体现设计者对勒口功能的理解。

勒口上可以设置内容提要、作者简介，也可以放置责任编辑、责任校对、装帧设计者的姓名，还可以不设任何文字，而将封面底纹延伸铺满。如图 8-27 所示。

图 8-27 《话说中国》

10. 如何确定加工工艺？

在加工前根据加工方案的要求，按照工艺的顺序确定加工工艺的方式、方法。如按所加工图书的装订方法、开数、材料等，确定哪些结构部件使用手工操作来完成、哪些使用机器操作来完成；按其帖数和页数的安排，确定是否需要零散页的黏结、套插的加工；按其订联方法，确定采用何种材料，采用何种订联形式等。

实 战 演 练

中国茶文化源远流长，历经岁月沉淀而愈发沉静幽香。几千年后的今天，品茶成为一种生活方式，越来越受到人们的追捧。作为某出版社的编辑，你准备为一本主题为"茶"的科普读物进行外部装帧设计。该书用 20 万字和 250～300 幅摄影作品详尽介绍中国茶与茶文化，是一本中国茶鉴赏性知识读物。你该如何设计呢？

演 练 点 拨

1. 该书是科普读物，可选择中型开本，如大 16 开、16 开、大 32 开等。
2. 因该书定位为中国茶鉴赏性知识读物，考虑到其实用价值和收藏价值，可设计为平脊精装本。
3. 为了保护、美化该书，可设计护封、书盒等部件，其中护封可选用 250g/㎡ 的无光铜版纸，覆亚光膜。环衬可选用 120g/㎡ 的特种纸，做水印处理。
4. 封面采用全纸面的书壳，书名做起凸工艺处理。
5. 因设计为精装本，应采用锁线的装订形式。

第三节 版式设计是个精细活儿

典型案例

图 8-28 书眉设计

图 8-29 节奏感强的版式设计案例

图 8-30 版心位置示意图

案例分析

《三字经与中国民俗画》（如图 8-28 所示）的中缝设计不符合规范。中缝的作用等同于书眉。按照版式设计的规定，双页码面为高一级标题，单页码面上为低一级标题。而《三字经与中国民俗画》的单双页码面的中缝都为书名，为读者提供的信息不充分，也起不到检索的作用。

图 8-29 所示的版式设计案例具有较强的节奏感。在设计中，有规律的重复和对比可以产生视觉上的节奏变化。该案例运用眼镜大小的渐变、重复，使版面产生轻、重、缓、急的节奏。

周空设计是增加版面灵气的一种有效手段。随着周空的大小的变化，版心在版面上的位置也会发生变化。图 8-30 所示的版面示意图，版心向订口靠近，即订口缩小，翻口增多，目前这类版式多应用于图文类图书。

释疑解惑

1. 版面上有哪些视觉元素？

版面反映着图书的个性。图书是否可读、易读，是否吸引读者，在一定程度上取决于版面各个视觉元素的编排是否恰当。版面上的视觉元素通常包括文字、图表和空白。

2. 版面设计有哪几种形式？

版面设计的形式主要有古典版式设计、网格式设计和自由版式设计三种形式。古典版式设计的特点是以订口为轴心左右对称，字距、行距有统一尺寸，天头、地脚、订口、翻口按一定比例关系组成一个框，文字油墨的深浅和版心内图片的黑白关系对应严格。网格式设计是把版心的高分成几栏、宽分成几格，安排文章、标题和图片，使版面形成有节奏的组合，未印刷的部分成为被印刷部分的背景。特点是有节奏感，紧密连贯，结构严谨。自由版式设计是根据作品的主题和风格而不是按照一定的规矩设计版面，表现为版心无疆界、字图一体、局部的非阅读以及字体的多变等。

3. 如何通过版面设计来表现版面风格？

（1）从字体、字号上来体现，如有的版面不用黑体字以保持淡雅的风格，有的版面则大量采用新型字体以体现其新颖、活泼的风格。

（2）从正文行距行宽来体现，如有的版面加大行距以使版面明朗悦目，有的版面行宽很长以使版面庄重典雅。

（3）从图片、表格的形式上来体现，图片表格的大小、形状、数量的多少以及位置的安排都能给版面带来不同的特色。

（4）从版面装饰来体现，版面装饰主要指花边、花线、题花、网底、加框等装饰性符号。版面装饰符号如何安排也是体现版面风格的重要手段。

（5）从版面空间来体现，有的版面空白多，以体现舒朗清秀的风格；有的版面空白少，以容纳更多的信息量。

图 8-31 活泼的版式设计

4. 如何设计版心尺寸？

版心是版面上安排图表内容的部分，版心尺寸与成品尺寸及装订形式密切相关，表 8-1 是常规版心的数据，某些图书可以根据功能的需要进行调整，如教材、教辅可以加大天头、地脚或翻口尺寸，以便于学生做批注。

表 8-1　版心尺寸对照表

种类	成品尺寸（mm）	版心尺寸（mm）	订口对订口（mm）	地脚对地脚（mm）	翻口对翻口（mm）
16 开精装	260×185	215×138	46	46	60
16 开平装	260×185	215×138	50	40	60
大 16 开精装	297×210	245×165	48	40	54
大 16 开平装	297×210	245×165	50	40	52
32 开精装	184×130	153×100	32	30	36
32 开平装	184×130	153×100	36	30	36
大 32 开精装	204×140	165×107	34	38	42
大 32 开平装	204×140	159×103	42	34	32

5. 标题序号设计需要注意哪些问题？

图书标题一般可分为有序标题和无序标题两种。标题序号可以采用"第 × 篇"、"第 × 章"、"第 × 节"等明确表明级别的形式。

还可用符号或改变数字、字母的写法表明其级别。表示标题级别的序号形式，一般从大到小依次为："一、""（一）""1.""（1）""①""A.""a."等。如图8-32所示。需要注意的是，单纯用一个汉字数字作序号，其后应加顿号；单纯用一个其他数字或字母作序号，其后应加"."；任何带有括号或外圈的数字和字母作序号，其后不应加任何标点符号。

图 8-32 标题序号设计

6. 如何设计标题字空？

标题为了设计的美观，对于字数较少的左右居中标题，必须适当增加空间。一般是两字标题字间空两个字的距离，三字标题字间空一个字，四字标题字间空半个字，五字及以上的或者占版心宽度 1/2 及以上的标题，字间则不用加空。

7. 如何设计正文字体及字号？

正文主体文字的字体应根据图书功能而选择，一般不多于 3 种，多采用宋体或它的变体（比如细宋、报宋）。正文里的案例、引言以及篇章页，有时也会选择楷体。

正文主体文字的字号应依据图书的性质、类别、开本而定。一般图书采用五号字，开本较大的图书、儿童读物、小学教科书应采用小四号字。双栏排的工具书等多采用小五号字，多栏排的工具书常用六号字。

8. 如何掌握文字块与留空的关系？

一般比较舒适合理的留空比例是：如果是从左向右阅读的文本块，那么它的左边边界到相邻元素之间的距离要保证 3 个以上完整字符的安全距离才能给人以舒服的感觉；如果左边相邻的是纸的边界，则一般需要 6 个字符以上的安全距离才能缓冲。文本块的顶部与其他相邻元素的空间也就应该保持至少 3 个字符的安全距离。文本块的右边和下边对空间的需求相对较小，一般保持 1 个字符以上的安全距离就可以了。

然而这并不是绝对的数值，许多情况下可以打破这些规则，在设计的过程中，我们应该多进行视觉实验，多揣摩好的设计作品的文本外围是怎样留空的，提高自己对这个知识点的认识。

9. 书眉设计应该注意哪些问题？

利用版心外的空间（天头、地脚或外侧翻口处），设计便于读者翻阅、检索的文字及图形等。一般图书书眉的内容是丛书名、书名、一级标题、二级标题等，而辞书的书眉常常是作为本页面检索标志的字符或词条。

书眉包括文字和书眉线，有时也包括页码。一般序言、前言、目录及章名页不设书眉。正文双页码面的书眉为高一级标题，单页码面的书眉为低一级标题。书眉用字的字号必须小于正文字号，而字体可酌选。

10. 如何设计目录页？

目录页的版心可以大于或稍小于正文，所列内容的字号、行距，可根据实际情况灵活设计。如图 8-33、8-34 所示。

图书目录的标题——"目录"两字，一般在所有条目的上方，位置根据需要设计，字间加两个字空。

目录条目的字号最小一级不能小于正文主体文字，其上各级条目的字号相应递增。

体现目录层次的方法，除了运用字体和字号外，还可以采用

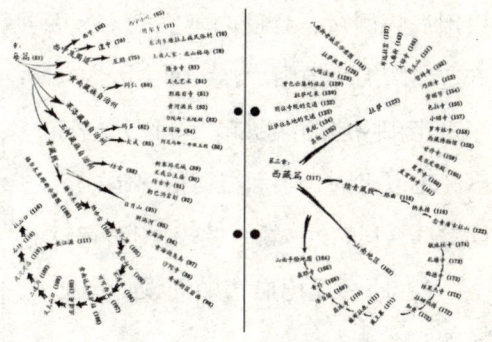

图 8-33　灵动的目录设计

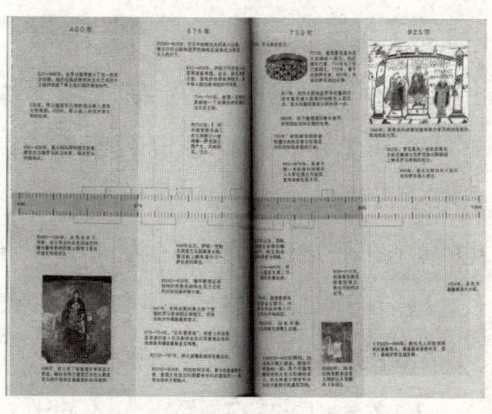

图 8-34　《彩色欧洲史》目录页

217

依次设置不同的前缩方式。一般是条目每低一级，前缩递增 1-2 个字。

11. 图片版式设计应注意哪些问题？

图片的位置影响版式的布局，版面上下左右及对角线的四角都是视线的焦点。在这些焦点安排图片，具有较强的视觉冲击力。

图片面积的大小关系到版面的视觉效果。一般情况下，要将重要的、吸引读者注意力的图片放大，从属图片缩小，形成主次分明的格局，这是排版设计的基本原则。图片的大小不仅决定着主从关系，也控制着版面的均衡与运动。大小对比强烈，给人跳跃感，使主角更突出；大小对比减弱，则版面稳定、安静。如图 8-35 所示。图片的数量是根据内容决定的。只用一幅图片，会使内容突出，版面显得安定。增加一幅图片，版面会因为有了对比和呼应而活跃起来。图片增加到三幅以上时，版面显得很热闹，这比较适合科普性、新闻性较强的图书。

图 8-35 对比强烈的版式设计

12. 什么是出血？如何设计出血版面？

设计者通常会将图像或者色块溢出页边（通常为天头、地脚、切口各溢出 3 毫米，也就是为印刷厂装订留 3 毫米的切纸量），这种方法叫做出血。如图 8-36 所示。出血的目的是使图像或色块看起来更有张力，视觉效果更强烈。设计时，一种是将出血的那部分内容的尺寸设置超出纸宽 3 毫米，也就是在纸张之外。还有一种是将整个版面的内容（上下左右的边距）都延长 3 毫米，可以帮助在印刷或打印时没有多余的白边出现。

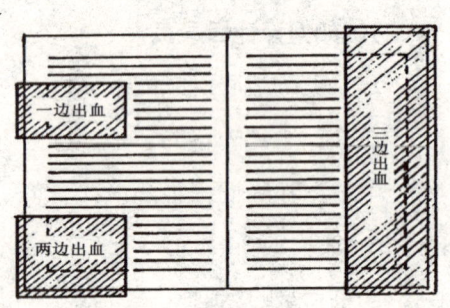

图 8-36 出血图

13. 表格版式设计应注意哪些问题？

（1）表和正文的关系：表格一般应紧跟在"见表 ×"的文字后面，尽量与文字排在同一面上。如空间限制，也可将表放到另一面。凡是一面能排得下的表，不允许分拆排在两面上。如表过长，必须分排时，应在可分段处分割，表格转面后续排要加表头及"续排"二字。

（2）表格线：反线用作表格外框，正线用在表格中间；双线用作表格转行标志。

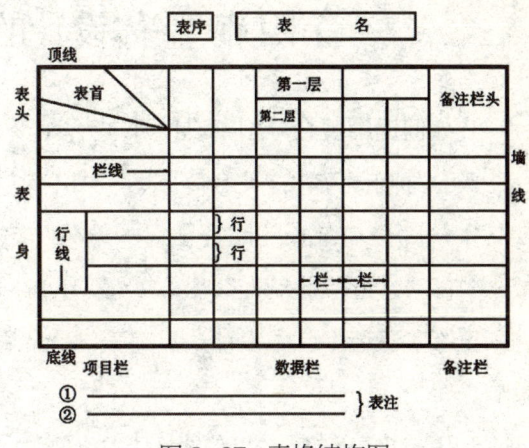

图 8-37 表格结构图

（3）表题：可居中排或居左排，"表"字与序号之间加半字空，序号与表名之间加 1 个字空；也可使表名居中排，表序部分其左或距左墙线两个字排。如图 8-37 所示。

（4）页码：满版的表格，不超过版口的表一律排页码；但在开本范围以内，不论横向还是竖向超过版口，必须编暗码；超开本的插页表，不占页码，但必须标注"插在××页后"的字样。同时要在插页表占页码的前页，标注"后有插表"的字样。

实战演练

在网上或图书馆查找一本已出版的长篇小说，借用它的文字信息（书名、作者名、出版者名称、条码及书号等）为它设计一个32开（850mm×1168mm）的有图文的封面及前环带扉页，书脊 20mm。扉页为黑白印刷。

演练点拨

1. 封面信息完整、页面设置准确；
2. 扉页设计要素齐全且与封面风格协调；
3. 出血图位置正确。

第四节 整体设计的实战技巧

1. 如何运用黄金分割率设计开本大小？

黄金分割律又称"黄金律"、"中外比"，是把一条线段分成两部分，使其中一部分与全长的比等于另一部分与这部分的比，其比值为1∶0.618或1.618∶1，近似比例为2∶3，3∶5，5∶8，8∶13。从古希腊以来，这个比例一直影响着造型艺术设计，具有美学价值，其对图书平面设计也有广泛的影响。

利用黄金分割率计算的图书开本比例为：

宽 ×1.618= 长，或：长 –(长 ×0.382)= 宽

其中，宽与长的比例为1∶1.31时，图书给人以舒适、可靠之感；宽与长的比例为1∶2时，图书给人以文雅之感。

2. 如何选择纸张？

纸张是图书的承印物，纸张的白度、伸缩度、耐水性、质地、表面强度等，对印刷效果影响很大，因此功能和质量要求不同的图书应选择不同类别的纸张，如表8–2所示。

表8–2　纸张类别、用途、克重对照表

纸张类别	主要用途	克重（g/㎡）
铜版纸	平装书封面、画册内文等	70～230
轻涂纸	彩色图书、画片等	50～120
玻璃卡纸	图书封面、高级画册内文、美术图片等	80～280
胶版纸	平装书封面和内文、精装书内文等	60～180
彩胶纸	图书内文	60～120
字典纸	辞书工具书内文	25/30/35/40
轻型纸	图书内文等	50～80

3. 如何计算书脊宽度和封面尺寸？

在图书封面制作过程中，计算书脊的宽度是非常重要的，如果不计算出书脊的宽度，则无法正确设计封面的大小，更谈不上得到一个能够印刷的封

面。获得书脊宽度的方法有理论公式计算法和实际测量法两种。

方法一：

书脊的宽度计算公式如下，

书脊宽度＝全书总面数 ÷2× 纸的厚度系数

（注：纸张的厚度系数根据纸张的类型不同而有所不同，所以在计算书脊宽度时，可根据纸张厚度系数表，得到精确的厚度系数。）

例如，某本规格为 16 开本（184mm×260mm）黑白印刷的图书共有正文 640 面，扉页、版权页、目录页共有 16 面，无勒口，使用 50g/㎡胶版纸（厚度系数为 0.061）印刷，则书脊宽度为多少？其封面尺寸多大？

书脊宽＝全书总面数 ÷2× 纸的厚度系数

＝（640+16）÷2×0.061=20.008 ≈ 20mm

封面宽＝面封宽度＋书脊宽度＋封底宽度＝184+20+184=388mm

封面高＝260mm

故该书的书脊宽为 20 mm，封面尺寸为 388mm×260mm。

方法二：

除利用理论公式计算书脊宽度外，还可在书心装订完成后，压平，用刻度尺测量书心的实际宽度。

4. 如何在切口上设计图案？

有些图书会对翻口或切口做特殊处理，使切口呈现出色口或图案。如果要使图书切口出现图案就要在相应页面翻口处设计线条或图案，并作出血处理。如图 8-38 所示。色口的处理相对简单，图书装订完毕，三面裁切之

图 8-38 切口呈现图案

后，涂上需要的颜色即可。

5. 如何计算版面字数？

版面字数设计在图书正文主体文字大小确定后，再确定每行所排字数和每面行数，从而较准确的估算图书页数。

版面字数计算公式如下：

版面字数 = 每行字数 × 每面行数

其中，每行字数 = 版心宽度 ÷（0.35 × 文字磅数）

每面行数 =（版心高度 –0.35 × 文字磅数）÷（0.35 × 文字磅数 +0.35 × 行距磅数）+1

例如，某本书版心尺寸为 102.9mm × 159.6mm，正文选用五号字（10.5磅），行距为 6 磅，请问该书的版面字数为多少？

每行字数 = 版心宽度 ÷（0.35 × 文字磅数）

=102.9 ÷（0.35 × 10.5）

=28（字）

每面行数 =（版心高度 –0.35 × 文字磅数）÷（0.35 × 文字磅数 +0.35 × 行距磅数）+1

=（159.6–0.35 × 10.5）÷（0.35 × 10.5+0.35 × 6）+1

=28（行）

版面字数 = 每行字数 × 每面行数 =28 × 28=784（字）

6. 字号和磅如何换算？

我国使用号数制多年，人们已经习惯用"字号"来表示字体的大小，然而现在常用的计算机排版软件多采用点数制。因此，字号和磅数之间的转换就显得十分必要。表 8–3 为印刷汉字尺寸近似对应表，借助它可以轻松地完成字号与磅数之间的转换。

表 8-3　印刷汉字尺寸近似对应表

字号	磅数	毫米值	字号	磅数	毫米值
初号	36	12.6	四号	14	4.9
小初	32	11.2	小四	12	4.2
一号	28	9.8	五号	10.5	3.675
小一	24	8.4	小五	9	3.15
二号	21	7.35	六号	8	2.8
小二	18	6.3	小六	7	2.35
三号	16	5.6			

7.Indesign 中如何从第三页开始设置页码？

通常图书的辅文不与正文连排页码。加之，许多图书的篇章页从单页码面起排，背白，因此，图书常常从第三页开始设计正文的页码，在版面设计和排版工程中要实现上述设计，可按照以下步骤操作。

第一步：在页面调板上选择第 3 页，点右键菜单"页码和章节选项"。如图 8-39 所示。

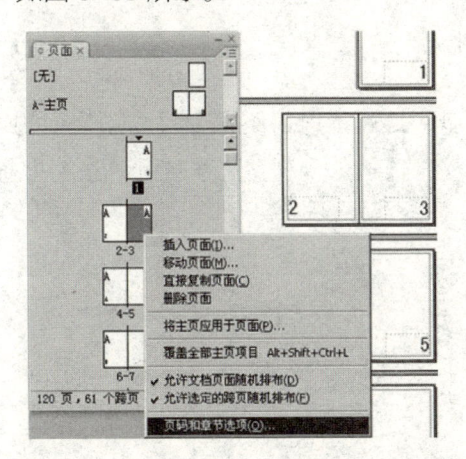

图 8-39　点右键菜单"页码和章节选项"　　图 8-40　点击"起始页码"

第二步：在打开的"新建章节"对话中点选"起始页码"，按确定。如图 8-40 所示。

可以看到页码在原来的第 3 页变成现在的第 1 页。如图 8-41 所示。

第三步：在页面调板上将"无"主页拉到原来的第 1 页和第 2 页上，页码消失。如图 8-42 所示。

按上述步骤操作，就可实现在第三页开始设置页码了。

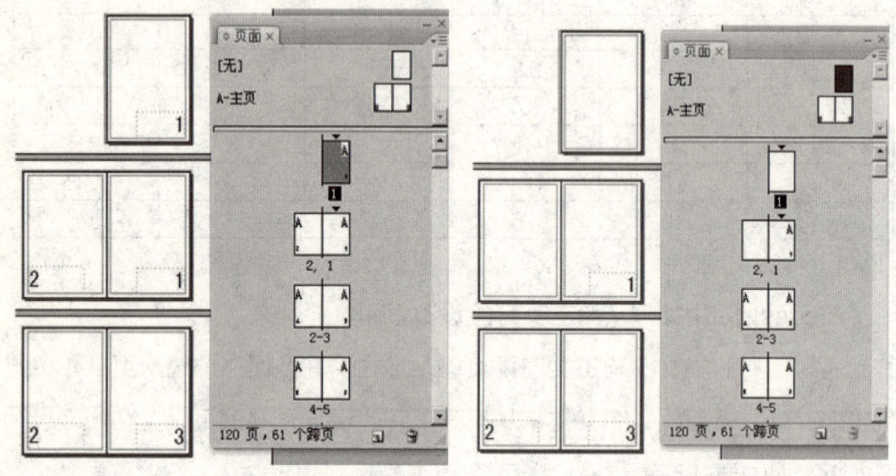

图 8-41 原来的第 3 页变成现在的第 1 页

图 8-42 原来的第 1、2 页上的页码消失

8. 如何使图片更清晰？

（1）图片分辨率设在 300dpi 以上，尽可能以最终输出尺寸和合适的分辨率扫描或获取图像（文件大也不一定就好）。

（2）使用专业图像处理软件 Photoshop 的加杂色、锐化、自动调整色阶等功能进行处理。

（3）图片在转成 CMYK 模式前，先转成 Lab 模式，再转成 CMYK 模式。

（4）使用 Indesign 排版生成 PDF 时，将图像品质设置为"最大值"。如图 8-43 所示。

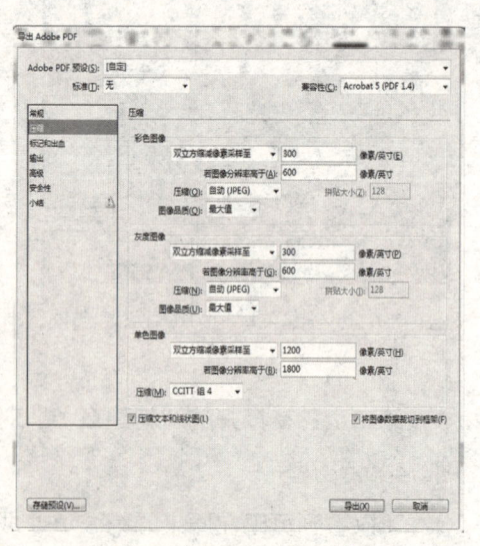

图 8-43 导出 PDF 对话框截图

第九章 如何做好校对

实 训 目 标

1. 理解校对的功能
2. 熟悉校对的工序
3. 掌握校对的基本方法
4. 掌握常见的校对差错规律

本章重点

校对是指根据原稿核对校样，订正差错，提出疑问，以保证出版物质量的工作。

校对工作具有"校异同"与"校是非"两大功能。校异同是指原稿为唯一依据来核对校样，分辨二者的异同；校是非是指校对者凭借自身储备的知识或者权威的资料判断原稿中的是非。

实训任务

请通读校样并使用校对符号纠正其中的错误。（友情提示：本篇至少有5处错误，你能发现并校正吗？）

北京故宫又称紫禁城，曾经是明清代的皇宫。它始建于明永乐四年（公元1406年），建成于明永乐十八年（公元1422年），距今已有约500多年的历史了。明朝14代皇帝，清朝10代皇帝，先后生活在这里。故宫占地面积72万平方米，

建筑面积15万平方米，共有殿宇9999.5间。故宫四周有高10余米的长方形宫墙，城四角均有精巧珑玲的角楼，所谓"九梁十八柱"，城外环绕着宽52米的护城河。故宫是现存最大最完整的古代宫殿建筑群。

第九章 如何做好校对

趣味导读

"一字一点无差错"与"无错不成书"
——从《毛泽东选集》的校对工作说开去（节选）[1]

20世纪50年代，《毛泽东选集》由中共中央毛泽东选集出版委员会编辑、人民出版社出版，这是建国初期全国人民政治生活中的一件大事，也是中国出版史上的一件大事。

这部选集，包括了毛泽东同志在中国革命时期中的重要著作。各篇著作都经著者校阅、修订，编辑体例严谨，各篇都有题解和详细注释，是最具权威性的版本。选集的装帧设计、版面格式、排版、校对和印刷、装订，都达到了当时条件下的最高水平。特别是选集的校对工作是值得大书特书的。选集1~4卷总共不过100万字，但它的版本多、校次多，历经三次重大改版和三次出版高潮，累计校对字数将近30亿，历时40年，始终作到了"一字一点无差错"，成为中国出版史上一大奇迹，校对工作的典范。

"一字一点无差错"的奇迹是怎样创造的？

第一，有一支过硬的校对队伍。

人民出版社从建社之初就建立了一支40多人的专职校对队伍。这支队伍政治觉悟高，文化素质高，业务技术精，校对质量高，规定基本校次5次，通常是在二校后就已全部消灭差错，有的人，如后来被尊称为"校对王"的白以坦，经过一次校对就做到了"一字一点无差错"。

第二，保证足够的校对次数。

一般图书经过3次校对即可付印，选集的基本校次规定5次，打好纸型（或胶片）后，还要对照原稿读校纸型和付型清样（算两个校次），同时，还有专人通读付印清样一次，总共为8次。如果再加上编辑和出版委员会的审读，总校次在10次以上。在20世纪60年代大量印制"红宝书"期间，为了供应各地纸型，运用了电镀铜版工艺，平装本、普及本，还有"语录"本，

---

1. "一字一点无差错"与"无错不成书"——从《毛泽东选集》的校对工作说开去[J]. 中国出版, 2000.

每种都要制作电镀铜版5副以上，而每制作一副都要经过两次校对。此外，在印刷过程中还要检查上版样和下版样。这样就使选集的校对质量得到保证。

第三，形成一条畅行无阻的"绿色通道"。

选集的出版，从编辑、设计、排版、校对、印刷、发运等各个环节都作为头等大事来抓。北京新华印刷厂制作了专用字架，配备了素质高的技术工人负责拣字、排版，各地印刷厂都用最好的机器来印刷，发行和交通部门都以最快的速度发运，真正形成了"全国一盘棋，齐心协力做好选集"的出版发行工作的局面。

第四，优良传统代代相传。

在20世纪50年代选集第一次出版高潮中，由第一代校对人创造的"一字一点无差错"的优异成绩，在60年代特别是"文革"期间选集第二次出版高潮中得到继承，即使在批斗最激烈的情况下，依然保持了"一字一点无差错"的优异成绩。到了90年代，在选集第三次出版高潮中，第一代校对人都已离退休，第二代校对负责人带领新一代校对人，继承优良传统，再次达到了"一字一点无差错"的水平。

发散思维

1. 我们从《毛泽东选集》的校对过程中学到了什么？
2. 如何才能做到"一字一点无差错"呢？

第一节 话说校对

典型案例

人能"蓬荜生辉"吗？[1]

毕淑敏女士的语言晓畅灵动，颇有汪洋之势。但阅读中，偶尔会碰到个别词语，让人心里"咯噔"一下，就像平稳行驶的汽车，突然换挡，顿挫感明显。

就拿《女心理师》（漓江出版社2008版）来说，86页有这样一句话："当她（贺顿）不开口说话的时候，真是乏善可陈，但她的整体气质很有修养。当她开口说话的时候，就像有光芒突然闪出，整个人蓬荜生辉。"

案例分析

"蓬荜生辉"是谦词。"蓬荜"是"蓬门筚户"的省语，指用树枝、草等做成的房子，形容穷苦人家所住的简陋的房屋。"蓬荜生辉"的字面含义就是使寒门增添光辉。这是个谦词，多用于宾客来到家里，或赠送可以张挂的字画等物，使自己觉得非常荣幸。

文中作者的意思是贺顿容貌平平，却有惊人的内在美，当她一开口说话，整个人光彩四射，面貌为之一新。

释疑解惑

1.什么是校样？什么是付印样？什么是清样？什么是付印清样？

排版部门根据原稿排版后印出的供校对使用的样张称校样。

校对后经编辑部门最后审签，交工厂改正付印的校样称付印样。

付印样改正后印出的最后一次校样称清样。

校样达到付印标准之后，经改版打印出的校样，称付印清样。

2.什么是誊样？

誊样又称"过红"、"过录"、"誊录"、"并样"。在某校次即将结

---

1. 郝铭鉴.咬文嚼字绿皮书（2008）[M].上海：上海文化出版社，2008.

束前，一般是把副样（作者看的校样和编辑看的校样）上所作的改动誊录到正样（专业校对看的校样）上。誊样一般由责任校对承担。

3. 什么是文字技术整理？

文字技术整理，简称"技术整理"、"整理"，是指由责任校对主要从体例、格式方面检查和整理全书校样。作为校对工作的程序之一，各出版社在具体安排上不完全相同：有的将技术整理与终校结合；有的将终校后的技术整理与通读检查结合；有的则在一、二校连校后进行第一次整理，三校后进行第二次整理，在核红后、付印前进行第三次整理。虽然各出版社做法不尽相同，但对校样必须进行技术整理，则是一致的。

4. 什么是"三校一读"制度？

"三校一读"制度是我国新闻出版行政管理部门制定的校对工作制度。一般书刊都必须至少经过三次校对（初校、二校、三校）和一次通读检查后，才能付印；重点书刊、工具书等，应相应增加校次；终校必须由出版单位内具有中级以上出版专业职业资格的专职校对人员担任。

初校也称"一校"，是对排版部门初次送出版部门的校样进行第一次校对。出版者必须依据原稿核对校样，订正排版时产生的文字、符号、图表、公式等方面的差错及排版错误。初校的主要任务是校异同，兼顾校是非。

二校是对图书校样的第二次校对。二校者在校对过程中，除了履行校异同、校是非职责外，还要通过核红检查初校者的校改之处是否正确。

三校是指对图书校样的第三次校对。三校者面对的校样一般是由二校样（或经过初校、二校连校）改版后新打出的三校样。三校者应先根据前次校对的校样进行核红，然后再校对。

通读是脱离原稿审读校样，一般由责任校对承担。通读的主要任务是校是非，兼顾校异同。通读中，重点检查校样中的政治性、思想性、科学性、知识性、语言文字、逻辑等方面的错误。

5. 责任校对的职责是什么？

（1）检查原稿和校样的正、辅文是否齐全。

（2）检查页码顺序，标明出现暗码、空码的页面。

（3）检查书眉（或中缝）文字，是否符合要求。

（4）核对正文标题与目录标题、正文页码与目录页码是否吻合。

（5）检查版权页信息。

（6）检查图序、表序、公式序和标题序。

（7）核对脚注与正文注码次序。

（8）检查各校次中校改是否正确，书写有无笔误。

（9）检查版面是否需要调整，有无背题现象，是否需要缩行、缩面。

（10）组织各校次人员，安排各校次时间，监督各校次质量。

（11）通读付印样。

6. 校对操作模式有哪些？

校对是编辑工作的重要环节之一，有着规范的要求和制度。在严格执行"三校一读"和"责任校对"制度的前提下，校对工作应按照一定的操作程序而开展。校对操作程序的一般操作模式有三种：

基本模式：初校→改版→核红＋二校＋誊样→改版→核红＋三校＋文字技术整理→改版→核红＋通读＋文字技术整理→改版→付印清样→核红→付印。

连校模式：初校(＋作者自校)＋二校＋三校＋誊样＋文字技术整理→改版→核红＋通读＋文字技术整理→改版→复印清样核红→付印。

分校模式：初校(＋作者自校)＋二校(＋编辑通读)＋誊样＋文字技术整理→改版→核红＋三校＋通读＋文字技术整理→改版→付印清样核红→付印。

所列操作流程中的各道工序是必不可少的（括号内所列项目为可在次序上选择调整的）。根据图书的重要程度和出版单位的具体情况，校对、核红、誊样、通读、技术整理等工序的次数以及出样的次数都可以适当增加，增加的这些工序在次序安排上可灵活掌握。

随着电子原稿数量的增加和计算机自动校对软件的应用，出现了电子化校对程序。电子化校对程序一般要采用"人机结合"的校对方法，具体的操作程序也随之有所变动。

7. 为什么不能完全依赖计算机软件校对？

计算机校对软件系统毕竟是一种比较刻板的电子系统，辨错功能的强弱完全取决于软件设计者事先所输入资料的多少和正误。如果事先没有输入相应的资料，软件系统就辨别不出校样上的有关差错；如果事先输入的资料有误，那么辨别也会随之出错。

目前的校对软件仅适用于校对一般的普及类、社科类书刊，对专业性较强的书刊（如古籍、科技书刊）和一些语法现象较复杂的文艺类稿件，往往因为过多的误报差错，反而给校对人员增添麻烦。

实战演练

校对题：通读并纠正校样中的错误。

海水是怎么产生的

湛蓝色的海洋，辽阔无边，深不可测，其面积约占地球表面积的71%左右，海水总量占地球总水量的96%左右。然而，这如此众多的水是从哪里来的呢。最初，这些水被认为是地球固有的，是在漫长的地质年代里积累起来的。科学家们认为：原始地球物质形成岩石初期，含有大量的水分和气体。由于地球的重力作用，岩石间挤压的越来越紧，使得岩石中的水气被挤出来，它们不断汇积于地下，使地球产生地震，引起原始火山喷发。此时在地下受到挤压的大量水气，终于随着火山、地震从地壳中拥流而出，并进入空气中遇冷凝结，便形成暴雨将落下来，并在原始的小行星碰撞地球形成的地壳低洼处聚集起来。经过漫长的地质积累，地球上出现了原始的海洋。近代兴起的天体地质研究显示，在地球的附近，无论是据太阳较近的金星、水星，还是距太阳更远一些的火星，都缺乏水，惟有地球拥有如此海量的水，这确实是令人费解。

科学界有好多不同的说法。其中一种认为地球上的水是一些由冰块组成的小慧星冲入地球大气层造成的,是因这种损冰摩擦生热转化成水蒸气的结果。这一观点是否正确,还有待验证。

还有一种说法认同水是地球固有的。虽然火山蒸汽与热泉水主要来自地面水循环,但这并不否认其中含有少量初生水。如果一直以来的地球始终维持与现在火山活动时所释放出来的水气总量相等的水气释放量,那么几十亿年来积累总量将是现在地球大气和海洋总体积的 100 倍。所以有的科学家认为,其中 99% 是循环水,只有 1% 是来自地幔的初生水。而正是这部分水充当了海水的来源。
地球的近邻如金星、火星和月球上原先并不是没有水,它们贫水有的是因为质量及引力太小(月球和火星),致使原有的水全部流失,有的是因为表面温度太高(金星),无法维持水的存在。由于地球条件适中,使原有的水能够长期保存下来。因此他们还认为,不能从地球近邻目前的贫水状态来推断地球早期也是贫水的。由此看来,破解海水产生之谜,还有待于科学家们日后继续努力。

演练点拨

1. 其面积约占地球表面积的 71% 左右→其面积占地球表面积的 71% 左右(其面积约占地球表面积的 71% 左右→其面积约占地球表面积的 71%)

2. 这如此众多的水是从哪里来的呢。→这如此众多的水是从哪里来的呢?

3. 汇积→汇集

4. 终于随着火山,地震→终于随着火山、地震

5. 拥→涌

6. 将→降

7. 据→距

8. 小慧星→小彗星

9. 损→陨

10. 地面水循环→地面循环水

11. 水气→水汽

12. 地球的近邻如金星、火星和月球上原先并不是没有水→【段首空两格】

13. 致使原有的水全部流失，→致使原有的水全部流失；

14. **保存**→【改宋体】

第二节 校对圈里的通用符

典型案例

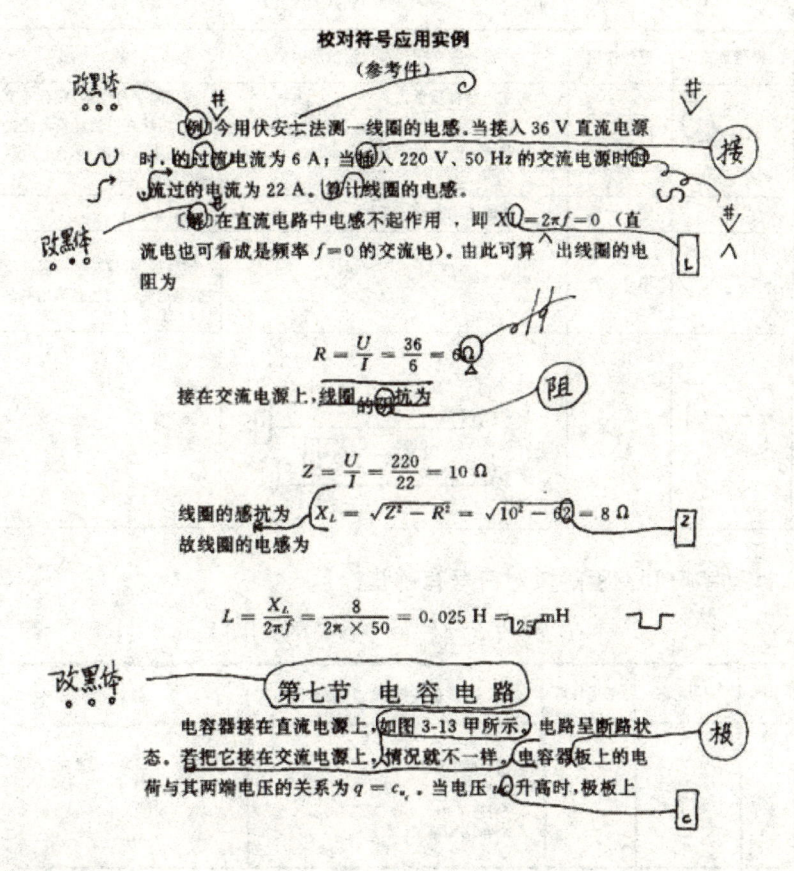

校对符号应用实例
（参考件）

（例）今用伏安法测一线圈的电感。当接入 36 V 直流电源时，的过电流为 6 A；当input 220 V，50 Hz 的交流电源时，流过的电流为 22 A，计线圈的电感。

在直流电路中电感不起作用，即 $X_L = 2\pi f = 0$（直流电也可看成是频率 $f = 0$ 的交流电）。由此可算出线圈的电阻为

$$R = \frac{U}{I} = \frac{36}{6} = 6\ \Omega$$

接在交流电源上，线圈抗为

$$Z = \frac{U}{I} = \frac{220}{22} = 10\ \Omega$$

线圈的感抗为 $X_L = \sqrt{Z^2 - R^2} = \sqrt{10^2 - 6^2} = 8\ \Omega$

故线圈的电感为

$$L = \frac{X_L}{2\pi f} = \frac{8}{2\pi \times 50} = 0.025\ \text{H} = 25\ \text{mH}$$

第七节 电容电路

电容器接在直流电源上，如图 3-13 甲所示，电路呈断路状态，若把它接在交流电源上，情况就不一样。电容器板上的电荷与其两端电压的关系为 $q = c_c$，当电压升高时，极板上

案例分析

　　此案例是《校对符号及其用法》中给出的校对符号应用实例。案例中涉及改动字符、移动字符方向位置、改动字符间空距等校对符号的使用方法。

释疑解惑

1. 改动字符的校对符号有哪些?

表 9-1 改动字符的校对

编号	符号形态	符号作用	符号在文中和页边用法示例	说 明
1		改 正	增高出版物质量。 改革开放	改正的字符较多,圈起来有困难时,可用线在页边画清改正的范围 必须更换的损、坏、污字也用改正符号画出
2		删 除	提高出版物物质质量。	
3		增 补	要搞好校工作。	增补的字符较多,圈起来有困难时,可用线在页边画清增补的范围
4		改正上下角	16=4² H_2SO_4 尼古拉·费欣 0.25+0.25=0.5 举例2×3=6 X₀Y=1:2	

2. 改动字符间空距的校对符号有哪些?

表 9-2 改动字符间空距的校对符号

编号	符号形态	符号作用	符号在文中和页边用法示例	说 明
1	∨ >	加大空距	一、校对程序 校对胶印读物、影印书刊的注意事项:	表示在一定范围内适当加大空距 横式文字画在字头和行头之间
2	∧ <	减小空距	二、校对程序 校对胶印读物、影印书刊的注意事项;	表示不空或在一定范围内适当减小空距 横式文字画在字头和行头之间
3	# ǂ ǂ ǂ	空 1 字距 空 1/2 字距 空 1/3 字距 空 1/4 字距	第一章校对职责和方法 1. 责任校对	多个空距相同的,可用引线连出,只标示一个符号
4	Y	分 开	Goodmorning!	用于外文

3. 移动字符方向位置的校对符号有哪些？

表 9-3 移动字符方向位置的校对符

编号	符号形态	符号作用	符号在文中和页边用法示例	说 明
1	↺	转正	字符颠倒要转正。	
2	⌒	对调	认真经验总结。 认真总结经验。	用于相邻的字词 用于隔开的字词
3	⌒	接排	要重视校对工作， 提高出版物质量。	
4	↵	另起段	完成了任务。明年……	
5		转移	校对工作,提高出 版物质量要重视。 "以上引文均见中文新版《 列宁全集》。 编者 年 月 …… 各位编委	用于行间附近的转移 用于相邻行首末衔接字符的推移 用于相邻页首末衔接行段的推移
6	⊓ 或 ↑↓	上下移	序号|名 称|数量 01|显微镜|	字符上移到缺口左右水平线处 字符下移到箭头所指的短线处
7	⊢⊣ 或 ⊐⊏	左右移	⊢要重视校对工 作,提高出版物质量。 3 4 5 6 5 欢呼 歌 唱	字符左移到箭头所指的短线处 字符左移到缺口上下垂直线处 符号画得太小时,要在页边重标
8	‖	排齐	校对工作⫽重要 必须提高印刷 质量,缩短印制周 期。 国家标准	
9	⌐_⌐	排阶梯形	RH.	
10	↑	正图		符号横线表示水平位置,竖线表示垂直位置,箭头表示上方

4. 使用校对符号应该注意哪些问题？

（1）标在行间的符号，需在该行版心外再标出相同校对符号，避免漏改。

图 9-1 说明性文字下面做标记

（2）校对引线不要重叠或交叉。引线尽量在改动处的上方引出，以便为下一处改错留有余地。

（3）当校对符号并不能准确表达修改意图时，要添加必要的旁注文字进行补充说明，并且在说明性文字下面做标记，如图 9-1 所示。

5. 哪些情况下使用校对符号，仍需要加旁注文字补充说明？

有时使用校对符号并不能准确表达修改意图，需要加旁注文字补充说明。

（1）遇到易产生歧义的字符，应旁注文字说明，如"+（加号）"与"十（汉字）"，"-（减号）"与"—（一字线）"及"一（汉字）"，"↑（箭头符号）"与"个（汉字）"，"了（汉字）"与"3（阿拉伯数字）"，"〇（汉字）"与"0（阿拉伯数字）"，"x（英文小写字母）"与"X（英文大写字母）"，"a（英文小写字母）"与"α（希腊字母）"，"B（英文大写字母）"与"β（希腊字母）"，"I（英文大写字母）"与"Ⅰ（罗马字母）"等。

（2）在使用改正字符和增补字符的校对符号时，如用全圈可能产生歧义的，可改用半圈，并旁注文字，如大、才、玉、女等。

（3）遇到较多同样类型的字符改动，为了减少书写麻烦、保持校样清晰，可在校样左上角批注"圈出处一律改为某某，以下同"，或"〇＝某，下同"，批注文字下加说明符号。

实战演练

通读以下校样片段，请改正可能存在的差错。

外星人建立的亚特兰蒂斯古国

最早记裁有关大西洲传说的人当推罗马大哲学家柏拉图。公元 350 年，柏拉图在两篇著名对话录 ＜泰密阿斯＞ 和 ＜克利斯提阿＞ 中详细记述了亚特兰蒂斯的故事。传说在1.2万年以前,离直布罗陀海峡不远,在美洲、欧洲和非洲之间浩瀚的大西洋中曾存在过一个名为亚特兰蒂斯的神秘岛大陆,又叫大西洲。其面积有2000万平方米,"比亚洲还要大。"这个岛国已经有了悠久的历史和高速发达的文明。那里有许多雄伟壮观的建筑物,庙宇、宫殿、堡垒和道路,周围还有茂密的树林。但突然有一天,再一次特大地震和洪水中,整个岛屿沉没海底,消失的无影无踪。所以,每当人们在大洋深处发现史前文明的痕迹时,都会声称那可能就是神秘消失得亚特兰蒂斯。迄今,被认为有可能是亚特兰蒂斯遗址的地方,主要有直布罗陀海峡、地中海的克里特岛、塞浦路斯、南美洲等等。

基于这一点,现在西方有一些学者提出种种猜测:地球上的早期人猿可能是由亚特兰蒂斯人与古猿于300多万年前相交配而来的。学者们对染色体进行了研究发现:染色体在不同的生物中,数目、形状和大小是不同的,而在同一种生物中则是严格确定的。古猿的染色体有24对(共48条),其中23对是常染色体,一对是性染色体。但是,有些古猿由于偶然变异,成为47条,少了一条常染色体。他们与亚特兰蒂斯人交配,就产生了具有23对染色体的早期猿人。当然这只是一种预测,还尚未确定。

1974年,苏联海洋考察船在直布罗陀海峡以西300公里的地方发现了一座海底城市,许多人认为这正是大西洲的城市遗址。

20世纪未,据西方许多报刊媒体报道,美、法等国的一些科学家在大西洋中的百慕大三角去进行海底勘测时,惊奇地发现:在汹涌澎湃的大海里,竟然耸立着一座不为人知的海底金字塔!其规模宏大,建造时间比古埃及的金字塔更为久远。塔上有两个巨型洞口,海水以惊人的速度从这两个巨洞中串流而过,形成巨大的漩涡,极其壮观。

在波涛汹涌的海底,人如何生存,又如何建造金字塔?西方的一些学者认为,这塔可能原先建造在陆地上,地壳运动,陆地陷入海底,塔也随陆地沉入海底。也有一些持不同意见的学者认为:几百万年前,这片海域可能也许曾经是亚特兰蒂斯人活动的基地之一,这座金字塔是他们建造的一个供应库。

不过遗憾的是，考古学家们各持己见，没有谁敢肯定自己的论断或解释是真正的答案。

演练点拨

1. 记裁→记载

2. 罗马→古希腊

3. 公元→公元前

4. <泰密阿斯>和<克利斯提阿>→《泰密阿斯》和《克利斯提阿》

5. 浩瀚→【改宋体】

6. 平方米→平方千米

7. 比业洲还耍大。"→比亚洲还要大"。

8. 高速→高度

9. 再→在

10. 痕迹→遗迹

11. 人猿→猿人

12. 预测→猜测

13. 苏联→前苏联

14. 300公里→300海里

15. 20世纪未→20世纪末

16. 勘测→探测

17. 串流→穿流

18. 在波涛汹涌的海底→【前空两格】

19. 地壳运动→由于地壳运动

20. ：→：

第三节 校对实操技巧盘点

典型案例

《乌泥湖年谱》是方方女士的代表作,它历史真实感强,带有"自叙传"的色彩。然而,美中不足的是有一个细节弄错了。在第 20 页上,有这样一句话"雯颖每天早上起来,先打开炉子,烧一壶开水,替丁子恒冲上牛奶并沏好茶。丁子恒好喝红茶,铁观音是家中必备。"[1]

案例分析

校对不仅仅是简单地校异同,它还包括校是非。这要求校对人员要能运用各方面的知识发现书稿中隐蔽性的差错。本案例中,作者显然把铁观音当成红茶的一种。其实铁观音并非红茶,而是乌龙茶。铁观音茶条卷曲,沉重匀整,整体形状似蜻蜓头,冲泡后汤色金黄浓艳似琥珀,有天然馥郁的兰花香。

当校对人员发现类似差错时,不能直接在原稿上修稿,而应在校样上用铅笔把有疑问的地方圈起来并画引线,引至版心外空白处,然后用铅笔写明修改建议后打一个问号或表明"校改",交编辑处理。

释疑解惑

1. 校对的方法有哪些?

校对的基本方法有五种:对校法、本校法、他校法、理校法和人机结合校对法。

(1) 对校法

对校的对象有两个:原稿和校样。其主旨是"校异同"。

方法是:将校样与原稿逐字逐句地对照,通过二者的异同,发现校样的错漏,消灭因排版而造成的差错,使原稿完整无误地转换成印刷文本。

具体操作方法有三种:折校、点校、读校。

1.《咬文嚼字》编辑部 .2010 年《咬文嚼字》合订本 [M]. 上海:上海文化出版社,2011.

① 折校

将校样按行折叠，与原稿逐字对照。

具体操作方法：把校样放在面前的桌子上，双手的拇指在校样前，食指、中指在校样后，中指和无名指夹住校样紧贴桌上的原稿。拇指与食指配合缓慢向上挪动校样，逐行比对原稿，如图 9-2 所示。

图 9-2 折校示意图

折校适用于校样与原稿排式相同，改动不多的书稿。

② 点校

先看原稿，后看校样，逐字逐句地对照。

具体操作方法：将原稿置于左侧，校样置于面前，左手指着原稿默读，右手执笔在校样上移动，读一句，对一句，或者将一句话切割成几个词语或词组，如将"北京有着三千余年的建城史和八百余年的建都史"这个句子，切割成"北京｜有着｜三千余年｜的｜建城史｜和｜八百余年｜的｜建都史"。

点校适用于校样与原稿排式不同，或稿面改动很多，标注复杂的书稿。

③ 平行点校

具体操作方法：将原稿折叠，覆盖在校样上，依照点校技术，逐字逐句地默读原稿，同时逐字逐句地对照校样，如图 9-3 所示。

平行点校适用于校样与原稿排式相同，稿面改动很多，标注比较复杂的书稿。

④ 读校

具体操作方法：一人朗读校样，另一人或几人看校样，一边听，一边对照，同时记下与原稿相异处。例如："毛主席教导我们："好好学习，天天向上。"应这样朗读：毛主席教导我们 冒号 前引号 好好学习 逗号 天天向上 句号 后引号。

图 9-3 平行点校示意图

读校适用于社科、文学类书刊，特别是文件和经典著作。

（2）本校法

在脱离原稿的情况下，通读校样，理解字句的含义，通过文章的内在矛盾（如前后矛盾、不合常理等）发现问题，然后进行是非判断，从而发现并改正错误。例如，某书稿正文中说"公元756年，发生大地震。"一位资深校对员校到书末发现一条注文"天宝十五年，帝奔蜀，川中大震。"正文说"四川发生大地震"，而注文说"帝奔蜀，川中大震"。正文与注文发生了矛盾。原来，天宝十四年，爆发"安史之乱"，唐玄宗仓皇出逃，于次年逃到四川，川中百姓大为震惊。这就是"帝奔蜀，川中大震"的含义。公元756年，四川并未发生大地震，而是"大心震"。作者将"川中大震"误解为"四川发生大地震"，校对员用"本校法"发现并改正了原稿这处知识性错误。[1]

（3）他校法

在通读过程中发现了问题，却难以判断是非时，应采用他校法。它是通过查阅相关权威工具书、著作或文献资料，找到判断是非、改正错误的可靠依据，从而达到校对目的。"改必有据"是其重要原则。

核对注释及引文也属于"他校法"。

（4）理校法

在通读过程中发现了疑点，又找不到可靠依据，或者其他资料的说法不一时，应采用此法。理校法是校对者运用语法规则、逻辑知识、文章体例以及史实，结合自己的知识进行分析、推理和判断。运用此法须谨慎，切忌"无知妄改"。例如，《范仲淹集》中的《与周骙推官书》的开头写道："六月十五日，同年弟范某，再拜奉书于周兄：去年秋，滕子京集李唐制书得一千首，欧伯起请目之曰《唐典》，仆始末阅其本，而酌以重轻，请避尧舜二典，曰《有唐统制》。"其中的"仆始末阅其本"一句，现存范集各本均如此。虽然勉强可通，但终是感觉有些别扭。于是，我将文章继续读了下去："伯起以书见让，谓'典'为是，谓'制'为非。仆亦辩而言焉，而伯起不释。

---

1. 资料来源：周奇. 校对的基本理论与实践[J]. 出版科学，2003(3).

今复贻书云：'中有册文，讵可统而为制？'仆乃求而阅之，果千首中有册文十五。"读到这里，答案已经有了。范仲淹将滕宗谅所辑唐代制书命名为《有唐统制》。但一个叫欧静的人不同意这样的命名，通过书信往复，与范仲淹展开了反复论难。后来欧静又提出新论据来反对范仲淹的题名，说滕宗谅所辑一千首制书

图 9-4 核红示意图

之中，含有册文 15 通，所以不能以"统制"命名。因此，范仲淹才找来滕宗谅所辑唐代制书文稿加以确认。"仆乃求而阅之"一句表明，范仲淹在为滕宗谅的辑本命名时，尚未看到书稿，只是听了滕宗谅说的内容而题名。因此，各本范集所记"仆始末阅其本"一句中的"末"字，乃为"未"字之误，全句当作"仆始未阅其本"。意即"我开始没读原稿"。这样一来，便与后面"仆乃求而阅之"完全成为呼应。"末"与"未"，二字之差仅为一横之短长，却关系到文意之不同。[1]

（5）人机结合校对法

虽然校对软件具有很多优点，但它也存在误报率高和不能校是非的缺点。因此，目前计算机校对还不能完全代替人工校对，只能为人工校对起一定的辅助作用。

人校与机校结合的最佳模式是：二三连校。

具体操作方法是：一校由人工校对，二校通过操作校对软件进行校对，校对后不改版，而由人工接着三校（对象是二校样）。

2. 如何核红？

核红又称"核对"、"对红"、"复对"，是指检查、核对前次（前几次）校样上色笔批改之处在后次校样上是否已经改正，并校正其未改或改错之处的工作。校对人员对校样的改动会使用几种不同的色笔，而红笔是最常用的，所以这项工序被称作"核红"。

---

1. 资料来源：乘桴子时空新浪博客 http://blog.sina.com.cn/ruilaiw

二校、三校及通读检查前，都必须进行"核红"。其步骤是：首先，将前一校次校改过的校样（通称"红样"）与改版后的新校样比照，核对前一校次改动的字符；然后，若发现漏改、错改字符，除在新校样上改正外，还要检查漏改、错改字符的上下左右相邻字符是否错改；最后，比对红样与新校样四周字符有无胀缩，若有胀缩，则应对胀缩处及上下行逐字检查，找出胀缩原因，改正可能存在的差错。如图9-4所示。

3. 怎样对片？

对片是将排版部门输出的胶片与付印清样核对。一般将付印清样放在下层，透明的胶片蒙在清样上，上下对齐后逐行对比，看两者能否完全套准。尤其要注意每面胶片首末行及四周内容与付印清样是否一致，有无胀缩现象。

4. 如何做文字技术整理？

文字技术整理主要是从体例方面检查和整理全部校样的工作，目的是使整部校样在退改前和付印前达到体例规范统一，以保证图书编校质量。

具体做法是：第一，检查原稿和校样是否齐全，核对页码是否衔接，尤其是正文与辅文的衔接，有暗码的正文等部分；第二，要核对封面、扉页和版权页中的相关项目是否一致，辅文中涉及正文的内容有无不统一，核对目录、书眉与正文是否一致；第三，检查全书的版面格式是否统一；第四，检查图表是否正确、规范；第五，检查校改之处是否规范，防止产生新的错误。

5. 校对工作中如何解决不统一的问题？

解决不统一问题是校对中文字技术整理的主要工作内容。

（1）检查封面、扉页和版本记录页中书名、作者名、著作方式、书号等相关内容是否一致。作者名、著作方式等在附书名页、序言、前言、后记等辅文中是否一致。校对时如发现不一致，应查明原因，修改时注意核对有可能出现该内容的各部分，防止错改、漏改。

（2）根据正文核对目录，并根据付印样中各部分的页码最后核准目录中各级标题的文字和页码，保证其与正文的一致性。

（3）如果图书设计了书眉（或中缝），要检查书眉文字与版面相应内容是否一致。

（4）检查注释、插图、表格、公式、附录、参考文献等内容的编号形式是否恰当；同一类型的编号是否格式一致、连续、无缺漏或重复。

6. 校对工作中如何解决不呼应的问题？

解决不呼应的问题是校对中文字技术整理的主要工作内容。

应单项逐一检查插图、表格、注释等内容与正文相应文字是否正确呼应，同一类型内容的呼应形式是否一致，使同一类型内容的处理全书统一。

7. 做文字技术整理时，怎样检查调整插图？

在校样中需要处理的问题是图文关系失当，大小失宜，图的文题不相符或与正文内容不相符。

（1）检查图文关系

以文字为主的正文，插图应是文字的补充、说明，应先文后图，图与文字尽量靠近，以便于阅读。图前面的文字最好自成一段落。如果正文排在版心下端，插图可以排下一面，但尽量安排在一个视平面上，文中注明图序号。

（2）检查插图的有序性

一个版面中的多幅插图应严格按照次序和功能排列，不能因图的大小，或一味追求版面的节奏感，破坏图文的对应关系以及阅读的便利。

（3）检查图片版式的规范性

校对人员应充分考虑图书的性质、读者的阅读需要以及版面设计的规律，修正不当的插图，但忌大幅度调整版面，以免造成新的差错。

（4）检查图片的位置

注意检查和合图是否是双页码跨单页码的形式。暗码及不占页码的插图，位置是否有误；不占页码的插图，注明具体的页面位置。

（5）检查插图的文题是否相符

单项检查图序号，看是否有遗漏，文题是否相符。

8. 做文字技术整理时，怎样检查调整表格？

校样中常见的问题是表格版式、位置和大小失当，表格内文字对齐方式不统一等。

（1）编校人员可以根据版式设计的需要及读者阅读的便利，变换表格的形式，但不能改变表格的主题。如可以把竖长横窄、表栏文字少的表格，回转成两栏或多栏表，即折栏表，如图9-5所示。折栏表要排表头，折栏之间排双线，各折栏的宽度应一致。可以把栏多行少、横长竖短的表，中间分开，变成两段，上下叠排，也即叠栏表，如图9-6所示。叠栏表下段的表格，应排上项目栏。

（2）表格应在相应的正文段落之后，与正文在一面或一个视平面上。

（3）在同一面上有几个同类型表格时，表格的大小宽窄应一致。

（4）统一处理书稿表格中文字及数字的对齐方式，忌各自为政，全书对齐方式不统一。

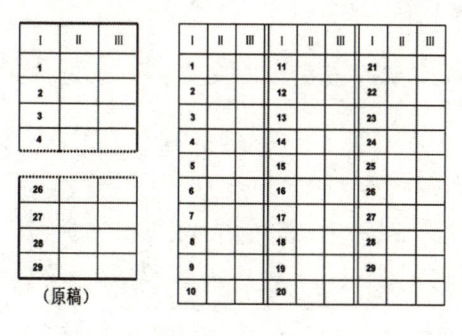

图 9-5 折栏表

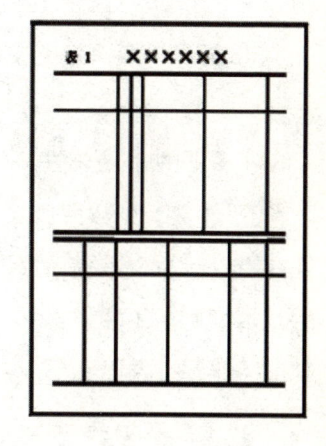

图 9-6 叠栏表

9. 在校对过程中，校对人员发现原稿有错误，可以直接修改原稿吗？

不可以。校对人员无权修改原稿，但可以向编辑质疑。至于是否修改和怎样修改，应该由编辑核对后决定。

校对人员质疑时，应在校样上用铅笔把有疑问的地方圈起来并画引线，引至版心外空白处，然后用铅笔写明修改建议后打一个问号或标明"校改"，交编辑处理。

校对结束后，要填写质疑记录单。

10. 如何计算图书编校差错？

《图书质量管理规定》有关图书编校质量差错率的计算方法如下。

（1）文字差错的计算标准

① 封底、勒口、版权页、正文、目录、出版说明（或凡例）、前言（或序）、后记（或跋）、注释、索引、图表、附录、参考文献等中的一般性错字、别字、多字、漏字、倒字，每处计1个差错。前后颠倒字，可以用一个校对符号改正的，每处计1个差错。书眉（或中缝）中的差错，每处计1个差错；同样性质的差错重复出现，全书按一面差错基数加1倍计算。阿拉伯数字、罗马数字差错，无论几位数，都计1个差错。

② 同一错字重复出现，每面计1个差错，全书最多计4个差错。每处多、漏2～5个字，计2个差错，5个字以上计4个差错。

③ 封一、扉页上的文字差错，每处计2个差错；相关文字不一致，有一项计1个差错。

④ 知识性、逻辑性、语法性差错，每处计2个差错。

⑤ 外文、少数民族文字、国际音标，以一个单词为单位，无论其中几处有错，计1个差错。汉语拼音不符合《汉语拼音方案》和《汉语拼音正词法基本规则》（GB/T 16159-1996）规定的，以一个对应的汉字或词组为单位，计1个差错。

⑥ 字母大小写和正斜体、黑白体误用，不同文种字母混用的（如把英文字母N错为俄文字母И），字母与其他符号混用的（如把汉字的〇错为英文字母O），每处计0.5个差错；同一差错在全书超过3处，计1.5个差错。

⑦ 简化字、繁体字混用，每处计0.5个差错；同一差错在全书超过3处，计1.5个差错。

⑧ 工具书的科技条目、科技类教材、学习辅导书和其他科技图书，使用计量单位不符合国家标准《量和单位》（GB 3100-3102-1993）的中文名称的，使用科技术语不符合全国科学技术名词审定委员会公布的规范词的，

每处计 1 个差错；同一差错多次出现，每面只计 1 个差错，同一错误全书最多计 3 个差错。

⑨ 阿拉伯数字与汉语数字用法不符合《出版物上数字用法的规定》（GB/T 15835–1995）的，每处计 0.1 个差错。全书最多计 1 个差错。

（2）标点符号和其他符号差错的计算标准

① 标点符号的一般错用、漏用、多用，每处计 0.1 个差错。

② 小数点误为中圆点，或中圆点误为小数点的，以及冒号误为比号，或比号误为冒号的，每处计 0.1 个差错。专名线、着重点的错位、多、漏，每处计 0.1 个差错。

③ 破折号误为一字线、半字线，每处计 0.1 个差错。标点符号误在行首、行末的，每处计 0.1 个差错。

④ 外文复合词、外文单词按音节转行，漏排连接号的，每处计 0.1 个差错；同样差错在每面超过 3 个，计 0.3 个差错，全书最多计 1 个差错。

⑤ 法定计量单位符号、科学技术各学科中的科学符号、乐谱符号等差错，每处计 0.5 个差错；同样差错同一面内不重复计算，全书最多计 1.5 个差错。

⑥ 图序、表序、公式序等标注差错，每处计 0.1 个差错；全书超过 3 处，计 1 个差错。

（3）格式差错的计算标准

① 影响文意、不合版式要求的另页、另面、另段、另行、接排、空行，需要空行、空格而未空的，每处计 0.1 个差错。

② 字体错、字号错或字体、字号同时错，每处计 0.1 个差错；同一面内不重复计算，全书最多计 1 个差错。

③ 同一面上几个同级标题的位置、转行格式不统一且影响理解的，计 0.1 个差错；需要空格而未空格的，每处计 0.1 个差错。

④ 阿拉伯数字、外文缩写词转行的，外文单词未按音节转行的，每处计 0.1 个差错。

⑤ 图、表的位置错，每处计 1 个差错。图、表的内容与说明文字不符，

每处计 2 个差错。

⑥ 书眉单双页位置互错，每处计 0.1 个差错，全书最多计 1 个差错。

⑦ 正文注码与注文注码不符，每处计 0.1 个差错。

11. 使用计算机排版的校样可能会产生哪些差错？

（1）作者原稿带入的差错

① 文字输入引入的差错；

A. 拼音法输入文字：同音别字，忘删多余字等；

B. 五笔字型输入，字根拆分失误产生的别字。

② 图、表格、公式中的差错；

A. 图：因不能熟练使用绘画软件而产生的线条图曲线不正确、粗细不恰当，图中文字位置不合理等；图片清晰度不够、规格不合要求；因软件兼容性产生的剪贴图片丢失等；

B. 表格：复杂表格处理不当，忘记修正；表格省略横表线时，左右多栏文字未能恰当对齐等；

C. 公式：复杂公式中外文正斜体、上下标差错。

③ 打印稿与电子文件不一致。

（2）排版人员文字输入差错

① 编码差错：如五笔字型拆分错误；

② 击键错误：误击邻键、对称键，手指未到位，选序错误，多击键等；

③ 误读原稿：如草字误判、形似字误判、错分字、错合字、多字漏字与点到字等；

④ 字母混淆：外文字母大小写混淆；不同文种字母混淆；

⑤ 造字差错：笔画模糊、原稿错误；计算机造字文件未直接附在电子文件中造成黑方块或误调用造字文件造成的错误。

（3）排版人员排版操作差错

① 字体差错：非常用字体排成常用字体；字体错误成行、成片；中外文不同的排版命令导致外文或数字字体错误等；

② 转行不合要求；

③ 标题差错：格式不符合要求；出现背题等；

④ 文字中出现多余符号：如方正排版软件造成多余的白鱼尾括号，五笔字型造成多余的字空等；

⑤ 插图、表格、公式差错；

⑥ 其他排版差错：包括漏行、漏段、版面文字重复、转页差错等。

（4）改版操作差错

① 邻行邻位错改：误将相邻的行、字修改，应改之处未改；

② 格式前对后错：改版操作不当造成。

（5）计算机系统引起的差错

① 系统不兼容：出现字体、字号变更的错误，甚至一片乱码；

② 简化字繁体字转换差错；

③ 病毒感染导致出错。

12. 审稿、编辑加工和校对的案头工作有什么区别呢？

审稿、编辑加工、校对三项工作是编辑流程中的不同环节，三者有一定的相同之处，然而在案头工作的目标和方式上存在着区别。

（1）审稿的目标是决定取舍，其结果无非有三：采用，退修，退稿。如果稿件决定采用或需要退修，边空上可贴浮签或用铅笔标注修改建议，提出书稿存在的问题，为退修及编辑加工提供便利。如果稿件达不到出版要求，就撤去浮签，擦去边空的字迹，说明退稿理由，归还稿件。案头工作如图9-7所示。

（2）编辑加工的目标是修改完善书稿，使书稿达到发稿要求。编辑加工时，要修改润饰稿件并对其进行规范化处理。案头工作如图9-8所示。

（3）校对的目标是通过校异同、校是非，逐次减少并最终消灭所发现的各种差错。校对时，规范使用校对符号，改正各种差错。案头工作如图9-9所示。

审稿是编辑工作的重要环节。作者交来的稿件，一般都要经过审稿。审稿时，编辑只需抽审稿件三分之二以上的内容就可判断其是否达到正式出版的标准。

三审制是我国的审稿基本制度。三审制规定，初审应由具有初级职称的编辑担任。复审由具有正、副审职称的人员担任，除了对初审意见表明态度外，还要注意发现初审可能遗漏的问题并予以解决。终审由具有正、副审职称的社长（副社长）或总编辑（副总编辑）担任，也可由社长或总编辑指定的具有正、副编审职称的人员担任，但他们的审稿意见要经过社长、总编辑审核。根据稿件的具体情况（如内容专业性特别强），必要时可以聘请外审人员负责复审或终审。

完成审稿后，审稿者应该撰写审稿意见，其中最重要的部分是对稿件的价值评估和质量判断，并在此基础上提出审稿结论。

图 9-7 审稿方式

出版是指将作品编辑加工后，经过复制向公众发行或传播。

我国很早就有出版活动，但在我国古代，人们没有使用"出版"这个词，而把出版活动称为"梓行""雕印""版印"等。编辑、复制、发行是出版活动的三要素。"复制"是指以各种物理、化学方式根据作品内容制成若干与其内容信息相同的副本的工作。"编辑"是指策划、组织、审读、选择、加工、营销作品，为复制和发行做准备的工作。"发行"是指通过一定的方式将出版物传送给消费者的活动。出版活动的三要素在出版过程中形成精神产品生产（编辑）、物质产品生产（复制）和商业流通（发行）三个有机联结起来的阶段。

图 9-8 编辑加工方式

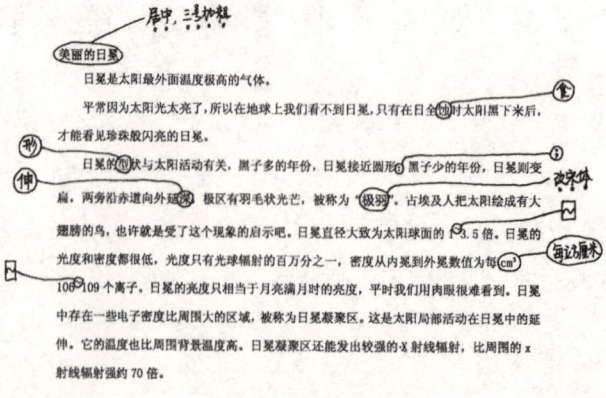

日冕是太阳最外面温度极高的气体。

平常因为太阳光太亮了，所以在地球上我们看不到日冕，只有在日全蚀时太阳黑下来后，才能看见珍珠般闪亮的日冕。

日冕的形状与太阳活动有关，黑子多的年份，日冕接近圆形；黑子少的年份，日冕则变扁，两旁沿赤道向外延展。极区有羽毛状光芒，被称为"极羽"。古埃及人把太阳绘成有大翅膀的鸟，也许就是受了这个现象的启示吧。日冕直径大致为太阳球面的3.5倍。日冕的光度和密度都很低，光度只有光球辐射的百万分之一，密度为内冕到外冕数值为每cm³ 10⁸到10⁹个离子。日冕的亮度只相当于月亮满月时的亮度，平时我们用肉眼很难看到。日冕中存在一些电子密度比周围大的区域，被称为日冕凝聚区。这是太阳局部活动在日冕中的延伸。它的温度也比周围背景温度高。日冕凝聚区还能发出较强的X射线辐射，比周围的x射线辐射强的70倍。

图 9-9 校对方式

实战演练

通读并纠正校样中的错误。

恒星诞生的奥秘

在地球上遥望夜空，我们会发现除了宇宙中少数行星外，还有无数棵会发光且位置相对稳定的恒星，好象长明的天灯，会万世不熄，它们都是十分庞大的发光天体。太阳是距我们最近的一颗恒星。例如，太阳的直径约为一百四十万千米，相当于地球的 109 倍，而体积要比地球大 130 万倍。但是在浩淼的宇宙海洋里，太阳却只是一名很普通的成员。而其他恒星都离我们非常遥远，最近的比邻星也在 4 光年以外。

恒星是如何诞生的呢？有的天文学家认为，恒星是由一种神秘的"星前物质"爆炸而形成的。具体说，这种星前物质体积非常小，而蜜度非常大，目前它的性质人们还不清楚。

有些科学家对此观点却持怀疑态度。他们认为恒星是低密度的星际物质构成。这一观点的根据是星云假说。他们认为星际物质是一些非常稀薄的气体和细小的尘埃物质，宇宙中庞大的像云一样的集团都是由这些星际物质构成的。这些物质密度很小，

每立方千米为 10~104 克，主要成分是氢和氦，它们的温度为零下 200 摄氏度至零下 100 摄氏度。通过观测，我们把星云分为两种：被附近恒星照亮的星云和暗星云。它们的形状有网状、面包卷状……等。

星云是构成恒星的物质，但真正构成恒星的物质量非常大，构成像太阳这样的恒星需要一个方圆 900 亿千米的星云团。从星云聚为恒星分为快收缩阶段和慢收缩阶段。前者历经几十万年，而后者要经历数千万年。星云快收缩后半径仅为原来的百分之一，平均密度提高 1 亿亿倍，最后形成一个"星坯。"这是一个又浓又黑的云团，中心为密集核。在这之后进入慢收缩阶段，也叫原恒星阶段。这时星胚温度不断升高，温度升高到一定的程度就要闪烁发光，以示其存在，并步入恒星的幼年阶段。但这时恒星尚不稳定，仍被弥

漫的星云物质所包围着，并向外界抛射物 质。

演练点拨

1. 除了宇宙中少数行星外→宇宙中除了少数行星外

2. 棵→颗

3. 好象→好像

4. 一百四十万千米→140 万千米

5. 星前物质→【半角符号换成全角】

6. 蜜度→密度

7. 是低密度的星际物质构成→是由低密度的星际物质构成

8. 每立方厘米为 10~104 克，→【接排】

9. 面包卷状……等→面包卷状……（面包卷状……等→面包卷状等。）

10. 而后者要经历数千万年→而后者要历经数千万年

11. 最后形成一个"星坯。"→最后形成一个"星胚"。

12. 物 质→【缩小字空】

第十章

制作一本心仪的图书

实 训 目 标

1. 能驾驭一本图书的全流程运作
2. 懂得如何完成一本图书的物质形态制作
3. 了解按需印刷和批量印刷的区别

本章重点

编辑出版学是一门应用科学。要做好编辑出版工作，仅仅靠具备理论修养还不够，还要熟悉编辑出版各个环节的工作流程、工作要求。在现实生活中，出版物的消费是一种体验，图书编辑出版工作同样也是一种体验，或者说需要通过体验获得经验。因此，你可以在学习的过程中，按照出版规范，亲自做一本图书。从选题策划开始，到组织稿件，加工优化你的作品，为你的作品设计物质形态，一步一步落实并完善你的设想，最终完成图书的制作。通过这个过程，你就能初步了解，并体验一个图书出版项目是怎么酝酿产生的。在这个过程中，你会在发现自己不足的基础上，不断挑战自我，完善知识结构，收获在课堂和书本上得不到的知识以及成功的喜悦。

实训任务

1. 根据市场的需要，结合你自己的爱好设计制作一本图书，并真正完成它的全流程运作。

2. 观察或亲手制作完成你的第一本图书，包括它的物态形式。

第十章 制作一本心仪的图书

趣 味 导 读

三联书店编选推出《鲁迅箴言》

2010年4月,收入人生体验、读书作文、历史、国民性等12类,计365条鲁迅文字的《鲁迅箴言》一书由生活·读书·新知三联书店编辑出版。该书由鲁迅研究界专家编选,全书不附任何注解,以求用最纯粹的文本呈现鲁迅的思想和文字魅力。为便于检索原文,书中所选每条箴言均据鲁迅著作单行本及书信原稿注明出处。三联书店总经理樊希安表示:"三联书店喜欢鲁迅,鲁迅与三联有相近的气质。出版鲁迅的书,弘扬鲁迅精神是我们的责任。"

2011年,为纪念鲁迅诞辰130周年,三联书店与日本平凡社共同制作发行了《鲁迅箴言》。该书在三联书店2010年版《鲁迅箴言》的基础上,精选出130句箴言,在设计制作上,书体右页面为汉语,左页面为日语。2013年3月15日,《鲁迅箴言》在德国莱比锡荣获德国"世界最美丽的书"大赛银奖。此前,该书曾获得日本第46届装帧印制大奖赛一等奖和ATPA(亚太地区出版人联合会)出版奖普通书部门金奖。

发 散 思 维

1. 三联书店编选《鲁迅箴言》考虑到市场需求吗?
2. 《鲁迅箴言》的体裁和内容设计有独到之处吗?
3. 你觉得这本书的内容还可以怎么编?
4. 你觉得《鲁迅箴言》获德国"世界最美丽的书"大赛银奖的意义在哪里?
5. 你认为出版社应该把自己的喜好与社会责任、市场需求结合起来吗?
6. 试着自己制作这本书,你会怎么做呢?

第一节 自己制作一本心仪的图书

如果你或在你工作、学习的场所有一台计算机、一台彩色激光打印机和一台小型胶装机、切纸机，你就可以自己动手制作一本心仪的图书了。

你也可以找一家合适的数码打印店，在他们的帮助下完成图书装订环节的制作。

典型案例

《"驴"行天下——登山徒步手册》（学生习作）全书192页，共9万5千余字，开本采用32开，版面尺寸大小为203mm×140mm，书脊10mm，并附有宽度为80mm的勒口。封面采用250g/m² 哑粉纸，正文采用80g/m² 双面胶版纸。为了使彩图达到良好的效果，章题页采用120g/m² 铜版纸。书名页采用120g/m² 特种纸。封面覆膜，胶装。定价29元。

本书内容囊括户外自助游者在出游阶段的必要考虑因素，因此本书从游者的衣食住行出发，总结为"驴"行有备——登山徒步准备篇、"驴"食得道——登山徒步饮食篇、"驴"眠无忧——户外游宿营篇、"驴"行有方——户外游技巧篇以及附录等五个部分，解析游者在野外自助游这个过程中需要注意的必要知识与应掌握的技巧，结合以往发生的野外遇险实例，给予读者最生动最具有说服力的内容。内容力求简约易懂，便于读者实际操作。

制作流程：

第一步，确定选题，资料收集整理。根据个人兴趣和市场需要确定选题。利用网络，分别在知名的中国驴友论坛、户外资料网、驴友网等网站上，寻找相关内容资料，建立文档后对资料内容进行统一整合编排。按照预先设计好的目录要求，进行内容分配，并统一处理格式。

第二步，内文排版设计。使用Adobe Indesign CS2排版软件，建立文档，设定版面大小，将文档置入后，进行各章节的内容编排工作。

第三步，封面设计。基于作品主题和资料内容，使用 Photoshop CS2 图像处理软件，设计图书封面、封底、书脊及勒口内容。

第四步，校对审核。将内文与封面统一输出为 PDF 格式文件，打印小样，对小样进行校对与审核。根据校对与审核发现的问题，对原文件进行修改。

第五步，印制。将校对审核后的内文及封面的 PDF 文件交给图文制作公司，明确说明图书成品的尺寸大小、装订工艺、纸张选择等图书制作要求。现场观摩或参与样本制作。

第六步，检查样书，根据图文制作公司所制作的首本样书，全面检查模拟书是否存在纰漏，再次修改原文件后，开始进行并完成图书制作。

案例分析

因为是学生习作，没有严格按照出版工作流程运作，但从选题名称、内容设计、篇幅字数的安排及材料的选择等方面看，目标读者还是明确的，内容的设计考虑到实用的功能。由于时间的限制和作者经验的制约，材料的获取采用拿来主义的方式，如果制作的目的是正式出版就会带来版权问题。

释疑解惑

1. 图书的页面是怎么设置的？

根据选题设计确定的图书开本大小，进行页面设置。如图 10-1（1）~（3）。

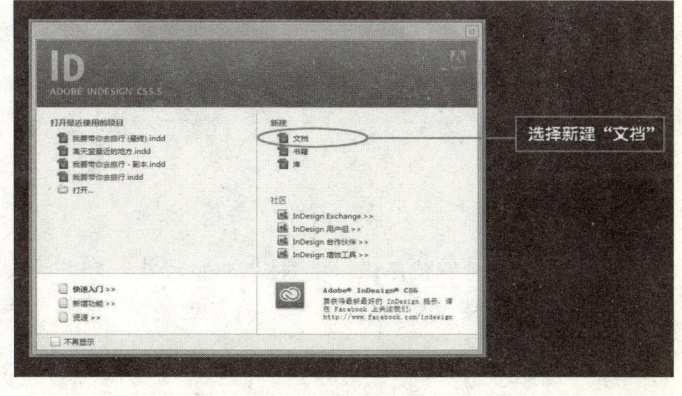

图 10-1（1） 页面设置

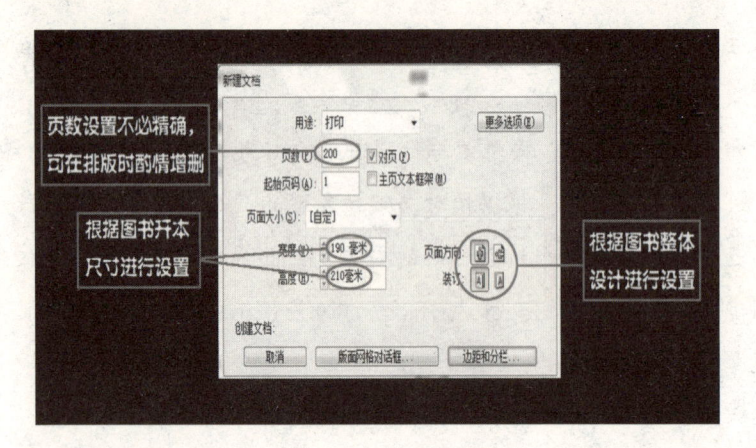

图 10-1（2） 页面设置

对"新建文档"进行设置后，点击对话框右下角"边距和分栏"，根据需要继续进行设置。

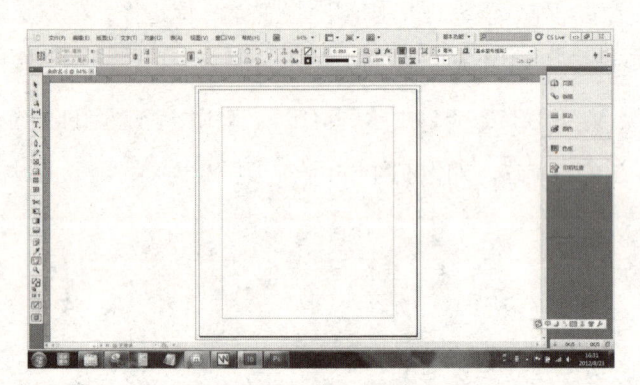

图 10-1（3） 页面设置

新建文档完成。

温馨提示：

① 新建时选择"文档"而非"书籍"；

② 根据模拟书整体设计自定义页面尺寸，慎用默认尺寸，以免图书装订裁切时遇到麻烦；

③ "边距和分栏"在排版过程中可通过"版面"选项进行修改，便于及

时调整版面。

2. 怎么处理章题页？

在保证各章题页风格和形式的统一之外，还要同中存异，体现差别。

以《我要带你去旅行》为例，章题页设计分为两个部分，双数页码部分用四张图片组成窗户的造型，而这四张图片则来源于本章要介绍的地点，如图 10-2（1）、（2）。单数页码部分则由五部分组成——主章题、副章题、副章题拼音、内容简介以及一张出血图片。全书两大部分"境内篇"和"境外篇"除分隔页面外，则是通过双数页码页中窗户的位置来体现区别。

图 10-2（1）　章题页的设计制作效果

图 10-2（2）　章题页的设计制作效果

3. 怎么处理插页（或和合页）？

对于插页的处理，需要注意的问题只有一个——出血。

在排版软件 Indesign CS5.5 中，窗口中页面边缘所包裹着的红线，就是出血线。只要保证所排的图片边缘超出出血线，就不会出现出血图有白边的问题了，如图 10-3（1）、（2）。

图 10-3（1） 和合页的设计

而无论对于插页还是和合页，有一个问题都是不可忽视的，那就是装订后图片的错位问题。对于以风景为主的图片，这个问题基本可以忽略，但图片若是以建筑或人物为主的话，排版时就要注意了。

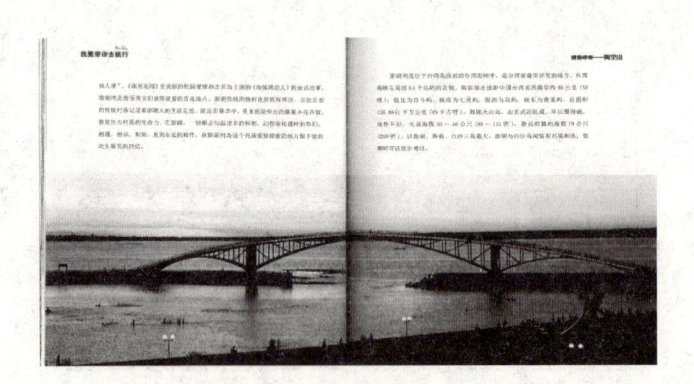

图 10-3（2） 和合页的设计

解决这个问题的原始方法，是使用公式计算图片被装订的宽度，然后把图片从装订线的部分一分为二，排版时装订线左右留出适当宽度。

文印店的技术人员告诉我们一个更为简便的办法，就是在设计页面宽度的时候中间线部位向左右多加 3mm，这样就可以解决图片错位的问题。

温馨提示：

以建筑或人物为主的图片，尤其是建筑或人物的关键部位（如建筑的衔接处、人物的面部）在图的中间就最好不要做和合页，如果不得不用的话，就要注意排版技巧。

4. 怎么设置页码及书眉、页脚？

页码、书眉以及页脚的设置，对 Indesign 排版软件的初学者来说，可以说是一个令人非常头疼的问题。熟练运用软件之后就会发现，其实要解决这所有的问题，只需要应用好一个功能，那就是——主页。

以《我要带你去旅行》为例，对主页进行设置时，首先要清楚页码、书眉以及页脚各自的位置。一般情况下，书名居双数页码书眉处，而章题则居单数页码书眉处。页码的位置没有固定的规则，根据图书的整体设计来决定就可以了。《我要带你去旅行》只设计了单数页的页码，双数页和扉页、目录、章题页均按暗码处理，如图 10-4。

图 10-4 页码和书眉的设置

暗码的设置，也有窍门。排版软件 Indesign 的"页面"选项中"主页"的部分，默认存在一个名为"无"的主页，如图 10-5。巧妙地运用这个主页，不仅可以解决暗码的问题，还可以毫不费力地解决插页中页眉、页脚与图片重叠的问题。"无"主页的使用方法很简单，只需要将其"拖"到要做暗码或隐藏页眉、页脚的页面中即可。

还可以根据不同的章题设置多个主页，将其运用到相应的页面中，这样就可以省去一页一页摆放页眉的麻烦了。

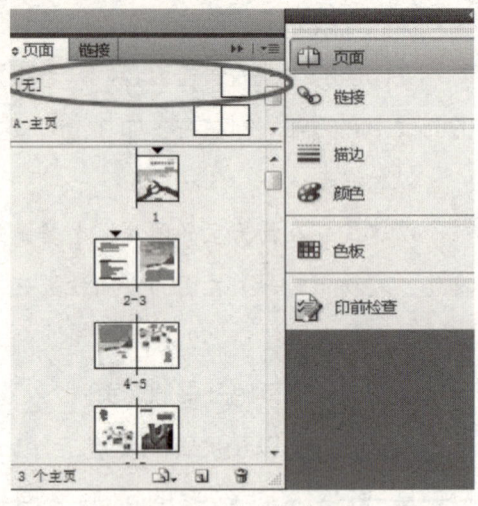

图 10-5 主页的设置

5. 目录是怎么做出来的？

Indesign 排版软件有自动生成目录的功能，如果图书版式是单一简洁的，稍作设置便可以直接使用自动生成的目录。但如果希望版式灵活一点，建议先使用其他设计软件（如 Photoshop 图像处理软件）先将目录设计好，再以图片的形式置入 Indesign 排版软件相应的页面中进行调整，从而制成图书目录。

以《我要带你去旅行》为例，目录的制作过程是：

第一步，根据图书的整体设计对目录进行创意设计，然后找到适合的图片，如图 10-6。制作者的设计灵感来源于当下比较流行的一种室内装修手法，叫做"照片墙"。为了增加造型的美感以及"照片墙"灵动的感觉，设计者选择了一张表现"藤蔓"主题的矢量图片，如图 10-7（1）、（2）。

第二步，把图片放入 Photoshop 图像处理软件中，根据创意需要开始进一步的设计。

图 10-6 目录设计素材

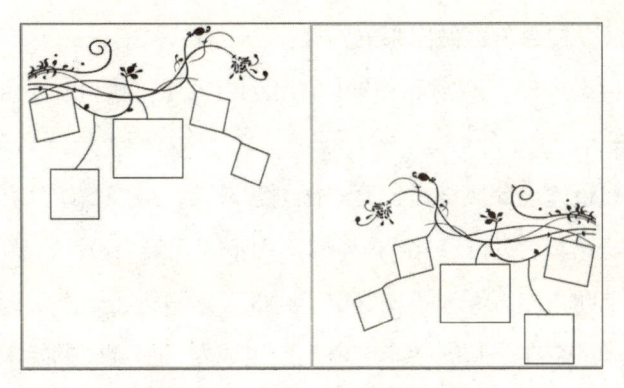

图 10-7（1） 目录设计过程

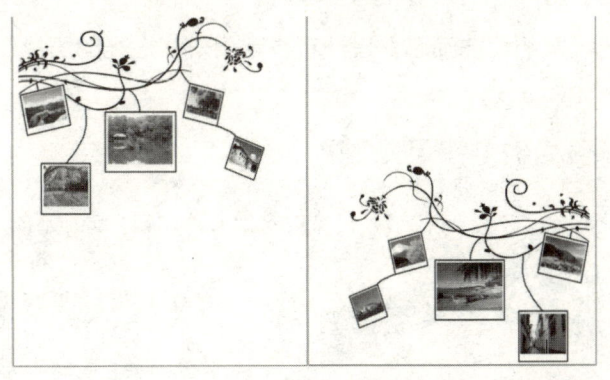

图 10-7（2） 目录设计过程

第三步，把 PS 后的图片置入 Indesign 排版软件的相应位置中，做最后的调整和完善，如图 10-8。

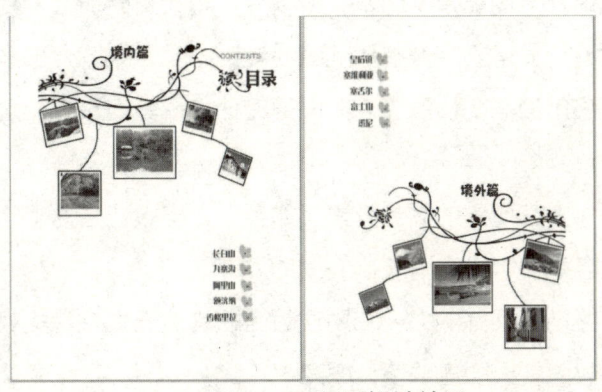

图 10-8 目录设计效果

6. 封面及勒口是怎么做出来的？

同设计目录一样，对封面和勒口的设计主要是使用 Photoshop 图像处理软件完成的。

根据图书整体设计风格对封面进行创意设计，最好多做几套方案备用，可以确定主要元素后进行设计，也可以运用不同元素来设计，最后择优选用。

《我要带你去旅行》就是先确定了封面元素再进行进一步设计的。设计者选择的元素是牵在一起的手。这个元素也成为了贯穿图书始末的元素，紧紧扣住图书"甜蜜"、"浪漫"的主题。

通过对已收集图片的筛选，设计者决定用一张逆光的图片作为封面图片如图 10-9（1）、（2）。

图 10-9（1） 封面素材　　图 10-9（2） 封面素材

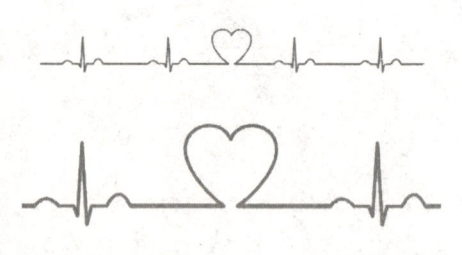

由于最先设计的图书是平装本，所以设计者给封面加上了勒口。设计者担心勒口上的设计文字会降低整体的"浪漫"感觉，就放弃了添加图书文字介绍的计划，采用简洁明快的"心"电图设计，既美观大方，又与主题交相呼应。

收集、制作封面所需的其他元素。如条码、出版社名称（此处借用了长江文艺出版社名称）字体、出版社 LOGO 等；

最后，将之前设计好的书名和制作封面的其他元素以最美观的方式组合在一起，图书封面就大功告成了，如图 10-10。

图 10-10 封面效果图

到此为止，模拟书的整体设计与制作就全部完成了。

接下来，只要将封面和内文生成 PDF 格式文件，选择适合的材质和方式印制装订，一本图书就制作完成了。

7. 打印前还要做哪些技术处理？

（1）色彩校正

打印前的色彩校正是必要的。

色彩校正的目的：还原原稿颜色；弥补原稿颜色的缺陷；为了符合目标读者的欣赏心理。

如果想要实现"所见即所得"，如屏幕看到的图像颜色就是最后打样或印刷出来的颜色，就要进行色彩校正。

除了在整体设计的图文合成时要通过 Photoshop 对你采用的图片进行色彩校正外，还要对你的计算机屏幕进行色彩校正。

因为你的设计是按照批量复制，即传统印刷方式设计的，因此用数码打样会出现色差。实际上，一般的计算机因为没有经过专业的色彩校正，计算机屏幕显示效果与打样呈现的效果不同。

（2）拼版

做了专业的色彩校正之后，就可以拼版了。

温馨提示：

你可能遇到什么问题？怎么解决的？

拼版错误——错排部分文件，比如丢失书名页、版权页。可能是单独做了几个文件，封面、扉页、版权页和正文，制作时，因疏忽遗失或错排。

按照相关规定，版权页应在主书名页背面（又称扉背），出于整体设计的需要，一些出版社把版权页放在图书正文后，封三之前。

8. 怎么选择承印材料？

应该根据选题特点选择承印物。承印物可能是纸张，也可能是其他材料。2012年在国际图书博览会上，作为主宾国的韩国展示的儿童书有些是纸和泡沫板组成的。

纸张的适性，直接影响图书印刷的质量，因此，必须根据图书的性质、类别、用途和读者对象，以及印刷设备工艺和不同纸张的适性等，核定用纸品种。

为了实现你的设计效果，要慎选承印材料。

一般来说，数码打印店不接受你自带承印材料，因为承印材料与打印输出设备的匹配可能存在问题，有些承印材料可能对输出设备造成损害。

9. 纸张的主要性能有哪些？

为了使图书更好地表现主题、特色，为了保证质量与成本的有效控制，你需要了解纸张的一般性能。

纸张的表面强度、平滑度、白度、光泽度、酸碱度、耐折度、含水量等性能，会影响印刷品的质量。纸张的表面强度低会造成纸张掉粉、掉毛，版面粘脏；平滑度低容易造成油墨转移不充分，造成印迹深浅不一；白度影响印刷品的阶调层次反差和图像色彩的再现；光泽度影响印刷密度；纸张的酸碱度影响印迹的强度及干燥性；耐折度对印后的模切、压痕工序有一定的影响；含水量影响纸张的表面强度，容易造成套印不准。

10. 可以做封面的承印材料有哪些？

理论上讲，只要耐折、耐磨、耐脏，不影响制作工艺和封面艺术效果的表现，就可以做封面的承印材料，常用的材料有书皮纸、胶版印刷涂布纸、胶版印刷纸。

（1）书皮纸

书皮纸也称书面纸，定量有 80g/m²、100g/m² 和 120g/m² 等几种。一般为平板纸，颜色较多，有蓝色、白色、米色、橘色、粉红、鹅黄、湖蓝和灰色等。

（2）胶版印刷涂布纸

胶版印刷涂布纸俗称铜版纸，它是原纸经过涂布、整饰之后制作成的高级印刷纸。做封面的一般用 200g/m² 或 250g/m²。超过 250g/m² 的纸称为纸板。太厚（克重太大）的铜版纸，勒口和书脊压翻折线处易折断（习称炸口），故不适宜做封面。

（3）胶版印刷纸

胶版印刷纸俗称胶版纸，又称双胶纸，是专供胶印机套色印刷的一种纸。定量一般在 60g/m² ~ 150g/m²。较厚的胶版纸可以做封面。

11. 可以做内文的承印材料有哪些?

选择内文承印材料取决于图书的内容主题、风格以及对成本和效益的预期。

内文承印材料可以选择轻涂纸、胶版纸、轻型胶版纸、字典纸、书写纸等。

（1）轻涂纸

轻涂纸是轻度涂料纸的简称，与铜版纸同为普通涂料纸。适应对网点还原的印刷要求，有良好的白度、光泽度和不透明度，适宜高质量的图文印刷。

（2）胶版印刷纸

胶版印刷纸俗称胶版纸，又称双胶纸，目前胶版纸广泛运用于书刊内文印刷。

（3）轻型胶版纸

轻型胶版纸，俗称轻型纸。它是一种松厚度较大的胶版纸，用这种纸印刷的书籍厚度比较大，重量比较轻。

（4）字典纸

字典纸又称圣经纸，是一种薄型高级印刷纸。主要用于印制字典、袖珍手册、工具书、科技资料和其他精致印刷品。定量一般为 $25g/m^2$、$30g/m^2$、$33g/m^2$、$35g/m^2$、$40g/m^2$。

（5）书写纸

书写纸，顾名思义是可供人们书写用的纸张，也被大量用于印刷普通书籍的正文。其定量分别是 $45g/m^2$、$50g/m^2$、$60g/m^2$、$70g/m^2$、$80g/m^2$。

12. 常用的装帧材料有哪些？

装帧材料主要包括书壳（函套）材料、封面（护封）材料、环衬（主、附书名页）材料，以及烫印用的电化铝箔等。

（1）书壳材料主要有封面纸板、制作书套的封套纸板及用于制作软质书壳和封套的单面白纸板等。

（2）封面面料有纸质、织物和非织物三类。

（3）环衬材料有胶版纸、铜版纸及米卡纸。

13. 常用的装订材料有哪些？

装订材料包括缝订材料、胶黏材料、贴背材料等。

缝订材料有铁丝、金属丝圈、棉线、化纤线等。

胶黏材料有淀粉黏合剂、动物胶、纤维素胶黏剂、合成树脂黏结剂等。

贴背材料有书背布（纱布）、书背纸（定量较高的胶版纸或铜版纸）、堵头布（一边有高出圆棱的织带）及丝带等。

温馨提示：

纸张的呈现效果与预想差异大，要了解纸张等承印物的特点。

关于特种纸的使用：

设计者往往希望借助特种纸（书皮纸）的色彩或表面纹理效果，来体现印刷图、文、色的特殊效果，但要注意以下几点：

（1）每一类特种纸的材质不一样，选择特种纸做封面时，首先要保证其耐折度，以防书脊、勒口、压凸处炸口。

（2）部分特种纸具有表面纹理粗、吸墨性能差等特点，装订前要有足够的干燥时间，否则，装订过程中会出现粘脏、掉色等现象。

（3）不要盲目选用彩色特种纸。首先要弄清楚纸张原色与所要印刷颜色叠印后的反差效果以及色压色后的呈色效果，否则容易弄巧成拙。

（4）封面印刷专色做底色时，没有必要选用特种纸，因为印刷后墨层会全部覆盖纸张表面。可选用铜版纸或胶版纸，其价格比特种纸低廉，并可以达到设计所需效果。

（5）用铜版纸或胶版纸印刷后，可用压纹机压纹，这样的效果完全可以与特种纸印刷相媲美，并且能掩盖印刷图像的缺陷，还能增强纸张的抗拉强度与挺度。

14. 打印时要注意哪些问题？

打印内文前注意要预检一下，数字文件中通常存在这样一些问题：缺少字体、丢失图像、色彩不正确、扫描模式错误、页面设置不当、出血尺寸不对、图像分辨率过低或过高等。另外，还要检查一下你自带的字库，文印店可能没有你使用的字体。

打印封面前，需要检查一下封面与成品尺寸是否一致，注意书脊厚度，必要时需要根据所使用的承印材料的厚度再核算、确定。有关书脊厚度的计算参见本书第八章第四节相关部分。

温馨提示：

在传统印刷中，对于需要覆膜或UV上光的封面，一定要事先计划好，保证印刷后给覆膜和UV工序留有一定的干燥和固化时间，最好在8小时以上，确保表面整饰质量的稳定性。

避免大实地印刷的封面覆膜，这种封面覆膜后容易起泡。

15. 装订是怎么回事？

图书装订是图书的印后加工，即用一定的方法将书页整合起来，并按规定的装帧设计要求制作成一定样式的图书。

图书的装订样式，是图书用不同装帧材料和装订工艺制作后所呈现的外观形态。图书的装订样式，目前常见的是平装、精装、线装和散页装等。

16. 在快文印店，普通平装书（精装书心）是怎么装订出来的？

在文印店，胶装普通平装书的工艺流程是，在置本台上放置书内页，按动按钮，夹紧内页，放置封面，经铣背、上热熔胶、托打、夹紧，完成一本书的胶订，见图10-11（1）、（2）、（3）。制作方脊精装书心，见附图10-11（1）~（6）。

图10-11（1）放书内页并夹紧

图10-11（2）放置封面

图10-11（3）胶订好的书

图10-11（4）撕去胶装书的封面（可用窄条纸胶装）

图10-11（5）粘贴固定衬页的双面胶条

图10-11（6）粘贴衬页

17. 精装书是怎么制作出来的？

在印刷厂，精装书的制作工艺流程，分书心制作、书壳制作和上书壳三个工序。

书心制作工艺流程为：折页→配书心→锁线→压平→涂胶→干燥→压紧定型→切书→砑圆→做脊（包括起脊、施胶、粘纱布、粘堵头布和贴背纸等）。

书壳制作工艺流程为：书壳裁料→黏合→包边→压平→干燥→压痕、用粉箔或铝箔烫印文字和图案等。

上书壳工艺流程为：扫衬（即在前环衬和后环衬须与书壳相连的纸面上施胶）→书心与书壳套合→压平→压槽（即在订口两侧用压线板压出凹槽，使书心与书壳套合紧密）→干燥→检查→包装。

主要工艺流程见图 10-12（1）~（14）。

图 10-12（1）精装书的封面（已带背胶）定位

图 10-12（2）在书壳机上定位、粘接计算好的封面书壳纸板、中径纸板

图 10-12（3）施加压力使封面和纸板粘牢

图 10-12（4）切角

图 10-12（5）精装封面包边　　图 10-12（6）精装封面包边处整饰

图 10-12（7）精装封面内侧　　图 10-12（8）给书心粘堵头布

图 10-12（9）撕去环衬纸的不干胶保护膜　　图 10-12（10）把环衬和硬质封面粘合在一起

图 10-12（11）书壳与书心合成 　　图 10-12（12）给制作好的精装书压槽

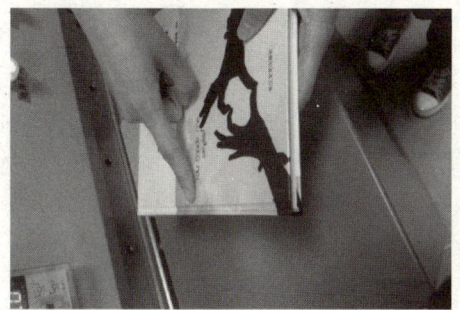

图 10-12（13）精装书的书槽

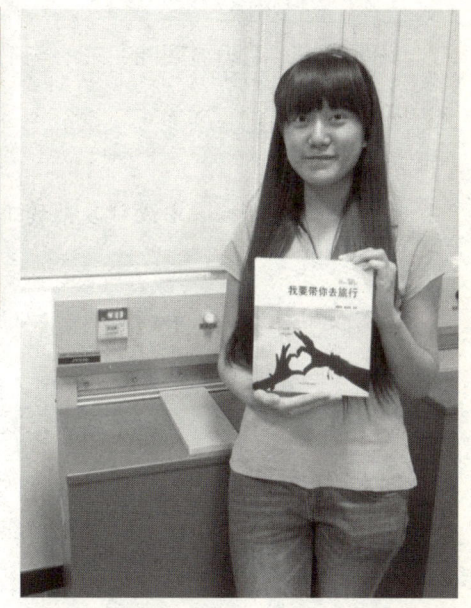

图 10-12（14）一本精装书就做好了

温馨提示：

可能遇到的问题，怎么解决的？

书脊不正，褶皱。制作时注意观察，提前定好规矩，包括做好封面纸板、中径纸板、飘口等的计算。

选择的装订方式不当，导致使用不便，在选题物态设计时就考虑好使用时可能出现的问题。

装订后裁切不当，导致还有连页或部分页码或设计效果（包括封面）缺失，在选题物态设计时就考虑好，注意规避风险。

图书的制作者要获得设计效果，往往独具匠心，从装订形式，从裁切、模切形状，从透、露、凸、凹，从装帧材料等方面下功夫，使书籍更加人性化，更具有个性特点。

18. 装订的质量要求有哪些？

（1）平装质量要求

封面与书心粘贴牢固，书脊平直，无空泡，无褶皱、变色、破损。

（2）精装质量要求

表面平整，无明显翘曲，书心与书壳套合后的四角垂直，歪斜误差小于1.5mm。

温馨提示：

最好不要在模拟书中设计复杂的工艺，一般文印店或自己手工都无法完成；

如需使用特殊工艺和材料进行印刷，印制前最好调查清楚，选择适合的文印店；

鉴于设计、排版软件版本差异以及字体的区别，最好带着自己的笔记本电脑去文印店，以便在制作前再作必要的修改，使模拟书达到最佳效果；

模拟书在文印店印刷时，可针对每个印制、装订环节询问技术人员的意见，以便及时修改完善，节省重印成本。

第二节 按需印刷与传统印刷的区别

典型案例

知识产权出版社除了出版专利文献，还出版断版书和短版书。断版书和短版书的服务对象主要是作者和读者两大群体。对于作者群体来说，主要分两种情况。一是作者以前出版过的书，现在买不到了，希望能再找到这些断版书。著名经济学家于光远的《我的四种消费品理论》按需出版第1版100册，经过作者修改，第2版100册也已出版。旅美华人作家左舒拉创作的三部小说《王侯将相宁有种乎》、《无常》、《竖起你的尾巴》也都是按需印刷的版本。另一种是作者没有出版过的，不了解市场需求状况，希望通过"按需出版"的方式出版作品。在知识产权出版社已经出版的短版书中，《古调今谭》是一个成功的例子。该书收录了很多单弦古词，代表满族流传下来的一种文化，很有学术价值。该书起印时仅100本，而现在却连续接到订单，每个月都在印刷。据悉，《古调今谭》目前已经流传到台湾省。

而说到读者群体，有些读者想买某种短版或断版书，但可能只需要一两本，这就不必按传统出版了，只能通过按需印刷来完成。比如粟裕将军写的《战争回忆录》，该书由解放军出版社1988年首次出版后即脱销断版。2003年，张学良的家人在美国看到这本书，非常想买一本，他们到北京找到解放军出版社时发现这本书早已售罄，后来找到知识产权出版社寻求帮助。知识产权出版社征得粟裕夫人的同意，取得授权后，按需出版了300册。紧接着，该社又陆续接到了军事科学研究院和浙江新四军研究会对这本书的订单。[1]

案例分析

截至2012年，我国每年出版三十余万种图书，其中55%左右出版后会逐渐退出流通领域，这些图书中不乏具有研究价值、参考价值、收藏价值的

---

1. 改编自《按需出版 规模出效益——访知识产权出版社社长董铁鹰》http://www.chinabaike.com/z/keji/ys/662244.html

图书，是重要的文化资源，这类图书的断版将造成文化资源的大量流失；而短版图书中包括难以大量销售的学术著作、专业教材、信息资料、艺术作品、古籍、回忆录等各类图书，这些图书由于本身市场容量小，或出版社考虑重印的成本等原因往往难以出版或重印。而按需印刷技术从市场层面和技术层面都解决了这个复杂的难题，对文化积累、文化传承、发扬历史、服务社会是功德无量的事。

释疑解惑

1. 按需印刷与按需出版是一回事吗？

它们不是一回事。

按需出版是一种全新的出版方式，按需印刷是一种特殊的印刷解决方案。出版活动是由编辑、复制、发行三个环节构成的，印刷只是复制的一种形式，因此，按需印刷只是按需出版的一个环节。按需出版的操作主体是出版机构，按需印刷的操作主体可以是出版机构、印刷企业等机构。

按需出版即充分利用先进的数据处理系统、数码印刷系统和网络系统为用户提供快速、按需和高度个性化信息服务和图书的出版发行。它突破了传统出版模式的限制，实现出版全流程数字化，重新组合出版流程中的编、印、发各环节。按需出版的一项基本业务项目就是按需印刷，而其重要的特点则是内容按需编辑，版本变化方便，具有很大的灵活性。

按需印刷最终的呈现物是纸质图书，而按需出版的最终呈现物则包括了纸质图书在内的更为广泛的形态，如CD、VCD、DVD、电子书、网络杂志以及手机出版物、网游产品等。

2. 按需印刷与传统印刷的区别在哪里？

按需印刷与传统印刷的区别主要表现在以下几个方面。

（1）按需印刷与传统印刷的印刷原理不同

按需印刷，又称为数码印刷、无版印刷，是采用先进的数码静电成像技术，模拟传统印刷，但又不同于传统印刷，印品色彩表现栩栩如生，快速直观。

传统印刷是把文字、图像等复制到印版上，在印版上施加油墨，用加压的方法，把文字、图像等转印到纸张或其他介质上，以复制出与原稿一致的印刷品。

（2）按需印刷与传统印刷的环节或工作程序不同

按需印刷不需要传统印刷繁杂的印前处理，只要有电子文件，几分钟内便可看到成品，每分钟上百页的处理速度可以实现真正意义上的立等可取。

按需印刷从"原稿"直接"制版"，不需要有中间"菲林"的环节。

（3）按需印刷与传统印刷的成本不同

按需印刷直接"制版"，节省了软片、印版及制版、拼上版的材料和成本。

在长版印刷上，按需印刷成本比传统印刷高，但其因极少的系统投资、数码化的操作方式及有限的空间占用，使按需印刷系统具有更大的市场前景。

（4）按需印刷与传统印刷的起印数不同

按需印刷与传统印刷的起印数不同，决定了它服务社会的功能不同。

按需印刷需要多少就印多少，可以一本起印，避免了库存和浪费。传统印刷需要达到数千册的开机数量。

（5）按需印刷与传统印刷的印后工艺不同

目前，按需印刷一般只能完成普通平装书的装订，而传统印刷的印后工艺可以有更多的选择余地，如制作勒口平装书、精装书以及完成胶订、锁线等不同的工艺，后期的工艺处理等。

3. 按需印刷机有什么特点？

按需印刷机是一种数码印刷机，借助网络技术和高密度数字存储介质，将数字文件直接生成印刷品的设备。它使传统出版印刷的生产流程，由过去的"先印后卖"，有可能转变为"先卖后印"，为传统出版的数字化转型创造了条件。

目前，按需印刷机在满足出版社、出版经纪人样书的制作，小批量制作以及读者的个性化需求方面发挥着一定的作用。

图 10-13　集成式按需印刷系统——中版闪印王

4. 如何用集成式按需印刷系统制作图书？

集成式按需印刷系统制作图书的一般步骤：

（1）制作者通过 EspressNet 的软件系统选择一个数字文件，用户可以通过 CD 或 U 盘自带制作物的电子文件，也可以远程通过互联网进行订购和印刷。

（2）系统形成制作物的 PDF 格式，完成组版、制版。

（3）通过自带的彩色激光打印机打印制作物的正文或称书内页。

（4）打印好的正文或称书内页，以单页形式自动收集到叠加器里，并移动到置本夹具内。

（5）夹具固定书心装订边，转动书心装订边并移动至划槽处，使装订边划出凹槽，书心装订边在移动中涂热熔胶。

（6）在书心打印过程中，屏幕显示彩色封面，操作者确认后，系统通过自带的彩色激光打印机打印制作物的封面。

（7）气动装置将涂过热熔胶的书心和封面胶装在一起。中版闪印王可以支持1页纸至350页纸厚度的图书胶订。

（8）在夹具的帮助下，装订好的图书转移至裁切部位，夹具旋转到设定尺寸的位置，三次单边（除装订边之外）裁切，完成平装书的制作。

5. 集成式按需印刷系统制作图书的限制条件有哪些？

在目前的技术条件下，中版闪印王只能制作普通平装图书，无法制作有勒口平装图书和精装图书。书籍幅面尺寸可以达到210mm×280mm，装订内页可以达到350页。

6. 在传统印刷工艺中一般采用哪种方式印刷图书？

目前出版物的印刷一般全部采用胶印印刷。

胶印是一种间接印刷方式。胶印印版的版面着墨部分和空白（非着墨）部分几乎处在同一平面上。它利用水油相斥的基本原理，在印刷之前，先向印版涂布润版液，使印版的非着墨部分润湿而斥墨，再向印版涂布油墨，印刷版的着墨部分亲油斥水而着墨。印刷时，印版上的墨迹先被转印到富有弹性的橡皮布表面，然后再转印到纸张上，从而完成印刷。

7. 图书印制涉及的工艺环节一般有哪些？

（1）印前

印前所涉及的工艺环节有设计、排版（彩色图像还有制作的工序）、校对、出片、打样。如果采用CTP工艺，就没有出片环节了。

（2）印中

印中所涉及的工艺环节有拼版、晒版、上版、印刷。如果采用CTP工艺，就没有拼版环节了。

（3）印后加工

印后所涉及的工艺环节有封面整饰、装订、打包和运输。封面整饰，如覆膜、UV、烫金、起凸、压凹等。

8. 什么是覆膜工艺？

覆膜又称"贴膜""过塑"，是将塑料薄膜涂上粘合剂，在一定的温度、压力作用下贴压在印刷品表面。覆膜采用的塑料薄膜可以分为"光膜"和"亚光膜"两种。覆膜的质量取决于印品的透明度、光泽度、耐折度、耐磨度等，外观应粘结牢固，表面干净平整，不模糊，光洁度好，无折皱，无起泡，无明显的卷曲。

9. 什么是上光？

上光是在印刷品的表面涂（或喷、印）上一层无色透明的涂料（上光油），经流平、干燥、压光后，在印刷品表面形成一层薄且均匀的透明光亮层。上光包括全面上光、局部上光、光泽型上光、亚光（消光）上光和特殊涂料上光等。上光的目的是使印刷品增加光泽度和耐磨度。上光的质量取决于光泽度、耐折性和后加工适性等，外观干净平整，光滑，无折皱，光层附着牢固，自然摩擦不掉光，上光层经压痕后折叠无断裂。

10. 怎么从印制好的图书判断印制环节出的问题？

当印制好的图书因纸张变形，导致套印不准；印刷网点变形，产生糊版、脏迹时，可以判断是图书印制环节出现问题，主要是水墨不平衡造成的。

胶印最基本的印刷原理是利用油水不相溶、印版具有选择性吸附的两大规律使油墨和水在印版上保持相互平衡来实现印刷网点转移，并以此达到印刷品图像清晰、色彩饱满的效果。因此，印刷版面上油墨和水必须同时存在、保持平衡，这样既保持图文印刷区最大的载墨量，使墨色鲜艳、饱和、网点清晰光洁，又保持非印刷区高度干净整洁，这种供水量和供墨量的平衡关系称为水墨平衡。水墨平衡，是确保印刷品质量稳定的关键。

参考文献

一、著作类

[1] 全国出版专业职业资格考试办公室. 出版专业基础（初级）[M]. 武汉：崇文书局，2011.

[2] 全国出版专业职业资格考试办公室. 出版专业实务（初级）[M]. 武汉：崇文书局，2011.

[3] 全国出版专业职业资格考试办公室. 出版专业基础（中级）[M]. 上海：上海辞书出版社，2011.

[4] 全国出版专业职业资格考试办公室. 出版专业实务（中级）[M]. 上海：上海辞书出版社，2011.

[5] 邵益文，周蔚华. 普通编辑学[M]. 北京：中国人民大学出版社，2011.

[6] 徐令德，张云峰. 排版基础知识（第四版）[M]. 北京：印刷工业出版社，2011.

[7]《咬文嚼字》编辑部. 2010年《咬文嚼字》合订本[M]. 上海：上海文化出版社，2011.

[8] 赵李红. 未公开的采访手记[M]. 北京：团结出版社，2010.

[9] 刘观涛. 畅销书的"蓄意"制作[M]. 桂林：广西师范大学出版社，2009.

[10] 蔡鸿程. 编辑作者实用手册[M]. 北京：中国标准出版社，2009.

[11] 郝铭鉴. 咬文嚼字绿皮书（2008）[M]. 上海：上海文化出版社，2008.

[12] 中国编辑学会秘书处. 图书选题策划报告：第五届"未来编辑杯"获奖文集 [M]. 北京：科学出版社，2008.

[13] 肖东发，方厚枢. 中国编辑出版史（上册）[M]. 沈阳：辽海出版社，2006.

[14] 师曾志. 现代出版学 [M]. 北京：北京大学出版社，2006.

[15] 王尚义，柴承文. 纸张1000问 [M]. 北京：印刷工业出版社，2006.

[16] 方卿. 图书管理营销 [M]. 上海：复旦大学出版社，2004.

[17] [德] 赫尔穆特·基普汉. 印刷媒体技术手册 [M]. 北京：世界图书出版公司，2004.

[18] 刘仁庆. 纸张解说 [M]. 北京：中国铁道出版社，2004.

[19] 谈维. 校对业务教程 [M]. 沈阳：辽海出版社，2000.

二、论文类

[1] 严谨. 审稿题、编辑加工题、校对题的不同答题要求及溯源 [J]. 科技与出版，2011.

[2] 蔡钰. 《史蒂夫·乔布斯传》诞生记 [J]. 中国企业家，2011.

[3] 邹昱琴. 《冷浪漫》从线上到线下的钻石约会 [N]. 中国图书商报，2011-04-01.

[4] 王友富. 编辑加工"四步法"[J]. 中国出版，2010（23）.

[5] 郑建华. "好妈妈"是怎样炼成的——《好妈妈胜过好老师》畅销的背后 [J]. 出版广角，2010(8)

[6] 杨春，姚欢. 《朱镕基答记者问》出版内幕 [J]. 新世纪周刊，2009.

[7] 邓香莲，曾湘琼. 《水煮三国》是怎样"烹调"出来的 [J]. 编辑学刊，2006.

[8] 郝荣斋. 编辑语言文字加工的四个基本原则 [J]. 中国编辑，2006（1）.

[9] 图书编校质量差错率计算方法 [J]. 黑龙江政报，2005.

[10] 周奇. 校对的基本理论与实践 [J]. 出版科学，2003(3).

[11] 聂震宁. 一部超级畅销书的"生命工程"——《哈利·波特》的整体开发与营销 [J]. 编辑之友，2002.

[12] "一字一点无差错"与"无错不成书"——从《毛泽东选集》的校对工作说开去 [J]. 中国出版，2000.

三、网站类

[1] 中华人民共和国新闻出版总署：http://www.gapp.gov.cn/

[2] 人民网：http://www.people.com.cn/

[3] 新浪网：http://news.sina.com.cn/

[4] 中国新闻出版网：http://www.chinaxwcb.com/

[5] 中国出版集团：http://www.cnpubg.com/

[6] 百道网：http://www.bookdao.com/

[7] 开卷网：http://www.openbook.com.cn/

[8] 亚马逊：http://www.amazon.cn/

[9] 当当网：http://book.dangdang.com/

后　记

　　出版是一种体验，对读者来说，是通过阅读体验别人所经历的喜怒哀乐，获得更多的生活经验；对编辑出版人来说，是体验作者的感受，捕捉、把握、创造读者的需求，因此，说出版是体验的艺术，一点儿也不为过。对出版的初学者来说，学着体验出版人、作者、读者各自的感受，获得专业感觉，更是走向成熟与成功，完成职业化的必要过程。因此，我从2000年离开出版社的副总编辑岗位，做一名编辑出版学专业的专任教师开始，就引导编辑出版学专业的学生在大学三年级时学着亲自做一本图书，从市场调查与分析、选题策划开始，到内容的组织，再到物态形式的设计制作，完成全流程的实践。这样的实践课在学院是首创。尽管有的人说让学生做模拟书，会使学生对图书失去敬畏感，但我还是坚持，因为我有十多年的出版社工作经历，知道知易行难。当学生们克服重重困难，做出开始职业生涯前的第一本书时，他们的欣喜与满足，他们表现出来的创造性和强烈的求知欲，感动了我。我想做一本实训教材，总结他们在实践中暴露出的问题，更好地指导他们的理论学习和专业实践，帮助他们实现自己的梦想，成为有作为的出版人。

　　有出版人说，中国的编辑出版行业应该有一本书，就像麦当劳指导它的加盟店如何开店的书一样，用上百万字告诉他们每个细节该怎么做。编辑出版工作的确也需要做好细节。我在设计这套丛书时，的确期望，实际上我们也努力要回答细节问题，努力把知识点析出，但编辑出版工作不像开连锁店，每个项目情况千差万别，差之毫厘，常常谬以千里，哪里有模式化的细节指导书。因此，在掌握一般规律的前提下，还是要靠自己去积累经验，很多时候经验的获得是要付出代价的。

具体来说，《图书编辑与制作实训教程》一书析出知识点，既有技术层面，又有理论层面的问题，反映了我们的一些思考。

多年以来，尤其是从2009年以来，在我们做《编辑出版学研究进展》年度出版物的过程中，每年都看到有出版业界和出版教育界专家学者批评编辑出版学专业教材建设滞后，呼吁编写贴近编辑出版工作实际的教材。"我觉得真正的理想主义都是现实的，就是要行动，要把事情做出来"，在《读库》主编张立宪先生看来，理想遥不可及，恰恰是因为很多人没有认认真真把一件事情做好的耐心和勇气，还老是愤世嫉俗、怨天尤人，才导致很多事情只是理想而已，我认同张立宪先生的说法，希望通过自己的努力为编辑出版教育做些实事，做些有意义的事。

本实训教程的思路、框架和部分内容来自我多年来在北京印刷学院、中国人民大学徐悲鸿艺术学院、中央美术学院和新闻出版总署培训中心、北京市新闻出版局的专业教学、编辑在职培训等教研资料。

本书曾经也是我讲授的"出版物编辑与制作"研究生课程的一个实训项目，2011级部分出版专业硕士研究生参与了本书的市场调研。后出版专业硕士研究生王上嘉、姜曼参与了编写教材，王上嘉参与编写上篇的第一～三章、中篇的五～七章，姜曼参与编写中篇的第四、八、九章。潘惠同为第十章提供案例，协助完成拍摄模拟书制作的图片，并为教材绘制十余幅插图。我负责本书的策划，部分章节的撰写，全部书稿的补充、修改、完善以及最后的统稿工作。姜曼、周葛参与本书的校对工作。姜曼、王若玢完成本书的后期技术处理和排版工作。

感谢机械工业出版社原总编辑陈瑞藻、新闻出版总署培训中心徐令德两位老师对本书编写大纲和样稿的肯定和编写建议。

感谢北京时代华文书局直销读物事业部经理林少波对本书的内容结构、编辑规范及文字细节提出的修改建议。

感谢北京康文伟义公司总经理陆卫东先生多年来为北京印刷学院编

辑出版学专业学生制作模拟书提供的支持，感谢该公司的李健先生为学生制作样书提供的具体指导。

感谢北京恒印机械制造有限公司的吴富文先生为拍摄模拟书制作过程及装订图书提供的耐心指导和全力帮助。

最后，衷心感谢中国书籍出版社所有为本书付出努力的工作人员。

朱宇

2013年7月12日

图书在版编目（CIP）数据

图书编辑与制作实训教程 / 朱宇，王上嘉，姜曼编著.
— 北京：中国书籍出版社，2013.9
ISBN 978-7-5068-3760-6

Ⅰ.①图… Ⅱ.①朱… ②王… ③姜… Ⅲ.①图书—编辑工作—高等学校—教材 Ⅳ.① G232.2

中国版本图书馆 CIP 数据核字 (2013) 第 220675 号

图书编辑与制作实训教程

朱宇 王上嘉 姜曼 编著

责任编辑	庞 元
责任印制	孙马飞 张智勇
封面设计	王彦祥 吴凤鸣
出版发行	中国书籍出版社
地　　址	北京市丰台区三路居路 97 号（邮编：100073）
电　　话	(010)52257143(总编室) 　(010)52257153(发行部)
电子邮箱	chinabp@vip.sina.com
经　　销	全国新华书店
印　　刷	世纪千禧印刷（北京）有限公司
开　　本	710 毫米 ×1000 毫米 　1/16
印　　张	19
字　　数	280 千字
版　　次	2013 年 9 月第 1 版 　2014 年 3 月第 2 次印刷
书　　号	ISBN 978-7-5068-3760-6
定　　价	40.00 元

版权所有　翻印必究